EL PODER
DE LA MENTIRA

NIETZSCHE Y LA POLÍTICA
DE LA TRANSVALORACIÓN

JESÚS CONILL

EL PODER DE LA MENTIRA

NIETZSCHE Y LA POLÍTICA DE LA TRANSVALORACIÓN

Prólogo de
PEDRO LAÍN ENTRALGO

TERCERA EDICIÓN

Diseño de cubierta:
JV, Diseño gráfico, S. L.

1.ª edición, 1997
2.ª edición, 2001
3.ª edición, 2007

Reservados todos los derechos. El contenido de esta obra está protegido por la Ley, que establece penas de prisión y/o multas, además de las correspondientes indemnizaciones por daños y perjuicios, para quienes reprodujeren, plagiaren, distribuyeren o comunicaren públicamente, en todo o en parte, una obra literaria, artística o científica, o su transformación, interpretación o ejecución artística fijada en cualquier tipo de soporte o comunicada a través de cualquiermedio, sin la preceptiva autorización.

© JESÚS CONILL SANCHO, 2007
© EDITORIAL TECNOS (GRUPO ANAYA, S.A.), 2007
Juan Ignacio Luca de Tena, 15 - 28027 Madrid
ISBN: 978-84-309-4529-0
Depósito legal: M. 21.194-2007

Printed in Spain. Impreso en España por Fernández Ciudad, S. L.

La única verdadera rebelión es la creación - la rebelión contra la nada, el antinihilismo. Luzbel es el patrono de los pseudorrebeldes.

JOSÉ ORTEGA Y GASSET

ÍNDICE

PRÓLOGO de Pedro Laín Entralgo .... *Pág.* 11

INTRODUCCIÓN 15

I. POR LOS CAMINOS DEL CRITICISMO KANTIANO 19

    1. EL CRITICISMO NIETZSCHEANO 19
        1.1. La herencia kantiana 19
        1.2. Kant y Nietzsche 22
        1.3. De la razón pura a la razón impura 25
    2. CRÍTICA FISIOLÓGICA 26
        2.1. Criticismo radical 26
        2.2. La «invención conceptual» 31
    3. CRÍTICA LINGÜÍSTICA 35
        3.1. Genealogía del lenguaje 35
        3.2. En las redes del lenguaje 43
        3.3. El lenguaje como praxis vital 50
    4. MÁS ALLÁ DE LA VERDAD 54
        4.1. Crítica de la verdad 54
        4.2. «Tener-por-verdadero» 60
        4.3. La verdad desde la vida 65
    5. PERSPECTIVISMO Y LIBERTAD 69
        5.1. La óptica de la vida: experimento vital 69
        5.2. Libertad de sentido: sabiduría trágica 80
    6. PENSAR Y POETIZAR 87

II. NIETZSCHE Y LA HERMENÉUTICA CONTEMPORÁNEA ... 95

    7. EL MÉTODO DE LA INTERPRETACIÓN 95
    8. LAS «MÁSCARAS DEL DEMONIO»: ¿INTERPRETACIÓN O TRANSVALORACIÓN? 101
    9. HERMENÉUTICA GENEALÓGICA 112
        9.1. El cuerpo como hilo conductor 113
        9.2. El dinamismo de la vida 123
        9.3. Comprender el sufrimiento 127
        9.4. «Voluntad de poder» 131
        9.5. Genealogía de la experiencia 136
    10. TRAS LA HERMENÉUTICA: NIETZSCHE Y ZUBIRI 139
        10.1. Horizonte del pensamiento: ¿superación del nihilismo? 142
        10.2. Más allá del criticismo e idealismo modernos ... 144
        10.3. La realidad como poder 146
        10.4. La «gran razón» del cuerpo y la inteligencia sentiente 149
        10.5. Genealogía y noología del lenguaje 152
        10.6. La vida moral 155

III. HACIA LA «GRAN POLÍTICA» 158
   11. «FISIOLOGÍA DEL PODER»: EL GIRO POLÍTICO 158
       11.1. Nihilismo de la acción 163
       11.2. La filosofía política de *El Anticristo* 168
   12. TRANSVALORACIÓN CON SENTIDO POLÍTICO 174
   13. EL *PATHOS* DE LA DISTANCIA 179
   14. PODER Y DESJURIDIFICACIÓN 184
   15. LA «GRAN POLÍTICA» 189
   16. MÁS ALLÁ DE LA FELICIDAD: EL SUPERHOMBRE 193

EPÍLOGO: ORIENTACIÓN NIETZSCHEANA DE NUESTRA TRADICIÓN FILOSÓFICA 211

PRÓLOGO

Dos posibles justificaciones puede tener el hecho de prologar un libro científico o filosófico: una, conocer bien la materia sobre el que el libro versa, para poder decir a sus lectores que por tales y tales razones ese libro está bien o está muy bien; otra, conocer sólo medianamente esa materia y decir cómo la lectura del libro en cuestión ha permitido al prologuista saber sobre el tema algo más de lo que sabía. Ante éste de Jesús Conill tal es mi caso, y tal la razón por la que he accedido a la honrosa y amistosa petición de escribir para él unas páginas preliminares. Porque mi personal conocimiento del inagotado y tal vez inagotable pensamiento nietzscheano sólo como aprendiz me permite penetrar en el tupido bosque que fue y sigue siendo.

Otros dos libro del autor, *El crepúsculo de la metafísica* y *El enigma del animal fantástico*, mostraron con evidencia la alta calidad intelectual de su autor y su eminencia como hermeneuta del bigotudo Nietzsche. Cuando yo andaba dando vueltas a la significación del ficto en la vida del hombre, allende el percepto y el concepto, gracias a Conill pude conocer uno de los grandes hallazgos gnoseológicos —antropológicos, más bien— del solitario de Sils-María: la esencial necesidad de no-verdades, por tanto de ficciones imaginativas, que la mente humana siente sin saberlo. Pero es en *El poder de la mentira* donde culmina la contribución de Jesús Conill al conocimiento de la obra nietzscheana y de su singular significación en la historia del pensamiento.

Para escribir honestamente sobre la obra de un autor hay que cumplir tres ineludibles requisitos: tener la certidumbre de que acerca de esa obra puede decirse algo nuevo, poseer un conocimiento riguroso de ella y disponer de una información amplia y solvente de cuanto en relación con ella haya sido dicho. Los tres son admirablemente cumplidos en este caso: Jesús Conill conoce con precisión y minucia la obra de Nietzsche y la nada escasa producción filosófica y literaria que sobre el pensamiento nietzscheano se ha escrito en las últimas décadas, y con su personal indagación muestra que algo a la vez certero y valioso era posible añadir a lo dicho por los demás.

Con cierta conciencia melodramática de su significación en la historia del pensamiento y de la vida, el máximo paladín del nihilismo moderno escribió en los últimos años de su lucidez: «¡Soy dinamita¡» ¿Era verdad? Con la serie de afirmaciones y negaciones que todo el mundo culto conoce —muerte de Dios, eterno retorno, voluntad de poder, transvaloración de todos los valores, advenimiento del Superhombre...—, ¿fue Nietzsche el aniquilador de toda la cultura y todo el pensamiento que desde los presocráticos y el cristianismo ha creado la humanidad? Su Zaratustra ¿fue en verdad un radical nihilista religioso y filosófico?

Con sutileza e información ejemplares, Jesús Conill se ha atrevido a negarlo. Sin desconocer la exigencia de novedad que el revolucionario pensamiento nietzscheano ha impuesto a la filosofía y a la vida del hombre occidental —al contrario, afirmándola muy resueltamente—, ha situado a Nietzsche —como original radicalizador de ella, eso sí— en la línea crítica iniciada por Hume y Kant. Nietzsche convirtió originalmente la crítica en genealogía y hermenéutica —sin él, aunque no sólo con él, no hubieran sido posibles, valgan estos dos nombres como ejemplo, Gadamer y Ricoeur—, y haciendo de la experiencia del cuerpo el hilo conductor de su proceder genealógico entendió el saber y sus apariencias; por tanto, el sentido y el valor de la no-verdad, la creencia, el arte, la historia, la moral, la política y el advenimiento del Superhombre como consecuencia de la muerte de Dios. ¿De Dios en absoluto, de toda posible realidad de Dios, o sólo de la idea de Dios que había ofrecido, tal como Nietzsche lo entendió, el mensaje cristiano? Con vivo placer intelectual y con la consecuente gratitud he leído yo la autorizada respuesta de Conill a esta serie de apasionantes cuestiones. Y estoy seguro de que serán muchos los que me acompañen en esos dos sentimientos.

No menos debo agradecerle, ahora como español, su fina atención al pensamiento filosófico surgido en la España del siglo xx: más precisamente, a la obra de Ortega y a la de Zubiri. Por un lado, la acertada y temprana comprensión orteguiana del Superhombre —«el hombre debe ser (históricamente) superado porque aún puede ser mejor»— y la enérgica rebelión de nuestro filósofo contra la «rebañización» de la existencia humana; por otro lado, la profunda y no advertida conexión entre varias importantes ideas zubirianas —«poder de lo real», «impresión primordial de realidad», concepción del conocimiento como «apoderamiento» de y por la realidad de lo conocido— y la nietzscheana «voluntad de poder» como clave de la relación del hombre con el mundo, acreditan muy a las claras esa fiel valoración de nuestra reciente, egregia y en tantos casos preterida tradición filosófica.

Sic itur ad astra, decían los romanos de los que ascendían hacia la cima de su actividad. *Inter astra* ha sabido moverse Jesús Conill con este magnífico libro. Sepamos agradecerlo.

PEDRO LAÍN ENTRALGO

INTRODUCCIÓN

Es habitual considerar a Nietzsche como el adalid del *irracionalismo*. En los últimos tiempos hasta filósofos como Apel y Habermas han reforzado este cliché[1], al hilo de su confrontación con el posmodernismo y la crítica total a la razón, porque Nietzsche representa, para ellos, la defensa de *lo otro de la razón*. Y, sin embargo, cabe preguntar: ¿es el pensamiento de Nietzsche un *irracionalismo* o un *criticismo* que, por lo tanto, recurre a un peculiar modo de entender la racionalidad?

No es baladí, pues, destacar el carácter *racional* del pensamiento nietzscheano e intentar exponer su peculiar *criticismo*, al margen de cualquier uso panfletario y oscurantista de su lenguaje. Porque sería curioso que se tratara de un *criticismo irracionalista*.

Evitando, pues, el uso (abuso) panfletario de que ha sido objeto a lo largo del tiempo, pero también el uso (abuso) oscurantista, dogmático, por parte de quienes recurren a sus escritos como fórmulas mágicas, balsámicas, con las que aliviar sus heridas, me propongo presentar la trama por la que se ponga de manifiesto la peculiar racionalidad de la propuesta nietzscheana a través de dos claves sobre todo: qué significa *pensar* para Nietzsche, por si todavía nos puede proporcionar alguna pista a nosotros y, en consecuencia, cuál es el *valor filosófico* de su obra.

Qué significa pensar y qué es lo que da que pensar nos permitirá descubrir el carácter filosófico propio y peculiar de Nietzsche. Porque en innumerables ocasiones se le ha tachado de irracionalista y se le ha acusado de situarse fuera de la filosofía. Conviene, pues, que desde un comienzo quede bien planteado y justificado el carácter racional y filosófico del pensamiento de Nietzsche en sus peculiares trazos.

Por eso tampoco está de más preguntarse explícitamente por el *valor filosófico* de la obra de Nietzsche. ¿Es filosofía lo que practica? ¿Qué tipo de filosofía? Pues no está claro para todos que estemos ante un pensador o un filósofo. De hecho, Nietzsche empezó su carrera intelectual por la *filología* clásica y posteriormente su obra tuvo reso-

---

[1] Cfr. K. O. APEL, *Diskurs und Verantwortung*, Suhrkamp, Francfort, 1988; J. HABERMAS, *Der philosophische Diskurs der Moderne*, Suhrkamp, Francfort, 1985. Incluso cuando Habermas parece disponerse a realizar una «consideración genealógica del contenido cognitivo de la moral», en *Die Einbeziehung des Anderen* (Suhrkamp, Francfort, 1996), prescinde por completo de Nietzsche.

nancia en los medios *literarios*. ¿Por qué interesa filosóficamente, cuando todavía en tiempos recientes se ha defendido que Nietzsche representa una nueva «mitología» (R. Berlinger), o una «antifilosofía» (G. Deleuze), o bien una renovada «sofística» (R. Löw)? ¿Estamos sencillamente ante un pensador que inspira a los filósofos (como, por ejemplo, a Heidegger), igual que otros se han inspirado en las religiones, en las costumbres, en las ciencias, en el lenguaje o en el arte? ¿Es una especie de musa —un *oráculo*— o auténtico pensamiento?

¿Se trata de mitología, antifilosofía, sofística, metafilosofía o postfilosofía? En principio, Nietzsche cree haber creado un *nuevo tipo de discurso* filosófico, del que son buena muestra las siguientes líneas:

> La filosofía, tal y como la he entendido y vivido hasta ahora, es vida voluntaria en el hielo y en las altas montañas —búsqueda de todo lo problemático y extraño en el existir, de todo lo proscrito hasta ahora por la moral—. Una prolongada existencia, proporcionada por ese caminar *en lo prohibido*, me ha enseñado a contemplar las causas a partir de las cuales se ha moralizado e idealizado hasta ahora [...] la historia *oculta* [...].

Y aludiendo a continuación a su *Zaratustra*, aclara:

> no habla en él un «profeta» [...] no habla aquí un fanático, aquí no se «predica», aquí no se exige *fe* [...][2].

Ahora bien, por muy nuevas y sorprendentes que puedan sonar las fórmulas nietzscheanas, lo bien cierto es que su transformación de la filosofía se inscribe por completo en determinadas *tradiciones* filosóficas. De hecho, Nietzsche lleva a cabo un análisis crítico del lenguaje filosófico tradicional y de la experiencia de ese lenguaje discursivo-conceptual. Su filosofía puede considerarse una *crítica del lenguaje*, una filosofía de la vida del lenguaje en su uso tradicional, a través de la cual se abre una nueva forma filosófica de pensar, ya no al estilo de la fundamentación clásica (antigua o moderna), pero sí una forma de «dar razón» (*lógon didónai*).

Por consiguiente, la particular forma de pensar de Nietzsche no tendría que confundirse con ningún posible irracionalismo. Antes bien, su actitud supone un giro radical en la *«crítica de la razón»* que, una vez esclarecido, contribuirá al actual debate sobre la racionalidad. El antiirracionalismo de Nietzsche supone en realidad —como veremos— un modo de entender la razón desde unos parámetros peculiares, que son *su carácter corporal y semiótico*, parámetros diferentes a los habituales, ya que ha habido una tendencia a dar

---

[2] *Ecce Homo* (= *EH*), Alianza, Madrid, pp. 16-18.

primacía en este terreno a la lógica y a la metodología, dejando de lado otros fenómenos más profundos, como el cuerpo y el lenguaje. Nietzsche se enfrenta, pues, al irracionalismo y se mantiene dentro del pensamiento filosófico, eso sí, habiendo intentado transformarlo de modo radical. A continuación pretendo exponer su línea filosófica y la trama de ese nuevo método de pensamiento que practica Nietzsche, quien se autocalificó de inmoralista, pero nunca de irracionalista. Y en algún contexto fue capaz de recurrir incluso al racionalismo socrático-platónico para distanciarse del irracionalismo. En este sentido habría que situar la sorprendente afirmación nietzscheana: «cuán *poco* conozco a Platón y *cuánto* Zaratustra *platoniza*»[3].

* * *

En estas fechas el presente libro ve la tercera edición, mostrando con ello, entre otras cosas, que el pensamiento de Nietzsche sigue interesando vivamente a los especialistas y a las gentes de a pie. ¿Por qué este interés?

No creo que el motivo sea su reducción a panfleto irracional, y no sólo porque sería lamentable, sino también porque trabajos como el que el lector tiene entre sus manos tratan de mostrar justo lo contrario: que la obra de Nietzsche no es en modo alguno un conjunto de panfletos. Creo más bien que la razón de su persistente impacto —perceptible también en la buena acogida que está teniendo la publicación de los *Fragmentos póstumos*[4] en cuatro volúmenes— estriba en su capacidad de remover las mentes con ese peculiar estilo personal, que golpea y provoca. Un estilo que bien pronto captó la atención de los filósofos españoles a partir de la Generación del 98, como intenté mostrar en el Epílogo a la segunda edición de *El poder de la mentira*, que llevaba por título justamente «La orientación nietzscheana de nuestra tradición filosófica».

Pero también hoy en día es innegable la impronta de Nietzsche en el pensamiento hermenéutico, crucial en la filosofía contemporánea, muy especialmente en un aspecto decisivo, en el que la genealogía ha contribuido a enriquecer la hermenéutica: en el de mostrar que el dinamismo de la creación y el de la interpretación dependen de la originaria *poetización*. Si queremos encontrar la clave de las más diversas interpretaciones del pensamiento nietzscheano, tendremos

---

[3] *Nietzsche, Briefwechsel. Kritische Gesamtausgabe (= KGB)*, ed. de G. Colli y M. Montinari, Berlín/Nueva York, 1975, ss., Tarjeta a F. Overbeck, 22.10.1883, III 1, 449.

[4] Vid. Friedrich NIETZSCHE, *Fragmentos póstumos (1885-1889)*, vol. IV, edición de Juan Luis Vermal y Juan B. Llinares, dirigida por Diego Sánchez Meca, Tecnos, Madrid, 2006.

que descubrir —y es la tesis que sostengo en *El poder de la mentira*— la originaria poetización del lenguaje en el pensamiento de Nietzsche, uno de cuyos más fecundos desarrollos discurre por los caminos de una *hermenéutica crítica*.

En efecto, la «*verdadera crítica*», que para Nietzshe consiste en «una verdadera "*historia genealógica del pensamiento*"», habría de formar parte de una *hermenéutica crítica*, cuya versión ética he desarrollado en otro estudio [5].

Para Nietzsche, en el fondo, pensar es poetizar, de ahí que la nueva crítica de la razón consistirá en una crítica de la razón poetizadora, como concreción de la transformación del criticismo de la razón pura (lógica) en hermenéutica de un pensar experiencial, que se nutre de la fuerza poética y de la fantasía. La capacidad creativa, el impulso metaforizador del «animal fantástico», mueve a desarrollar las fuerzas ínsitas en el dinamismo lingüístico a través de todas las configuraciones del espíritu y de la cultura (en la ciencia, la técnica, la religión, la metafísica y el mito) [6].

Nietzsche da prioridad a la fuerza originaria del poetizar. Hay notas en los *Fragmentos póstumos* donde Nietzsche alude claramente al *carácter poetizante de la razón* y a la prioridad del poetizar sobre el pensar, porque «antes de que se "piense" (*gedacht*), ya tiene que haberse "poetizado" (*gedichtet*)».

Por una parte, pues, la genealogía nietzscheana ha contribuido a crear el propio ámbito hermenéutico transformando el criticismo kantiano por una vía que unifica la crítica fisiológica y la lingüística. Y, por otra, en el horizonte de un criticismo genealógico hermeneutizado cabe prolongar, a mi juicio, ciertos impulsos ya presentes en Kant, reforzando las funciones de la imaginación como fantasía, profundizando en la noción de vida, incorporando el «gusto moral», desarrollando lo que ya desde Kant cabe denominar una «estética de la libertad», que complementa la eleuteronomía kantiana con una *eleuteropatía* [7].

Todos estos impulsos son aprovechables para ampliar el horizonte de una hermenéutica impura desde el trasfondo de una razón experiencial, que ha sido desentrañada en gran medida por la genealogía, y cuyo resultado constituye una crítica de la razón impura, en definitiva, una tarea permanente de la filosofía a partir del espesor de la experiencia.

Valencia, marzo de 2007

---

[5] Vid. Jesús Conill, *Ética hermenéutica. Crítica desde la facticidad*, Tecnos, Madrid, 2006.

[6] Vid. Jesús Conill, *El enigma del animal fantástico*, Tecnos, Madrid, 1991.

[7] Vid. Jesús Conill, *Ética hermenéutica. Crítica desde la facticidad*, Tecnos, Madrid, 2006.

I. POR LOS CAMINOS DEL CRITICISMO KANTIANO

1. EL CRITICISMO NIETZSCHEANO

1.1. La herencia kantiana

El método de Nietzsche es un método *crítico* y, por extraño que parezca, dadas las virulentas críticas que dirige a Kant, estrechamente vinculado a la *herencia kantiana*. Ciertamente, en ocasiones se ha destacado su conexión con casi todos los tipos de criticismo, desde el nominalista (G. Abel), el cartesiano (T. Borsche), el hegeliano (J. Simon), incluso se ha convertido en tópico su pertenencia a la filosofía de la sospecha (junto con Freud y Marx), y no han faltado quienes han tratado de vincularlo con la Teoría Crítica de la Escuela de Francfort (a través de Horkheimer y Adorno, especialmente, pero también más recientemente de Habermas), así como con la teoría del conocimiento (A. Schmidt) y la crítica de las ideologías (G.-G. Grau, H. Barth, M. Funke). Pero por muy importante que sea toda posible vinculación con estos criticismos, el punto de referencia crítico más básico y fundamental para Nietzsche proviene de la *herencia kantiana* (H. Vaihinger, F. Kaulbach, J. Simon, J. Salaquarda).

Y, sin embargo, curiosamente, parece que la posición de Nietzsche respecto de Kant, tanto en lo que asume de él como en lo que rechaza, no se sustentó nunca en un estudio detenido de sus obras. Todos los indicios hacen suponer, por contra, que nunca leyó una sola obra de Kant en el original, sino que tuvo un conocimiento de su filosofía a través de sus intérpretes y seguidores: Arthur Schopenhauer y Friedrich Albert Lange, pero también Gustav Teichmüller, Otto Liebmann, Kuno Fischer. Todos ellos influyeron en Nietzsche como kantianos de un modo decisivo; recuérdese, más anecdóticamente, el hecho de que en 1868 quisiera hacer una tesis sobre el tema «El concepto de lo orgánico a partir de Kant», influido por la lectura del Kant de K. Fischer[1].

---

[1] Cfr. A. Sánchez Pascual, nota 113, pp. 275-276 de su traducción de *Más allá del bien y del mal* (= *MBM*), Alianza, Madrid, 1978 (4.ª ed.).

Sería de sumo interés estudiar la relación de Nietzsche con todo el ambiente de neokantianos de su época, ambiente en el que se forjó su idea de la filosofía kantiana. Ya que tal vez Nietzsche pueda considerarse un extremista del neokantismo de su época en versión psicofisiológica, es decir, capaz de llevar el giro copernicano a preguntarse no sólo por las condiciones de posibilidad de una razón formal-transcendental, sino también por las condiciones reales y valorativas que hacen posible interpretar el mundo con sentido desde *perspectivas* latentes, pero accesibles a una *razón corporal y hermenéutica*. En el perspectivismo podrían unirse transcendentalismo y hermenéutica, porque la perspectiva es la condición de posibilidad de una ordenación con sentido, sin la cual es imposible cualquier interpretación del mundo [2].

Si tenemos en cuenta las diversas obras que han estudiado las relaciones entre Kant y Nietzsche, así como las de algunos de los autores que aprovecharon ambos enfoques para configurar su propia filosofía (como es el caso de H. Vaihinger), se puede afirmar que Nietzsche tiene presente constantemente a Kant, estableciéndose una «viva relación» impregnada tanto de «admiración» como de «insatisfacción» [3].

No es mi intención presentar aquí los diversos argumentos que avalan la relación Nietzsche-Kant, sino sólo resaltar un aspecto central de la misma. Porque, aunque Nietzsche no leyó las obras de Kant, sin embargo intentó desentrañar (¡desenmascarar!) las intenciones fundamentales de su pensamiento y enfrentarse a ellas con furia.

En principio, la filosofía de Nietzsche también pretende ser una *crítica,* pero ésta se lleva a cabo de una manera diferente a la kantiana. La nietzscheana es una crítica genealógica del pensamiento (*Entstehungsgeschichte des Denkens*). Es una transformación de la crítica kantiana, ya que ésta buscaba todavía una legitimación fundamentadora de la metafísica por algún nuevo método; en cambio, la nueva crítica de Nietzsche no querrá seguir reflexionando sobre los límites legítimos de la razón, dado que esta empresa supone ya confianza en las fuerzas de la razón y fe en el hecho del conocimiento. Es decir, la filosofía kantiana es un *criticismo* que está basado en «la

---

[2] Cfr. J. CONILL, *El crepúsculo de la metafísica,* Anthropos, Barcelona, 1988.

[3] W. ETTERICH, *Die Ethik F. Nietzsches im Grundriss* (im Verhältnis zur Kantschen Ethik betrachtet), Diss., Dortmund, 1914; O. ACKERMANN, *Kant im Urteil Nietzsches,* Tubinga, 1939; B. BUEB, *Nietzsches Kritik der praktischen Vernunft,* Stuttgart, 1970; O. REBOUL, *Nietzsche critique de Kant,* París, 1974 (trad. cast. en Barcelona, Anthropos, 1993; S. KITTMANN, *Kant und Nietzsche,* Francfort del M., 1984.

seguridad de los criterios valorativos» y en «el manejo consciente de una unidad de método». Por tanto, «el gran chino de Königsberg —dirá Nietzsche— era únicamente un gran crítico», mientras que los nuevos filósofos tendrán que reconocer que «¡los críticos son instrumentos del filósofo, y precisamente por eso, por ser instrumentos, no son aún, ni de lejos, filósofos!»[4].

El filósofo tendrá que «recorrer el círculo entero de los valores y de los sentimientos de valor del hombre a fin de *poder* mirar con muchos ojos y conciencias, desde la altura hacia toda lejanía, desde la profundidad [...]. Pero todas estas cosas son únicamente condiciones previas de su tarea: esta misma quiere algo distinto, exige que *él cree valores*». En cambio, «aquellos obreros filosóficos modelados según el noble patrón de Kant y de Hegel tienen que establecer y que reducir a fórmulas cualquier gran hecho efectivo de valoraciones —es decir, de anteriores *posiciones* de valor, creaciones de valor que llegaron a ser dominantes y que durante algún tiempo fueron llamadas «verdades»— bien en el reino de lo *lógico,* bien en el de lo *político* (moral), bien en el de lo *artístico*»[5].

Para Nietzsche, Kant es sólo el crítico que señala los límites del saber, es decir, tiene como tarea la teoría del conocimiento; es crítico, pero no filósofo en sentido pleno. Pues para ello hace falta otro tipo de crítica, excavar más profundamente, desvelar lo que *impulsa* a pensar de una determinada manera. La intención no es conservar el viejo ideal o rehabilitar tal tipo de pensamiento mediante su legitimación reflexiva, sino *rebasarlo realmente,* ir «más allá», sin recaer en ninguna nueva instancia legitimadora.

En definitiva, el criticismo kantiano es una ingenuidad, ya que cree alcanzar el «conocimiento del conocimiento» mediante su crítica transcendental; cuando lo único que encontramos es la *fe en un orden de la razón*; y «la confianza en la razón» —a juicio de Nietzsche— constituye un «fenómeno moral»[6]. Para Nietzsche, Kant pretende una ingenuidad, porque la pregunta por el conocimiento y su posibilidad sólo es posible si se sabe qué es conocimiento o si se cree en el conocimiento[7].

---

[4] *MBM,* pp. 153 y 154.
[5] Ibíd., p. 155.
[6] *Aurora,* J. J. de Olañeta, Barcelona, 1981, p. 8 (prólogo).
[7] «La legitimidad de la fe en el conocimiento se presupone siempre: así como se presupone la legitimidad en el sentimiento del juicio de la conciencia. Aquí la ontología moral es el prejuicio dominante.» Nietzsche, Werke. Kritische Gesamtausgabe, ed.

Como el método crítico nietzscheano proviene principalmente del espíritu kantiano, en este trabajo consideraremos las fuentes de esta *vinculación de Nietzsche con el criticismo kantiano,* con objeto de comprender mejor el peculiar precipitado que se dio en el modo de pensar nietzscheano.

1.2. Kant y Nietzsche

A fin de trazar el horizonte de esta conexión entre Kant y Nietzsche, comenzaré con unas *consideraciones introductorias sobre el tema.*

1) Nietzsche es uno de los autores más influyentes en el horizonte cultural en que vivimos. Baste señalar, a título de ejemplo, la controversia acerca de las virtualidades de lo moderno y lo postmoderno, cuya raíz se encuentra en la confrontación paradigmática entre Kant y Nietzsche. No en balde muchos que se reclaman todavía modernos e ilustrados recurren a Kant para rehabilitar la razón práctica, y, en cambio, otros muchos que se enfrentan al orden ilustrado moderno se inspiran en motivos nietzscheanos [8].

En efecto, tanto Kant como Nietzsche representan enfoques muy significativos en el actual panorama filosófico y cultural. Por una parte, Kant es un egregio representante de la Modernidad y de la Ilustración; y, por otra, Nietzsche no lo es menos de aquella crítica que tiende a considerar la Modernidad y la Ilustración como un rotundo fracaso. Pues las pretensiones universalistas de la razón moderna, deseosa de imponer su unidad y su poder por doquier, se ven hoy desacreditadas y enfrentadas al pluralismo y al fraccionamiento, con la consiguiente pérdida de fuerza y vigor. De este modo la razón moderna ya no ofrece la garantía de la ordenación satisfactoria de la realidad. El reino de la dispersión, de las discontinuidades y las diferencias ha quebrado las falsas seguridades de la razón. Y ésta ha entrado en una profunda crisis, ya que la denominada «muerte de

---

de G. Colli y M. Montinari (= *KGW*), Berlín, 1967 ss., VIII 1, p. 273; cfr. J. Conill, *El crepúsculo de la metafísica,* cap. 6.º y «Kant y Nietzsche. Crítica de la ontología moral», en J. Muguerza y R. Rodríguez (eds.), *Kant después de Kant,* Tecnos, Madrid, pp. 462-477.

[8] Vid. J. Conill, *El enigma del animal fantástico,* Tecnos, Madrid, 1991, cap. 7: «La ficción postmoderna», y cap. 8: «¿Más allá de la democracia y los derechos humanos?».

Dios» no supone sólo el anuncio de la renuncia al Dios cristiano, sino también a su larga sombra, es decir, implica desembarazarse de toda instancia fundamentadora, unificadora y legitimadora. El sujeto, la razón, la conciencia, la voluntad libre son ficciones fracasadas; porque ninguna de ellas puede proporcionarnos una base firme e irrebasable. Pero la renuncia a tales ficciones supondría el reconocimiento del «fin de la modernidad».

Es, pues, muy conveniente acudir a la tradición que relaciona a Kant y Nietzsche en un tiempo en que nos preguntamos por el fin o fracaso de la Ilustración moderna, en que al hablar no sólo de postmetafísica sino de postfilosofía nos parece que hemos llegado a un abismo cultural. Por un lado, encontramos a los neoilustrados que siguen confiando en los ideales universalistas de la Modernidad; aquellos que esperan convertir la razón en el órgano de la libertad y así transformar la realidad acomodando sus realizaciones a la libertad racional. Pero, por otro, los denominados postmodernos se enfrentan a los ideales modernos mediante una deconstrucción de aquellas instancias que, en esta nueva perspectiva, se han convertido en nuevas formas de opresión y represión de la libertad radical.

2) La filosofía de Nietzsche es, en segundo lugar, una *filosofía experimental*[9], y también el método crítico kantiano, aunque con una amplitud y carácter diferente, era un método experimental, en el sentido de «ensayo»: recuérdese su invitación en el prólogo a la primera *Crítica* al experimento racional, a ver si no adelantaríamos más cambiando de enfoque y actitud en la consideración de los problemas. Un experimento racional que —convertido en método— ha sido caracterizado como «revolución copernicana». Este giro es el que radicaliza Nietzsche con su filosofía experimental.

3) Igual que en el caso de Nietzsche, también el método crítico de Kant estuvo vinculado desde sus orígenes a la «psicología», luego convertida en «antropología práctica» y «pragmática». El giro copernicano condujo a un enfoque antropológico, a una concepción de la filosofía, en la que todas sus vertientes (gnoseológica, ontológica, ética, estética, política, jurídica y religiosa) tenían como punto focal al sujeto humano y eran expresión de sus necesidades: se trataba, pues, de un *enfoque pragmático* por referirse a las necesidades humanas.

---

[9] F. KAULBACH, *Nietzsches Idee einer Experimentalphilosophie,* Böhlau, Colonia/Viena, 1980.

Por eso la crítica de la razón pura de Kant tiene *raíces pragmáticas* que se manifiestan por doquier a lo largo de sus escritos críticos, pero que provienen ya de la época de gestación del criticismo, y perduran a lo largo del desarrollo sistemático de su filosofía madura[10]. Nietzsche desarrolla este trasfondo crítico —de carácter antropológico y pragmático— hasta concebir al hombre como un ser capaz de crear nuevas perspectivas. Por eso, aunque se ha señalado que el método crítico nietzscheano tiene carácter «psicológico», lo decisivo, a mi juicio, radica en que, como en el caso de Kant, lo psicológico tiene carácter antropológico en sentido pragmático.

4) Tanto en el criticismo kantiano como en el nietzscheano se abre la posibilidad de un *mundo del sentido,* una razón acerca del sentido, además de un mundo objetivo y de una razón objetiva[11]. En el caso de Kant, el sentido moral de la vida y de la historia permiten evaluar el progreso y guiarnos en la práctica para superar los obstáculos que se presentan, aunque no anularlos dado que es imposible extirpar el mal radical. Este mundo del sentido, configurado por Kant como ontología moral y jurídica, sustenta la política y el derecho modernos, ofreciendo la posibilidad de mantener un momento de validez y legitimidad, irreductibles a la mera vigencia fáctica (incluso más allá de la democracia).

En el caso de Nietzsche, se abre una nueva perspectiva de sentido, capaz de asumir hasta el sufrimiento. Sin embargo, ¿qué sentido vital e histórico permite esta nueva perspectiva?, ¿qué tipo de razón práctica?, ¿qué queda de la validez y de la legitimidad, como momento ilustrado moderno, si la crítica se radicaliza también yendo «más allá» de la democracia y de los derechos humanos?, ¿cuál es el horizonte, la perspectiva de sentido y el canon del progreso?, ¿cuál es la justificación del sufrimiento?

5) Ni la crítica kantiana ni la nietzscheana prescinden de los conocimientos científicos. Nietzsche se abre por igual a las ciencias naturales y a las ciencias humanas (a la biología —fisiología— y a la filología), y también la relación con las ciencias constituye una característica del enfoque kantiano; lo cual no significa aceptar sin

---

[10] J. CONILL, *El enigma del animal fantástico,* cap. 1.
[11] F. KAULBACH, «Kant und Nietzsche im Zeichen der Kopernikanischen Wendung: Ein Beitrag zum Problem der Modernität», en *Zeitschrift für philosophische Forschung,* 41/3 (1987), pp. 349-372.

más cualquier afirmación, ni ser incapaz de criticar la estructura racional de la propia ciencia. Precisamente el sentido del auténtico criticismo incluye esta faceta de crítica de la razón y del lenguaje científico, pero de un modo más profundo que el habitual en la acuñada fórmula de «teoría de la ciencia» o semejantes. Porque aquí el nuevo método crítico lleva a cabo un peculiar análisis de la ciencia que llega no sólo a las condiciones «lógicas», sino que descubre sus raíces (como en el caso de otros fenómenos) en otra esfera que no es la lógica. El criticismo nietzscheano hace uso de las ciencias, pero no de modo ingenuo y acrítico, antes bien aprovecha sus aportaciones dentro de una perspectiva crítica de orden superior. Una vez más la huella del criticismo kantiano queda patente.

6)   También les une la cuestión del *perspectivismo,* que consiste en preguntar si existe una base fiable para *orientarse* en la existencia. Es decir, si en el fondo estamos abocados al caos, al sinsentido, al absurdo o si, aun enfrentados al abismo de la experiencia, al fraccionamiento, la dispersión y diseminación, es posible lograr algún orden de sentido, alguna *perspectiva ordenadora* básica que permita tal orientación vital, si hay algún orden en la realidad, en la razón o en cualquier otro lugar, desde donde podamos hacer frente a las oscuras y enigmáticas turbulencias del caos experiencial.

7)   Y, por último, la decisiva cuestión de la *libertad* o de la autonomía individual; que, por un lado, está vinculada a la cuestión anterior en la medida en que cabe preguntar si es posible la libertad radical contando con algún principio o instancia que sirva de orientación o si éstos impiden por principio la libertad: ¿es todo punto de referencia un peligro para la soberanía y autonomía del individuo?, ¿de qué libertad se está hablando en tal caso? Creo que la cuestión de fondo en el enfrentamiento entre Kant y Nietzsche radica en la profundización en la libertad: ¿es el giro copernicano el método más radical para instaurar la libertad o es posible una profundización, ampliación o «contragolpe» que nos abra a una nueva experiencia de la libertad?

1.3.   DE LA RAZÓN PURA A LA RAZÓN IMPURA

Antes de entrar en algunos aspectos más concretos de la conexión nietzscheana con el criticismo kantiano, quiero advertir desde un comienzo que la radicalización del criticismo por parte de Nietzsche profundiza las tendencias que ya estaban latentes a partir de Kant y que se fueron desarrollando poco a poco a lo largo del siglo XIX, con algunos precedentes en el siglo XVIII, como el caso destacado de Hamann (al que nos referiremos más tarde).

Esta radicalización consistió, en síntesis, en transformar la *crítica de la razón pura* en una *crítica de la razón impura,* es decir, en descubrir que en la razón humana no hay sólo elementos *lógicos,* sino también *corporales, lingüísticos, perspectivistas* y *afectivos,* que no son «lo otro» de la razón, sino componentes de la razón. Nietzsche amplía el criticismo kantiano, eminentemente lógico, mediante un criticismo fisiológico, lingüístico, mediante la crítica de la verdad y el descubrimiento del carácter vital y perspectivista de la razón. Todo lo cual —a mi modo de ver— *obliga al criticismo a convertirse en hermenéutica,* a percatarse de que la razón, más que elaborar puros conceptos, se mueve en el mundo de las interpretaciones.

El llamado «giro hermenéutico» desde la pura lógica al arte de la interpretación es una de las claves de la filosofía contemporánea. Por eso *el orden que seguiremos en este libro a partir de ahora es el siguiente*: en esta primera parte analizaremos las críticas fisiológica y lingüística, la crítica a la verdad y el descubrimiento del perspectivismo y el vitalismo. En la parte segunda accederemos a la hermenéutica nietzscheana y su presencia en el mundo contemporáneo, para extraer en la parte III las consecuencias que de todo ello se siguen para un nuevo sentido de la política. ¿Es posible ir más allá de Nietzsche en la teoría y en la práctica?

2. CRÍTICA FISIOLÓGICA

Encontramos la primera fuente de inspiración del nuevo criticismo nietzscheano en la radicalización fisiológica de la crítica transcendental kantiana, y por eso nos centramos en ella en primer lugar.

2.1. Criticismo radical

La filosofía crítica de Nietzsche no es irracionalista, sino todo lo contrario: es propia de un «abogado racionalista de la crítica»[12]. Lo

---

[12] J. Salaquarda, «Nietzsches Kritik der Transzendentalphilosophie», en M. Lutz-Bachmann, *Über F. Nietzsche*, Francfort del M., 1985, pp. 27-61.

cual no empece para que haya sido calificada también de «experimentalismo existencial» (W. Kaufman), porque es su radical criticismo el que le lleva a descubrir las instancias prerracionales que operan activamente en el hombre, las fuerzas que están por debajo del orden racional.

La racionalidad crítica es una manifestación del vigor intelectual del hombre, en la medida en que éste es capaz de ponerse a sí mismo en cuestión. En esta línea, cuando el análisis de Nietzsche llegue a dar con el núcleo de la voluntad de poder, habrá que reconocer que en su origen está movido por un afán crítico.

Como es sabido, Nietzsche empieza a moverse en el ámbito de la filosofía crítica de Kant a través de Schopenhauer, cuya obra fundamental sobre Kant debió leer en 1865. Pero, como tendremos ocasión de exponer con más detenimiento, en el verano de 1866 conoce la obra de Friedrich Albert Lange *Geschichte des Materialismus und Kritik seiner Bedeutung in der Gegenwart* (1866). Desde entonces no dejará de interpretar a Kant y Schopenhauer desde el modelo proporcionado por Lange, quien también estaba en la órbita kantiana.

La relación con Schopenhauer ha sido tal vez la más conocida, pero es importante no perder de vista esta otra conexión inicial con Lange, para comprender el desarrollo posterior del pensamiento nietzscheano. Con ello quiero decir que Nietzsche conoce a través de Schopenhauer un kantismo muy simplificado. Así, por ejemplo, la complejidad de la deducción de las categorías queda reducida a una sola: la de la causalidad. También en otros aspectos importantes, como el tratamiento de la «cosa en sí», sigue Nietzsche el enfoque de Schopenhauer. La cosa en sí estaría dada sólo como núcleo del fenómeno; y se interpretaría como voluntad. En cambio, el mundo para nosotros sería representación en el sentido de un «realismo empírico», que habría que hacer compatible con el «idealismo transcendental». Recuérdese al respecto la «paradoja del cerebro», a la que se refiere el propio Schopenhauer: «que la cabeza esté en el espacio no le impide darse cuenta de que el espacio sólo está en la cabeza»[13]. Ahora bien, el punto decisivo lo constituye la posibilidad de conocer la cosa en sí, que para Schopenhauer sólo podría darse en una autoexperiencia[14].

---

[13] *Parerga und Paralipomena*, Bd. 2, cap. 3, § 30.
[14] *Die Welt als Wille und Vorstellung*, Bd. 1, libro 2, §§ 18 ss.

Lo que nos interesa en este momento es percatarnos de que, si el primer encuentro con el criticismo fue Schopenhauer, el acceso a Lange le permite criticar ya al propio Schopenhauer inmediatamente:

> La verdadera esencia de las cosas, la cosa en sí, nos es no sólo desconocida, sino que incluso el concepto de la misma no es ni más ni menos que el último engendro de una oposición condicionada por nuestra organización, de la que nosotros no sabemos si tiene algún significado fuera de nuestra experiencia [15].

Esta argumentación puede entenderse como una radicalización de la comprensión schopenhaueriana de la filosofía crítica de Kant, como interpreta Salaquarda. Si la crítica kantiana era una *crítica lógica*, la nietzscheana será una *crítica fisiológica*, ya que el punto focal de la crítica será «nuestra organización», la unidad de lo psíquico interior y lo físico externo, como ya Lange había expuesto.

Precisamente esta organización fisiológica nuestra nos llevará —como veremos más adelante— no a la verdad, sino a necesitar el error [16].

> La fisiología de los órganos de los sentidos es el kantismo desarrollado [...], y el sistema kantiano puede ser considerado por así decirlo como un programa para nuevos descubrimientos en este terreno [17].

El contexto del texto de Lange deja bien claro que se trata de una defensa del hombre entero, cuya psique está fundada en su realidad física. Para más señas, Lange alude a Helmholtz. Nietzsche conectó con este fondo neokantiano fisiológico y de ahí surgió su intento de pensar «siguiendo el hilo conductor del cuerpo», un programa de filosofía propio de «un *médico* filósofo», que sea capaz de ofrecernos «una interpretación del cuerpo» a partir de sus «síntomas» y que no se dedique ya a la «verdad» sino a la «*salud*» [18].

Desde un comienzo, pues, ha de entenderse el pensamiento de Nietzsche en relación con el criticismo kantiano, primero dependiente de Schopenhauer, pero inmediatamente ampliado al enfoque de

---

[15] Carta a C. von Gesdorff, final del 8, 1866, *KGB* 1/2, pp. 159 ss.
[16] *El crepúsculo de los ídolos* (= *CI*), Alianza, Madrid, 1984 (7.ª ed.), «La razón en la filosofía», § 5.
[17] *Geschichte des Materialismus,* II, 850.
[18] *La gaya ciencia* (= *GS*), prólogo § 2; cfr. H. SCHIPPERGES, *Am Leitfaden des Leibes. Zur Anthropologik und Therapeutik F. Nietzsches,* 1975; *Kosmos Anthropos. Entwürfe zu einer Philosophie des Leibes,* Klett-Cotta, Stuttgart, 1981.

Lange, desde donde su criticismo se radicaliza desencadenando el proceso —típico de Nietzsche— por el que *el criticismo kantiano deviene hermenéutica*. El mismo Nietzsche expresó su convicción de que con este arsenal crítico ya estaba bien pertrechado para seguir su tarea:

> Kant, Schopenhauer y este libro de Lange —más no necesito[19].

Esto pone en cuestión el esquema habitual, según el cual Nietzsche habría adoptado una actitud crítica después de una etapa de juventud en que habría estado sometido a una metafísica orientada por Schopenhauer y Wagner, por tanto, que habría que esperar a 1876 ó 1878 (publicación de *Humano demasiado humano*) para descubrir su giro criticista. Recuérdese que Nietzsche lee a Schopenhauer en 1865, pero a Lange en 1866, por tanto, antes de *El origen de la tragedia* (1872 o últimos días de 1871).

La vinculación con el método crítico de orientación kantiana debe considerarse como un elemento primordial desde los mismos orígenes de la gestación del pensamiento nietzscheano, como también ha mostrado J. Salaquarda[20]. A lo cual hay que añadir que esta actitud se entremezcla con ciertos caracteres, que permiten descubrir su posterior *transmutación en hermenéutica*. Uno de esos caracteres es su enfoque filológico, sobre el que volveremos más tarde, a fin de ponerlo en relación con el criticismo y cuyo precipitado final constituye el método propiamente nietzscheano de interpretación de los fenómenos.

Inicialmente Nietzsche está moviéndose en la órbita kantiana[21], pero no quiere quedarse sin más en los términos kantianos, sino también marcar las diferencias, al enfrentarse (sean filósofos o científicos) a quienes pretenden sacar del flujo constante del devenir una representación fija, un *a priori*, que es un error *constante* porque en cualquier caso es algo «devenido». Según Nietzsche, el modo de proceder tiene que ir en dirección contraria: «reducir a movimientos todo lo cósico (material)», puesto que —y una vez más se muestra la conexión entre el criticismo y la hermenéutica— «no hay hechos, sino sólo interpretaciones».

---

[19] Carta a Hermann Mushake de noviembre de 1866, *KGB* I/2, p. 184.
[20] «Studien zur Zweiten Unzeitgemässen Betrachtung», *Nietzsche-Studien*, 13 (1984), pp. 1-45; «Nietzsche und Lange», *Nietzsche-Studien* 7 (1978), pp. 236-260.
[21] *Humano demasiado humano* (= *HDH*), Aguilar, Buenos Aires, 1966, Libro I, 1.ª parte, § 19.

Y es que el criticismo de Nietzsche se diferencia ya aquí claramente del kantiano. En primer lugar, se refiere a la «organización» humana, a la unidad psico-física del hombre. No se pueden separar ambos aspectos como Kant había hecho, ya que son interdependientes y aparecen juntos. De ahí que metodológicamente se pueda ir de un lado a otro (por ejemplo, mediante la sintomatología). En segundo lugar, Nietzsche parte de que esa «organización» humana es producto de un devenir, de una evolución (¡de una historia!), y de que está expuesta a nuevas variaciones. He ahí su «filosofía histórica», no separada de las ciencias de la naturaleza, que se desarrollará como *hermenéutica genealógica*. Y, en tercer lugar, para Nietzsche, *todas* las representaciones *a priori* son errores incorporados, sometidas al devenir, en definitiva, interpretaciones. Pues el hecho de que en algún momento se suponga algo como verdadero *a priori* no lleva consigo que sea tal. La verdad no está garantizada por la certeza (subjetiva). Tales representaciones no son sino «sensaciones» inevitables, fijadas para determinadas finalidades (útiles), pero no otra clase de representaciones.

No es difícil darse cuenta de que esta orientación del criticismo se acerca también a la transformación contemporánea del kantismo realizada por el «Racionalismo crítico» [22] y por la «Epistemología evolutiva» [23]. Ahora bien, todos estos cambios en el criticismo nietzscheano se debieron a Lange, de cuya obra escribió Nietzsche en carta a H. Mushacke:

> La obra filosófica más importante que ha aparecido en los últimos decenios es indudablemente la *Historia del Materialismo* de Lange [...].

En esta obra encuentra Nietzsche las bases más profundas de su formación filosófica, dando un paso más hacia su propia figura metódica de filosofía crítica. Y, por eso, E. Hocks y, más tarde, J. Salaquarda han destacado que, para Nietzsche, Lange adquirió preponderancia por encima de Schopenhauer [24]. Lo cual tiene un significado filosófico, sobre el que todavía tendremos que volver a

---

[22] Cfr. J. CONILL, *El enigma del animal fantástico*, cap. 3.
[23] K. LORENZ, «Kants Lehre vom Apriorischen im Lichte gegenwärtiger Biologie», *Blätter für Deutsche Philosophie*, 15 (1941), pp. 94-125; cfr. R. RIEDL, *Biología del conocimiento*, Labor, Barcelona, 1983.
[24] E. HOCKS, *Das Verhältnis der Erkenntnis zur Unendlichkeit der Welt bei Nietzsche*, 1914; cfr. sobre todo J. SALAQUARDA, «Nietzsche und Lange».

continuación, ya que constituye un punto de inflexión decisivo para el carácter propio que adoptará el criticismo hermenéutico nietzscheano.

2.2. La «invención conceptual»

Ya hemos insistido en la importancia de F. A. Lange para Nietzsche, pero conviene desarrollar a continuación algunos aspectos que nos ayuden a comprender el valor filosófico de su influencia [25].

En síntesis puede decirse que, para Nietzsche, son básicos los siguientes puntos: 1) en primer lugar, el *criticismo radical,* según el cual, todo lo que podemos conocer pertenece al mundo fenoménico, incluso la «facultad» mediante la que conocemos (los sentidos y el cerebro), mientras que las «cosas en sí» nos resultan totalmente desconocidas; 2) ahora bien, tampoco podemos evitar la tendencia a una interpretación global de la realidad, que sería resultado de la fantasía creadora, es decir, de la *«invención conceptual»* (*Begriffsdichtung*), según el propio término de Lange [26]; 3) a lo cual hay que añadir el consiguiente aprovechamiento de todos los *conocimientos científicos* que estén a nuestro alcance.

Esta trama interna entre la necesaria atención al conocimiento científico y la apertura de la «invención [o poetización] conceptual» permite a Nietzsche soportar la tensión entre la actitud científica y la artística. Ambas perspectivas se detectan en sus estudios filológicos y filosóficos, porque —como veremos— de lo que se trata es de poder llevar a cabo una interpretación crítica que, contando con la ciencia, no se reduzca a ella, ya que en caso contrario sería incapaz de ofrecer una interpretación auténticamente crítica.

Así pues, Nietzsche pone en práctica un tipo de criticismo peculiar, donde se acentúan ciertas tendencias que encuentra ya en Lange. Una de ellas es la *biologización de las condiciones aprióricas* del conocimiento, en la que insistirán más tarde el Racionalismo crítico y la Epistemología evolutiva.

---

[25] Cfr., para lo que sigue, el ya citado artículo de J. Salaquarda, «Nietzsche und Lange».

[26] No debería pasar desapercibido el carácter híbrido del término «*Begriffsdichtung*»: por una parte, alude a la capacidad inventiva, creativa, poética; pero, por otra, se refiere al concepto. No hay ruptura ni escisión excluyente entre invención o creación y concepción, entre invento y concepto, en definitiva, entre poetizar y pensar. ¿No cabría, entonces, traducirlo incluso por «*poesía conceptual*»?

Por su parte, Salaquarda recoge algunos ejemplos significativos de la influencia de Lange en Nietzsche: la crítica del modelo del átomo, el problema de la acción a distancia, las teorías de la sensación, el problema del darvinismo [27], el eterno retorno y el superhombre.

En el caso de la «doctrina del eterno retorno», Nietzsche dice que se trata de «la *más científica* de todas las hipótesis» [28]. A Nietzsche le importaba la confirmación científica, aun cuando sabía que se trataba de una interpretación, pero una interpretación que, sin ser una teoría científica, pudiera acreditarse científicamente. Esta actitud, conservada hasta los años ochenta, según Salaquarda, proviene del criticismo de Lange con toda probabilidad.

También el aspecto científico de la reflexión sobre el superhombre cuenta en Nietzsche con el influjo de Lange. Los términos que Nietzsche emplea para este complejo temático provienen de la biología y zoología de su tiempo. De ahí que Nietzsche utilice expresiones como «doma» (*Zähmung, Zucht*) o «cría» de hombres superiores (*Züchtung*), porque cree que expresan mejor los resortes para cambiar la vida humana [29].

Nietzsche presupone que los caracteres pueden fijarse y transmitirse por herencia. Esta tesis lamarckiana del carácter hereditario de las propiedades adquiridas era una hipótesis probable en su época, según pudo leer Nietzsche en la obra de Lange. Es más, Lange tiene expresiones de gusto nietzscheano, como las siguientes:

> tiene que ser posible todavía proseguir la formación de nuevas y sobre todo superiores razas [...] la formación de una nueva raza que domine la tierra [30].

Aunque no se ha podido probar que Nietzsche conociera estas manifestaciones, los contextos de la obra que sí conoció de Lange le orientaron en la misma dirección y sobre todo le pudieron confirmar que esta idea de la «cría» de hombres superiores estaba en consonancia con los resultados de la investigación científica. El «lamarckismo» servía de trasfondo a una interpretación que pretendía oponerse a la interpretación moral (la pretensión de «mejorar» a los hombres).

---

[27] Aunque luego lo profundizaría en relación con Roux, como ha destacado MÜLLER-LAUTER, «Der Organismus als innerer Kampf. Der Einfluss von W. Roux auf F. Nietzsche», *Nietzsche-Studien*, 7 (1978), pp. 189-223.
[28] *KGW* VIII/1, 5 /71), p. 217.
[29] *CI*, «Los "mejoradores" de la humanidad».
[30] *Die Arbeiterfrage* (1870), p. 55 (citado por J. Salaquarda).

Sin embargo, la tesis «lamarckiana», en la que se apoyaba Nietzsche, fue rechazada por la biología posterior de tendencia predominantemente neodarvinista.

Lo que separó a Nietzsche de Lange [31] es que éste adoptó el «punto de vista del ideal», impregnó su obra de un sentido moral, que —según Nietzsche— no era más que la expresión del idealismo surgido de la debilidad.

El criticismo radical de Lange, a juicio de Nietzsche, se detuvo ante su «idea ética», en primer lugar, porque tal idea ética era imposible de fundamentar, a no ser que se alcanzara un conocimiento omnicomprensivo de la realidad; y, en segundo lugar, porque el sentido moral de la obra de Lange le llevaba a ser tolerante con la religión, mientras el hombre no encontrara otro consuelo mejor sobre la tierra. Todo lo cual no era, según Nietzsche, ni más ni menos que la expresión de la debilidad y del miedo al proceso natural creador de diferencias.

Nietzsche radicaliza el criticismo de Lange y aspira a una *interpretación no moral,* sin nostalgias o añoranzas guiadas por el «punto de vista del ideal» de carácter moral, porque cree haber encontrado otra interpretación que, uniendo el conocimiento científico y la «invención conceptual», profundiza el sentido crítico hasta el fondo.

Lo que importaba era afinar el método crítico y lograr un modelo de pensamiento que interpretara mejor el acontecer real, sin olvidar nunca su carácter interpretativo. Este planteamiento interpretativo —de «viejo filólogo»— desarrolla el criticismo, ya que nos permite descubrir que hasta las que se consideran leyes de la naturaleza son interpretaciones. No son puro «texto», sino comentario de texto, «un arreglo», interpretación [32]. Por eso, Nietzsche, al considerar que todo es interpretación, acabará con la distinción entre fenómeno y cosa en sí, entre mundo aparente y mundo verdadero. Interpretación que se sabe tal, pero tiene en cuenta el conocimiento científico para llevarse a cabo.

El criticismo se radicaliza en Nietzsche, además, porque no concierne sólo a la razón, sino que se extiende hasta el nivel de los sentidos (a la unidad psico-física del hombre); es decir, prosigue la línea de Zöllner y Lange, para quienes la sensación es el «hecho funda-

---

[31] *KGW* VII/2, 25 (318), p. 90.
[32] *MBM,* § 22.

mental», lo dado inmediatamente, mientras que todo lo demás es ya producto de construcciones mediatas[33].

Pero este fenómeno originario de la sensación no puede entenderse desde un punto de vista materialista, ya que, aunque se pudiera comprobar una secuencia de procesos «materiales» que «acompañan» a la sensación, seguiría pendiente la cuestión acerca de qué es «sentir». Por tanto, «se puede continuar siendo [...] el más riguroso adversario de todo materialismo»[34].

El desarrollo nietzscheano de la perspectiva crítica llega hasta los más originarios «centros de fuerza», que son siempre sentientes (*empfindend*) y que sólo pueden captar lo que ejerce alguna resistencia y, por tanto, es asimismo «sentiente»[35].

Nietzsche prosigue el criticismo de Lange y recurre a la instancia de «nuestra organización» fisiológica para explicar la historia de las proyecciones de un «mundo verdadero» (desde Sócrates a Kant). Desde esta perspectiva criticista radicalizada, todos los productos ideales son de la misma condición que los «fenómenos», porque ha desaparecido la diferencia (por oposición) entre un mundo fenoménico y un mundo verdadero, ya que todo es interpretación. No es que haya múltiples interpretaciones de lo mismo, sino que la consecuencia última del criticismo desarrollado por Nietzsche va más allá de Kant y Lange: *nuestra organización produce esquemas de interpretación*.

La nueva filosofía habrá de contar con este enfoque crítico devenido hermenéutico. Es el camino seguido por Nietzsche, como tendremos ocasión de exponer más tarde, al establecer la vinculación entre la *conciencia crítica del método* y la *filosofía hermenéutica de la voluntad de poder*: «este mundo es la voluntad de poder, y nada más»; «el mundo visto desde dentro, el mundo definido y designado en su "carácter inteligible", sería cabalmente "voluntad de poder" y nada más que eso»[36]. Y desde ese fondo es de donde surgirá el proceso de interpretación.

---

[33] Aquí el *factum* primordial ya no es el de la razón, sino el de los sentidos. Tampoco en Zubiri el *factum* primordial y originario es el de la razón sino el de la intelección sentiente (véase al respecto especialmente el cap. 10).

[34] *La genealogía de la moral* (= *GM*), Alianza, Madrid, 1978 (3.ª ed.), III, 16, p. 150.

[35] *KGW* VIII/3, 14 (79), pp. 49-51: obsérvese la cercanía con planteamientos zubirianos en cuestiones como «qué es sentir» y en la búsqueda de un «hecho fundamental» en el orden sentiente, previo a la razón. Cfr. capítulo 10 de este estudio, dedicado a la relación entre Nietzsche y Zubiri.

[36] Cfr. *KGW* VII 38 (12); *MBM*, § 36.

3. CRÍTICA LINGÜÍSTICA

En el capítulo anterior hemos situado a Nietzsche dentro de la tradición del *neokantismo fisiológico* de Lange[37], dado que existe una clara coincidencia en sus posiciones gnoseológicas. La influencia de esta tradición fue tan decisiva que, por ejemplo, G. Stack se inclina a favor de la opinión de que también el trasfondo de la concepción del lenguaje en el joven Nietzsche provendría de Lange (relacionado con las teorías de Lamettrie, Helmholtz y Darwin). Bajo este influjo, Nietzsche habría prestado atención tanto al «origen naturalista» del lenguaje como a su «emergencia en un contexto social».

Por otra parte, todavía R. Löw[38] pensó que los puntos de referencia para la comprensión del lenguaje son principalmente Schopenhauer y Lange. La influencia de Schopenhauer se notaría en su escrito «Sobre el origen del lenguaje»[39] (en el que el origen del lenguaje se sitúa en un instinto inconsciente) y la influencia de Lange aparecería en *Verdad y mentira en sentido extramoral* (donde el lenguaje se concibe como producto de las convenciones).

Pero, por importante que haya sido la impronta de Lange, su influencia por lo que se refiere a la concepción del lenguaje, en particular, no fue tan decisiva como en los otros aspectos del criticismo. Las interpretaciones de Stack y Löw olvidan elementos esenciales de la concepción nietzscheana del lenguaje[40], como su carácter metafórico, que —según vamos a ver— está ligado al impulso primordial de la fantasía humana.

3.1. GENEALOGÍA DEL LENGUAJE

Para exponer la concepción del lenguaje en Nietzsche es necesario acudir a *Verdad y mentira en sentido extramoral,* escrito en el que, para esclarecer la cuestión de la verdad —un tema que veremos en un capítulo posterior—, Nietzsche presenta una genealogía del lenguaje. Su concepción sobre la génesis del lenguaje en esta obra difiere de la ofrecida en el fragmento, antes aludido, «Sobre el origen

---

[37] Siguiendo los estudios de Jörg SALAQUARDA, «Lange und Nietzsche», y George Stack, *Lange and Nietzsche,* Berlín, 1983.
[38] *Nietzsche, Sophist und Erzieher,* Acta Humaniora, Weinheim, 1984, p. 29.
[39] Fechado sobre 1869-1870.
[40] Cfr. al respecto ya entre nosotros E. LYNCH, *Dioniso dormido sobre un tigre,* Destino, Barcelona, 1993.

del lenguaje» en *Philologica.* Aquí defendía la postura del momento: el lenguaje es producto del instinto. Pero en *Verdad y mentira en sentido extramoral* Nietzsche presenta una concepción más elaborada de la génesis del lenguaje, que por otra parte coincide en lo fundamental con la posición defendida en sus *Lecciones de Retórica* (de comienzos de los años setenta)[41].

En estas lecciones destaca un apartado donde trata de la relación entre *retórica y lenguaje.* En este contexto considera la retórica como una forma de arte inconsciente, al que le está vedado reproducir la esencia de las cosas. Y, por otra parte, la *génesis del lenguaje* se sitúa en la fuerza figurativa, ya que todas las palabras son originariamente *tropos* (de los que destaca la metáfora, metonimia y sinécdoque). Así pues, la retórica es la prosecución y ampliación del carácter originariamente figurado del lenguaje[42].

Las *Lecciones de Retórica* y *Verdad y mentira en sentido extramoral* coinciden básicamente en la concepción y génesis del lenguaje, pero en la segunda de ellas Nietzsche expone además los elementos y fases que integran el complejo genético del lenguaje.

Comencemos por los factores que esclarecen el *origen* del lenguaje, su *utilidad* social y la decisiva función del *olvido* del origen, en esta última obra.

En primer lugar, por lo que se refiere al origen, sobresale la concepción del hombre como «sujeto creador artístico», al que es esencial un «impulso a la formación de metáforas». Este impulso artístico actúa en la formación de las palabras y de los conceptos, y constituye la fuerza de mediación entre las esferas heterogéneas del sujeto y del objeto, entre las que sólo es posible una relación estética. Es éste un aspecto básico para entender por qué Nietzsche considera que el lenguaje es incapaz de expresar adecuadamente la realidad.

En segundo lugar, por su utilidad para la comunicación, se requiere la fijación de los significados de las palabras mediante convenciones sociales. Estas convenciones son la consecuencia de un «tratado de paz», con que acaba la guerra de todos contra todos.

---

[41] Cfr. para este apartado muy especialmente las investigaciones de A. MEIJERS, «Sprache und Wahrheit in "Über Wahrheit und Lüge im aussermoralischen Sinne"», Contribución al Curso «Wahrheit in der Sicht Nietzsches», Dubrovnik, 13-18 de abril de 1987; y «G. Gerber und F. Nietzsche. Zum historischen Hintergrund der sprachphilosophischen Auffassungen des frühen Nietzsche», *Nietzsche-Studien,* 17 (1988), pp. 369-390.

[42] R. LÖW, *op. cit.,* pp. 41 ss.

Y, en tercer lugar, se necesita también olvidar el papel que ha desempeñado el impulso a la formación de metáforas en el origen del lenguaje. Debido a este olvido es como se produce la hipóstasis de los conceptos y la voluntad de la verdad, a la que subyace la fe en que se puede reproducir la realidad en sí.

En principio, pues, la genealogía nos pone de manifiesto que el lenguaje es esencialmente metafórico y, por consiguiente, que no hay que hacerse ilusiones de que vayamos a poder conocer las cosas en sí.

Además, la genealogía nos descubre las *fases* por las que discurre el proceso de generación del lenguaje, que son las siguientes: (Cosa en sí) - Figura (o metáfora intuitiva) - Sonido (o palabra) - Concepto. Los sonidos y las palabras son figuras de las sensaciones, pero reproducidas en un «material» distinto.

Las sensaciones son, pues, figuras de los estímulos nerviosos. Y el tránsito entre las distintas fases se debe al impulso artístico o formador de metáforas, que constituye un impulso primordial y originario. Por consiguiente, para Nietzsche, se da ya movimiento metafórico en el tránsito desde el estímulo nervioso a la sensación y de la sensación al sonido. En consecuencia, todas las palabras tienen radicalmente un origen metafórico: *el lenguaje es de raíz metafórico*.

¿De dónde provienen todas esas nuevas ideas de Nietzsche acerca del lenguaje, tal como aparecen en *Verdad y mentira en sentido extramoral* y en las lecciones de retórica? No se trata de una cuestión secundaria o de curiosidad erudita, sino de un aspecto central para entender su filosofía entera; y de modo especial *la metamorfosis del criticismo en hermenéutica*.

Como han puesto de manifiesto A. Meijers y M. Stingelin, cuyas investigaciones sigo aquí, la fuente de la que se sirvió Nietzsche para lograr esta síntesis de pensamiento lingüístico fue la obra de Gustav Gerber *Die Sprache als Kunst* (de 1871). Un autor bastante desconocido en los medios filosóficos habituales, pero una fuente de inspiración fecunda para Nietzsche, porque Gerber perteneció a una corriente de filosofía del lenguaje del siglo XIX en Alemania (junto con G. Runze, F. M. Müller y O. Gruppe), que constituye un momento importante en el desarrollo de la filosofía del lenguaje a partir de Humboldt y cuya onda expansiva llega no sólo hasta la hermenéutica, sino también por otro camino, hasta Wittgenstein y sus seguidores[43].

---

[43] S. J. SCHMIDT, *Sprache und Denken als philosophisches Problem von Locke bis Wittgenstein,* pp. 202 ss. Schmidt ha encontrado coincidencias textuales entre estos

A. Meijers destaca que no hay apenas estudios sobre la relación de Nietzsche y Gerber, resultándole especialmente curioso que Janz en su biografía ni siquiera la nombre. Y las pocas alusiones que ha merecido tal relación no son muy ilustrativas. Incluso las publicaciones relativamente recientes sobre el carácter metafórico del lenguaje de Nietzsche, y que gozan de cierto prestigio por el contexto del que provienen (así como por la moda), no se ocupan de la cuestión[44]. Sólo Ph. Lacoue-Labarthe[45] ha considerado la relación entre Nietzsche y Gerber en lo que se refiere a la conexión entre filosofía y retórica; y A. D. Schrift[46] ha percibido que la originalidad de Nietzsche consistió en haber usado el arsenal que le ofreció Gerber para «deconstruir», desmontar, los errores de la filosofía tradicional, mediante una crítica del uso filosófico del lenguaje. Nietzsche habría aprovechado las aportaciones de Gerber para llevar a cabo una *crítica de la metafísica a través de una crítica lingüística.*

Pero indudablemente ha sido A. Meijers quien ha puesto de relieve y ha expuesto los pormenores de la relación entre Gerber y Nietzsche. Según sus investigaciones, la fuente principal de la filosofía del lenguaje del joven Nietzsche es Gerber y a él se deben las innovaciones expuestas en sus lecciones de retórica y en *Verdad y mentira en sentido extramoral.* Y no es que Nietzsche lo haya ocultado totalmente, puesto que en el capítulo de sus lecciones de retórica, donde trata de la relación sistemática entre retórica y lenguaje, sólo cita a Gustav Gerber y su libro *Die Sprache als Kunst* (*El lenguaje como arte*). Por consiguiente, es de sumo interés prestar atención —siguiendo la investigación de Meijers— a lo que de dicha obra tomó Nietzsche.

Gerber trata en su obra muchos temas de filosofía lingüística y cita a muchos autores (entre los que se encuentran Hamann, Hegel, Herder, Heyse, Humboldt, Kant, Lange, Lotze, Schlegel). Pero de un

---

autores de la corriente humboldtiana y Wittgenstein, cfr. «German Philosophy of Language in the Late 19th Century», en H. PARRET (ed.), *History of Linguistic Thought and Contemporary Linguistics,* Berlín, 1976, pp. 658-684.

[44] Ni S. KOFMAN (en *Nietzsche et la Metaphor,* París, 1972), ni los artículos de J. D. BREAZEALE [«The word, the world and Nietzsche», *The Philosophical Forum* IV (1974), pp. 301-320], de L. M. Hinman [«Nietzsche, metaphor, and truth», *Philosophy and Phenomenological Research,* XLIII (1982), pp. 179-200] y de J. Henningfeld («Sprache als Weltansicht. Humgoldt - Nietzsche - Whorf», *Zeitschrift für philosophische Forschung,* 30 (1976), pp. 435-452] (citados por A. Meijers en art. cit., nota 23), ni la obra ya citada de R. Löw.

[45] «Le détour (Nietzsche et la rhétorique)», *Poétique,* II (1971), pp. 53-76.

[46] «Language, Metaphor, Rethoric: Nietzsche's deconstruction of epistemology», *Journal of the History of Philosophy,* XXIII (1985), p. 379.

modo especial destaca la íntima conexión entre Gerber y Humboldt por lo que se refiere a la búsqueda del *lenguaje en vivo,* la *consideración genética,* la acción recíproca entre el lenguaje y el espíritu, la conexión entre el lenguaje y el arte, la consideración de la proposición como la unidad mínima de significado lingüístico, el valor de la analogía y de las transformaciones del significado.

A Gerber le interesa ante todo el *lenguaje vivo,* no las abstracciones que la lingüística deposita en los diccionarios y en la sintaxis, por eso busca una descripción de la vida del lenguaje, de su dinamismo vital. Precisamente para responder a esta preocupación cabe describir el lenguaje como una *forma de arte.* Gerber caracteriza el arte como una actividad que «no tiene finalidad», que no obra como medio para otra cosa, sino que figura como un «juego», «libre de la severidad de la vida». Gerber cita en este contexto a Kant: «es bello aquello que gusta sin ningún otro interés».

Pero, según Gerber, el lenguaje se concibe como una forma de arte inconsciente: hay una *creación inconsciente* de obras de arte, que es el resultado de un impulso artístico. Desde esta perspectiva se comprende que Gerber considere que el carácter figurativo a través de los *tropos* es lo que constituye propiamente el lenguaje. El lenguaje es, para Gerber, esencialmente metafórico.

Y, a partir de esa concepción básica del lenguaje, Gerber reconstruye su génesis. El lenguaje comienza en el estímulo nervioso y recorre varias fases hasta conformarse plenamente en la forma como lo expresamos habitualmente. A lo largo de ese desarrollo tiene lugar una acción recíproca entre el lenguaje y el espíritu humano: ambos se desarrollan a la vez. «El lenguaje es el órgano formador del pensamiento» (Humboldt)[47].

En la reconstrucción que hace Gerber del origen del lenguaje se distinguen las siguientes *fases:* (Cosa en sí) - Estímulo nervioso - Sensación - Sonido - Representación - Radical - Palabra - Concepto. El tránsito entre las diversas fases goza de cierto margen de libertad y ahí ejerce su actividad el impulso artístico. Ya las primeras fases muestran que el lenguaje no puede reproducir la realidad, porque el sonido es la figura (*Bild*) de una sensación, pero esta figura no es una

---

[47] Citado por el propio GERBER, *Die Sprache als Kunst,* p. 146, cfr. W. v. HUMBOLDT, *Sobre la diversidad de la estructura del lenguaje humano y su influencia sobre el desarrollo espiritual de la humanidad,* Anthropos, Barcelona, 1990. Cfr. en esta línea E. COSERIU, *Sincronía, diacronía e historia,* Gredos, Madrid, 1978, y L. WEISGERBER, *Dos enfoques del lenguaje,* Gredos, Madrid, 1979.

reduplicación, dado que la reproducción tiene lugar en otro material distinto y dado que la figura no puede expresar el momento individual de la sensación. Aquí se evidencian ya los «*límites* del lenguaje».

No obstante para poder designar algo, hace falta agrupar diversos rasgos, de tal modo que se forma una representación (*Vorstellung*)[48]. Esta representación es, a su vez, una figura de la sensación, una figura interna (el sonido es una figura externa). La fuerza que generan estas representaciones es la *libertad,* la *creatividad* artística. La formación de la representación cambia el carácter del sonido, que se convierte en símbolo de nuestras representaciones. De este modo surge lo que en la lingüística se llama la raíz, el radical. Su significado coincidirá con lo que en el lenguaje ya desarrollado es el significado de una proposición.

Así pues, la formación de las palabras —según Gerber— se debe a la necesidad de determinar cada vez con más detalle el significado de los radicales, a fin de hablar y conocer. El material fonético del radical lingüístico se disgrega en partes separadas, de manera que las nuevas formas semánticas (léxicas, gramaticales) siguen indicando la común procedencia de las palabras, con lo cual no se altera en absoluto la figuratividad originaria. Por eso, quien conciba una proposición únicamente como una mera conexión de términos y conceptos, olvidando su carácter radical de figura, según Gerber, se las ha con un «esqueleto», pero no con el *lenguaje vivo.*

Mediante la formación de las palabras el espíritu humano desarrolla una forma peculiar de actividad, enlazando y separando sus representaciones, determinando relaciones y límites. Con tal actividad llega a la conciencia de sí mismo, a la conciencia de que es *su* actividad la que produce en el lenguaje; por consiguiente, las representaciones son *suyas* y las palabras no son más que signos de sus propias representaciones, en definitiva, metáforas (desde donde se puede construir el edificio de conceptos abstractos).

En suma, el lenguaje es esencialmente metafórico. Lo originario es su *metaforicidad* (figuratividad), como lo muestra su génesis. Las palabras son metáforas o sinécdoques o metonimias. Lo cual no impide que pueda desarrollarse un lenguaje genérico, más allá de la individualidad, fijando los significados mediante las convenciones sociales, que luego se transmiten a lo largo del tiempo. Esta vertiente

---

[48] Es curioso mencionar que autores contemporáneos dedicados a la filosofía de la percepción, como Pitcher y Donagan, discutan acerca de si lo primordial es *Bild* o *Vorstellung* (incorporando de modo indirecto el dolor).

comunicativa del lenguaje, sin embargo, no sustituye ni debe ocultar el carácter radicalmente metafórico del lenguaje. Lo cual —como ha expuesto también A. Meijers, prolongando la exposición anterior— se refuerza con otro argumento, que se añade al proveniente de la génesis.

Se trata de la teoría del significado de Gerber. Atendiendo a la misma, las palabras sólo tienen un *significado* determinado dentro de la proposición, ya que la proposición es la unidad mínima de significado. Esto está en consonancia con el origen de la proposición, que es un plexo de palabras, que surgen del radical lingüístico. Por eso, no es posible, según Gerber, hablar del significado de las palabras fuera de las proposiciones. El significado de una palabra es indeterminado, mientras no esté funcionando en una proposición. Así pues, el significado de las palabras se ha de buscar en sus conexiones y relaciones posibles con otras palabras en las proposiciones. La conexión entre esos posibles significados del significado no es arbitraria, sino que tiene una trama de carácter analógico.

Este carácter analógico que une las posibles conexiones en que puede entrar una palabra en una proposición no debe malentenderse. No es que las palabras tengan un significado propio y, además, puedan usarse metafóricamente. Antes bien, las palabras funcionan en muy diferentes conexiones proposicionales, pero siempre tienen en su diferente significado un sentido análogo. Así pues, la doctrina del significado de Gerber parte de la naturaleza figurada de las palabras, que desde su raíz son *tropos*.

Ciertamente, el uso lingüístico requiere que olvidemos el carácter metafórico de las palabras porque, en caso contrario, la riqueza y pluralidad de sentidos y transposiciones impediría la comunicación, pero Gerber pretende recordar este carácter originario del lenguaje como obra de arte, como figura y tropo. Mediante sus análisis de las metáforas, metonimias y sinécdoques, Gerber critica la filosofía tradicional, porque se ha dejado seducir por la *substantivación del lenguaje,* como si a su través fuéramos capaces de expresar la verdadera estructura de la realidad. La filosofía tradicional parece haber olvidado que sus categorías también son figuras y tropos. De ahí que, apoyado en esta concepción, afirme Gerber rotundamente:

> El pensamiento *puro* es una quimera, como lo sería un *lenguaje puro* [...][49].

---

[49] *Die Sprache als Kunst,* p. 274 (cfr. A. MEIJERS, art. cit.).

La indisoluble relación entre pensamiento y lenguaje, que tan persistentemente fue estudiada en esta tradición humboldtiana, a la que pertenece Gerber, le permite dar un gran paso, del que Nietzsche se aprovechará para perfilar su criticismo. Si con Lange ya había logrado avanzar hacia el *criticismo «fisiológico»* (a partir de «nuestra organización»), la aportación de Gerber es el eslabón por el que Nietzsche conecta con la filosofía del lenguaje más genuinamente humboldtiana; lo cual tuvo enormes repercusiones, no sólo en la propia concepción del lenguaje, sino también en el conjunto de su filosofía. Y lo más probable, según Meijers, es que Nietzsche haya aprendido de Gerber la concepción del lenguaje como concepción del mundo y el sentido relativista (restringido) del lenguaje, basado en sus límites intrínsecos.

Por consiguiente, sin exageración alguna, puede decirse que Nietzsche encuentra en Gerber lo que le faltaba todavía en el modelo criticista de Lange, porque —como dice el propio Gerber—:

> lo que Kant empezó a investigar como *Crítica de la razón pura,* hay que proseguirlo como crítica de la razón impura [...] como crítica del lenguaje[50].

Siguiendo el estudio de A. Meijers, hemos intentado mostrar que las tesis fundamentales de la genealogía nietzscheana del lenguaje coinciden con las de Gerber. Sin embargo, se aprecia alguna diferencia en las fases de la génesis del lenguaje. Nietzsche simplifica el proceso analizado por Gerber y considera las sensaciones ya como figuras, puesto que sitúa el impulso a la formación de metáforas ya en el origen mismo (y no en el tránsito de la «figura fonética» [*Lautbild*] a la representación, como Gerber).

¿Por qué Nietzsche pudo compenetrarse tanto con la posición de Gerber? Tal vez, como indica Meijers, porque Gerber aportaba un nuevo enfoque —la *perspectiva del lenguaje*— para completar la concepción gnoseológica y fisiológica del *criticismo kantiano* ya desarrollado por Lange.

Además de Lange y Schopenhauer, Nietzsche encontró a Gerber y con él un nuevo impulso para su criticismo, en dirección hacia su

---

[50] *Die Sprache als Kunst,* p. 262. Ya Feuerbach, en directo contraste con Kant, desde los años en que estaba preparando la edición de la *La esencia del cristianismo* (1841), pretendía ponerle el título de *Crítica de la razón impura* (cfr. M. CABADA, *Feuerbach y Kant. Dos actitudes antropológicas,* Universidad Pontificia Comillas, Madrid, 1980).

conversión hermenéutica, en virtud del *carácter metafórico del lenguaje.* Descubrió, por tanto, la posibilidad de profundizar y ampliar la *crítica de la razón* a través de su *constitución lingüística* en la línea de la filosofía del lenguaje de Humboldt.

Pero todavía puede haber una segunda razón que explique el aprecio que le mereció a Nietzsche la obra de Gerber: pudo contribuir la importancia concedida al arte. Ambos coinciden en aprovechar críticamente este punto de vista: la *capacidad de creación artística* tiene una función primordial y originaria en la formación de los conceptos. Y también en este aspecto se detecta una innovación respecto a Lange. Hay un impulso artístico, creativo, que mueve a desarrollar las fuerzas de la metaforicidad en el lenguaje, detectable, según Gerber, también en otros fenómenos, como la ciencia, la religión, la metafísica y el mito. Este enfoque debió gustarle a Nietzsche y le sirvió para completar su criticismo con la crítica del lenguaje y con el descubrimiento del *impulso artístico en el fondo de todas las creaciones humanas.*

Así pues, el *criticismo* nietzscheano es, por un lado, *hermenéutico,* debido a la metaforicidad del lenguaje, y, por otro, *genealógico,* en un sentido más radical que el fisiológico, debido al impulso artístico que hay en el fondo del cuerpo humano, es decir, a la radical creatividad o capacidad de producir interpretaciones. De este modo Nietzsche logra una peculiar *hermeneutización del criticismo,* a partir del carácter metafórico del lenguaje y del impulso artístico, que acaba en la puesta en marcha de una *hermenéutica genealógica* (cfr. cap. 9).

3.2. EN LAS REDES DEL LENGUAJE

Una consecuencia del giro hermenéutico debido al peculiar criticismo nietzscheano es el descubrimiento del *poder del lenguaje,* es decir, de la capacidad que tiene el lenguaje para confinarnos en sus redes.

Que el pensamiento esté ligado intrínsecamente al lenguaje y que, por tanto, dependa indisociablemente de él, es una tesis que ya tiene mucha historia, lo mismo que la reducción o ampliación (según se mire) de la teoría del conocimiento a crítica del lenguaje. No es ésta una idea que haya inventado Nietzsche, como ya hemos podido observar, sino que se la encontró en una tradición filosófica de su tiempo, de la que supo aprovecharse con ingenio para profundizar su criticismo. Esta idea se remonta, por lo menos, a la *Metacrítica del purismo de la razón* de Hamann (del año 1788)[51].

Pero Nietzsche convirtió esta tesis básica de la intrínseca relación entre pensamiento y lenguaje en un «*principio de relatividad lingüística*»[52], que vendría a ser algo así como el aspecto formal del nihilismo.

No hay que olvidar que la vinculación entre el pensamiento y el lenguaje, así como la concepción de éste como una peculiar aceptación del mundo, tiene una doble faz: 1) por un lado, puede considerarse que el lenguaje abre al hombre un horizonte de posibilidades de experiencia, nos abre todo un mundo; 2) pero, por otro lado, la determinación lingüística del pensamiento hace sospechar si de ese modo no se nos desfigura la realidad y, por consiguiente, se nos incapacita para conocer la verdad.

Éste es el problema de fondo que plantea la consideración del lenguaje como concepción del mundo (*Weltansicht*)[53], en su versión negativa. A lo cual hay que añadir el agravante del relativismo, al que ya hemos hecho referencia, ya que la diversidad de lenguajes «no es una mera diversidad de sonidos y signos, sino una diversidad de concepciones del mundo», como es sabido desde Humboldt y continuamente repetido[54]. Por tanto, la relación entre pensamiento y lenguaje se complica enormemente en el caso de Nietzsche.

Según Humboldt, el lenguaje constituye aquella actividad del sujeto por la que se produce la unidad originaria de sujeto y objeto, es decir, la síntesis suprema del espíritu, que hace posible el pensamiento. El *dinamismo energético* (*enérgeia*) del lenguaje expresa una fuerza espiritual, un espacio de *libertad,* en el que se rebasa el mero instrumentalismo; no obstante, por su carácter de *ergon,* se imponen ciertas constricciones y regularidades.

Ahora bien, lo fundamental para Humboldt estriba en la conexión de *lenguaje y pensamiento,* y a tal efecto entiende la apercepción transcendental de Kant como acto lingüístico originario. Si la forma-

---

[51] Cfr., en la edición de J. Simon, J. G. HAMANN, *Schriften zur Sprache,* Francfort, 1967, pp. 222 ss.

[52] Cfr. J. ALBRECHT, «F. Nietzsche un das "sprachliche Relativitätsprinzip"», *Nietzsche-Studien,* 8 (1979), pp. 225-244.

[53] Cfr. J. HENNIGFELD, «Sprache als Weltansicht. Humboldt - Nietzsche - Whorf», *Zeitschrift für philosophische Forschung,* 30 (1976), pp. 435 ss.

[54] Cfr. H.-G. GADAMER, *Verdad y método,* Sígueme, Salamanca, 1977; K. O. APEL, *Transformación de la filosofía,* 2 vols., Taurus, Madrid, 1985.

ción de los conceptos no es posible sin lenguaje, es decir, sin la actividad del sujeto, entonces quiere decir que el concepto está acuñado por la subjetividad. Y como no hay ningún objeto que pueda percibirse en sí, porque el objeto que se muestra a los sentidos sólo puede representarse mediante el pensamiento conceptual, las palabras no son «copia» (*Abdruck*) del objeto en sí, sino de la figura o imagen (*Bild*) que se ha producido en el alma; de modo que lo que nos proporciona el lenguaje es una imagen (*Bild*) o figura del mundo. En definitiva, un conocimiento posibilitado por el lenguaje precisa de la *subjetividad*, tanto en el sentido de la subjetividad transcendental como en el sentido de la subjetividad individual[55].

En su concepción del lenguaje como concepción del mundo, Humboldt une el enfoque transcendental de Kant y el concepto moderno de la individualidad (tal como fue acuñado por la monadología de Leibniz). Cada individualidad humana constituye un punto de vista de la concepción del mundo, puesto que no hay percepción objetiva sin subjetividad; y en la propia concepción del mundo interviene además la constitución lingüística, porque el lenguaje, como «órgano del pensamiento», condiciona lo propio de la concepción del mundo.

Según esta concepción humboldtiana, el lenguaje (con su carácter no instrumental, con su intrínseca unidad con el pensamiento y con su carácter subjetivo) es capaz de proporcionarnos una imagen o figura (*Bild*) del mundo. Pero ¿no es posible que se trate de una *imagen engañosa* (*Trugbild*), de una quimera lingüística?

Precisamente este es el punto en que se inserta la posición crítica de Nietzsche, claramente expresada en el siguiente texto, que pasamos después a comentar:

> los medios de expresión del lenguaje no se prestan para expresar el devenir: pertenece a nuestra *insoslayable necesidad de conservación* el poner constantemente el mundo, más tosco, de lo que permanece, de las «cosas», etc.[56].

---

[55] W. v. HUMBOLDT, *Sobre la diversidad de la estructura del lenguaje humano y su influencia sobre el desarrollo espiritual de la humanidad,* Anthropos, Barcelona, 1990; cfr. J. HENNIGFELD, «Sprache als Weltansicht».

[56] *KGW* VIII 2, 11 (73); *Nietzsche, Werke in drei Banden,* ed. de Karl Schlechta (= *SA*), Múnich, Hanser, 1966, III, p. 685. He utilizado para la traducción de algunos textos de los «Fragmentos póstumos» la *Antología* editada por J. B. Llinares en la editorial Península (Barcelona, 1988).

Como ha señalado J. Hennigfeld y tendremos ocasión de comentar más tarde, la valoración nietzscheana del lenguaje presupone una *tesis metafísica*: que el auténtico ser es el del devenir. Sin embargo, para conservar la vida humana necesitamos un «mundo de lo permanente», que nos proporciona el lenguaje. Así pues, si el mundo auténtico es el del devenir y el lenguaje sólo puede expresar lo permanente y fijo, entonces estamos condenados a estar alejados de la verdad, ya que el lenguaje excluye la posibilidad de la verdad. El lenguaje ya no es como en Humboldt la expresión de la posible verdad del pensamiento, sino que sólo expresa imágenes engañosas a través de su capacidad de figuración. Aquella idea de que en el lenguaje captamos la realidad, aun cuando fuera limitada a una determinada concepción del mundo, se revela en el esquema nietzscheano como un prejuicio ingenuo:

> Solución fundamental: creemos en la razón: pero ésta es la filosofía de los conceptos grises, el lenguaje está construido sobre los prejuicios más ingenuos.
> [...] ahora leemos en las cosas disonancias y problemas que nosotros mismos hemos introducido debido a que *sólo pensamos* en la forma del lenguaje —y a que, por ello, creemos la «verdad eterna» de la «razón», v.gr. sujeto, predicado, etc.
> [...] *dejamos de pensar si no lo queremos hacer bajo la constricción del lenguaje,* llegamos aún a la duda de ver aquí un límite como límite.
> *El pensamiento racional es un interpretar según un esquema del que no nos podemos desprender*[57].

La indisoluble relación entre pensamiento y lenguaje conduce, pues, en el caso de Nietzsche a un resultado negativo, porque el lenguaje constituye una concepción del mundo, pero en un sentido diferente al de Humboldt (y posteriormente al de Gadamer, Apel y Ricoeur). El lenguaje ejerce un poder sobre el hombre, quien por la radical coerción lingüística se ve sometido a la necesidad de desfigurar la realidad y apartarse de la verdad, ya que, para poder vivir en el mundo del devenir, hay que reducirlo a un mundo permanente a través del lenguaje. Es este poder del lenguaje una expresión de la voluntad de poder, que surge del fondo de la naturaleza humana, en virtud del cual todo comprender humano engendra necesariamente una esfera de engaño, fraude y mentira.

---

[57] *KGW VIII 1, 5 (22) (SA III, 862).*

Ciertamente, el esquema lingüístico dirige nuestra interpretación del mundo y Nietzsche nos lo muestra mediante la estructura del juicio:

> Juzgar es nuestra creencia más antigua, nuestra más acostumbrada forma de tener-por-verdadero o por-falso. En el juicio está nuestra creencia más antigua, en todo juzgar hay un tener-por-verdadero o un tener-por-falso, un aseverar o un denegar, una certidumbre de que algo es así y no de otra forma [...][58].

Pero en todo juicio caemos en un doble error: 1) todo acontecer es tomado como un «efectuar». En rigor, en la percepción observamos modificaciones en nosotros, pero las tomamos como si fueran un «en sí», «que nos es extraño», por consiguiente, «*no* las hemos puesto como un acontecer sino como un ser, como "propiedad"» —y hemos inventado un ser al que están adheridas, i.d., hemos establecido el *efecto* como *efectuante* y lo *efectuante* como *ente*». Ahora bien, como nosotros creemos que «*no* somos las causas» de tales modificaciones, entonces, interpretamos tales modificaciones como efectos. Y he aquí el segundo error: 2) como el concepto de efecto sólo tiene sentido en relación a una causa, interpretamos según la inferencia «a toda modificación le corresponde un autor».

En definitiva, interpretamos según las categorías gramaticales: el predicado necesita de un sujeto, por lo que queda formado el juicio. Pero de este modo estamos separando «lo efectuante *y* el efectuar», y Nietzsche pone al respecto el ejemplo del relámpago:

> Cuando digo «el relámpago brilla», entonces pongo al brillar una vez como actividad y la otra como sujeto: así pues, en el acontecer he supuesto un ser que no forma una unidad con el acontecer sino que, más bien, *permanece, es,* y no «*deviene*»[59].

El doble error consiste en «*establecer el acontecer como efectuar*» y «el *efecto como ser*», es decir, una *interpretación* sustentada en una inferencia que Nietzsche considera «mitología». Estamos duplicando el acontecer, al ponerlo primero como actividad (predicado) y luego como causa (sujeto). Esta manera de entender el acontecer constituye una interpretación inadecuada del acontecer del devenir. Bajo el imperio de las categorías lingüísticas, no nos percatamos

---

[58] *KGW VIII 2 (84) (SA* III, 502).
[59] Ibíd. y cfr. *CI:* «La "razón" en la filosofía».

de que «brillar» es un «estado en nosotros» y entonces, al considerarlo «algo brillante», como un «en sí», nos sentimos forzados a buscar «un autor».

Nuestro pensamiento y nuestro comportamiento se rigen por este *esquema lingüístico,* por esta coerción, no sólo en la vida ordinaria, sino también en las ciencias y la filosofía. Nietzsche aduce el ejemplo de la argumentación de Descartes:

> «Se piensa: por lo tanto hay algo pensante» —a esto es a lo que apunta la argumentación de Descartes— pero no es la realidad de un pensamiento la que Descartes quería. Él quería llegar, más allá de la «imaginación», a una *substancia* que piensa y se imagina [60].

Descartes «quedó preso en la trampa de las palabras» y no se percató de que su *ergo sum* expresa «la fe en la gramática», que nos engaña con la apariencia de una «certeza inmediata», cuando sencillamente se trata del resultado de una costumbre gramatical, la de buscar un «autor». Según Nietzsche, el camino cartesiano no conduce a certeza absoluta alguna, sino al *factum* de una fe en la gramática y, por consiguiente, en absoluto se llega a una realidad, que no sea la del pensamiento (a una tautología) [61]. No encontramos más que el *hábito gramatical,* por el que la composición de un juicio con sentido consta de sujeto y predicado.

Es inevitable la sospecha de relativismo lingüístico, dado que el lenguaje hace que perdamos de vista la verdad. Nietzsche desarrolla este pensamiento, agudizando la conciencia crítica de que el lenguaje no refleja la verdad, sino que configura una apariencia engañosa, que más bien desfigura, simula y obstruye la verdad. La comprensión y el pensamiento humanos han de contar con esta *mentira originaria del esquema lingüístico.* ¿Cómo es posible, entonces, el entendimiento entre los seres humanos? ¿Se debe a que todos estamos sometidos a dicho error original y participamos del *juego de la mentira*? Lo común a todos parece consistir en la mentira originaria de las redes del lenguaje en que estamos atrapados y que es asimismo expresión de la voluntad de poder.

Llegados a este punto, la crítica lingüística se ha hecho tan radical que es inevitable dejar planteada una «aporía», que reaparecerá

---

[60] *KGW* 40 (22) (*SA* III, 577).
[61] *KGW* 40 (23) (*SA* III, pp. 577-578). Estamos imbuidos de un «fetichismo» o una «metafísica del lenguaje», de una engañosa «razón» en el lenguaje (cfr. *CI,* pp. 48-49).

en otros momentos, especialmente en el tratamiento de la crítica de la verdad. ¿Cómo sostener y justificar un pensamiento, si éste se efectúa lingüísticamente y el lenguaje nos fuerza al engaño? ¿No presupone esta concepción nietzscheana del lenguaje una metafísica? ¿Nada puede aducirse frente a esta tesis relativista, que excluye toda posible verdad, en virtud de la vinculación originaria entre lenguaje y pensamiento? ¿Es ésta la única manera de entender tal vinculación? ¿No es precisamente una de las tareas de la hermenéutica contemporánea responder a este reto del presunto esquema engañoso de la interpretación lingüística?

Encontramos una primera respuesta a estas aporías en el estudio de J. Hennigfeld, quien, a partir de la concepción del lenguaje como concepción del mundo, pero contra el relativismo, recuerda siguiendo a Humboldt que somos capaces de aprender lenguajes extraños y de abrirnos a otras concepciones del mundo. Si no tuviéramos tal posibilidad, ni siquiera sería posible que la investigación constatara sus diferentes estructuras[62]. Podemos entendermos con todos los demás hombres, pertenezcan al círculo lingüístico y cultura que sea, acerca de todo aquello que nos concierne o interesa, sin olvidar la cláusula restrictiva de Humboldt de que un acuerdo completo no tiene por qué darse ni siquiera entre las personas del mismo círculo lingüístico.

Pero la perspectiva nietzscheana plantea una cuestión más radical: *¿nos incapacita el lenguaje para conocer la verdad y la realidad?* El carácter corrosivo de esta tesis, que amenaza con invalidar la consideración del lenguaje como apertura del (y al) mundo, según J. Hennigfeld, proviene de un determinado *enfoque metafísico*: de aquel que se basa en la oposición entre un «*en sí*» y un «*para nosotros*», situando la realidad y la verdad del lado del «en sí». Nietzsche rechaza el «en sí» como una «concepción absurda», puesto que, a su juicio, una «propiedad en sí» no tiene sentido, ya que conceptos como «ser» o «cosa» son sólo conceptos de una «*relación*»[63]. Desde este presupuesto metafísico, el rechazo nietzscheano del «en sí» supone perder de vista la realidad y la verdad.

Efectivamente, si la realidad y la verdad se hallan en el «en sí», entonces el lenguaje sólo nos puede proporcionar imágenes engañosas que desfiguran la realidad. Pero, si logramos desembarazarnos de

---

[62] Cfr, también K. O. APEL, *Transformación de la filosofía*, 2 vols., Taurus, Madrid, 1985; J. CONILL, «Wittgenstein y Apel sobre la crítica del sentido: ¿de la lógica a la antropología?», *Pensamiento*, n.º 189 (1992), pp. 3-31.

[63] *SA*, III, p. 763.

semejante trasfondo metafísico, propio de la radicalización criticista de Nietzsche, entonces la tesis del lenguaje como concepción del mundo puede conducir a otros resultados.

Así, por ejemplo, desde una orientación hermenéutica, a las diversas imágenes del mundo (correspondientes a las acepciones lingüísticas) no hay que contraponerles otro mundo «en sí» e independiente del lenguaje, como si en él estuviera el criterio y el lugar de la realidad y de la verdad[64]. Hemos visto, siguiendo los citados estudios de J. Hennigfeld, que esta instancia de un mundo en sí es una abstracción, que ha conducido a extrapolar de modo relativista la concepción del lenguaje como concepción del mundo, desde determinados presupuestos metafísicos. Pero, eliminados estos presupuestos, no hay razón para pensar que el lenguaje como tal nos encierra en unas redes de apariencia engañosa; antes bien, el lenguaje nos abre creativamente al mundo y a la verdad.

3.3. EL LENGUAJE COMO PRAXIS VITAL

R. Löw ha propuesto otra vía de salida para la aporía nietzscheana del confinamiento en las redes del lenguaje y del necesario engaño de los esquemas lingüísticos.

En principio, Löw sitúa la concepción nietzscheana del instinto originador del lenguaje en la línea del *enfoque genético* de Kant respecto a las categorías en el *Opus Postumum*[65]: la gramática y la lógica adquieren la función de instancias regulativas, vistas ahora desde una perspectiva genética.

Ahora bien, la innovación nietzscheana habría consistido en presentarnos este origen de las categorías como un proceso por el que los conceptos devienen y se convierten en *esquemas engañosos*:

> De la etimología y de la historia del lenguaje tomamos todos los conceptos como *devenidos,* muchos como aún en devenir; [...] de tal forma que los conceptos más generales tienen que ser, en cuanto los *más falsos,* también los más antiguos. «Ser», «sustancia», e «incondicionado», «igualdad»,

---

[64] Cfr. H.-G. GADAMER, *Verdad y método,* cap. 14, sección 1; y J. ORTEGA Y GASSET, para quien la perspectiva es uno de los componentes de la realidad.
[65] Cfr. G. LEHMANN, *Beiträge zur Geschichte und Interpretation der Philosophie Kants,* Walter de Gruyter, Berlín, 1969, y E. ADICKES, *Kants Opus Postumum dargestellt und beurteilt,* Reuther und Reichard, Berlín, 1920.

«cosa»: el pensamiento se inventó primera y remotamente estos esquemas que de hecho contradecían en la forma más radical al mundo del devenir [...] [66].

El lenguaje nos confunde, porque da la sensación de que es equiparable con las cosas, como si con el lenguaje nos pudiéramos referir a las cosas mismas. Pero Nietzsche instaura una «sospecha metódica», que nos hace abjurar de la fe en la cognoscibilidad de las cosas y de la «fe en el conocimiento», ya que las palabras son *signos* y las cosas, *ficciones*; y el medio de este permanente engaño es el lenguaje.

Resulta así imposible seguir la vía parmenídea de la verdad, que confiaba en la identidad de pensamiento y ser. El falseamiento originario, producido por el lenguaje, impone la inversión del enfoque ontológico de Parménides. De ahí que Nietzsche contraponga a la tesis parmenídea acerca de la imposibilidad de pensar el no-ser esta otra tesis:

> lo que puede pensarse, tiene que ser una ficción. El pensamiento no agarra lo real [...] Todo concepto [es] una metonimia [67].

Recordemos que las palabras son tropos, con los que el hombre «encubre» las cosas. El lenguaje constituye, pues, incluso un «peligro» para nuestra «libertad espiritual», ya que «cada palabra es un prejuicio», una «máscara», y nos dejamos seducir por «los errores radicales de la razón petrificados en el lenguaje» [68].

Todo son ficciones. No podemos salir de los *esquemas lingüísticos de interpretación,* de las «redes del lenguaje», aunque podamos vislumbrar el límite como tal. Ahora bien, en el contexto nietzscheano ni siquiera se aplica la dialéctica hegeliana del límite, dado que el pensamiento del límite cae de nuevo inexorablemente en las redes del esquema lingüístico.

Según R. Löw, el único modo de escapar a la «aporía» provocada por la deformación originaria en virtud del lenguaje y la consiguiente falsificación del pensamiento [69] es la *praxis,* una nueva perspectiva que constituye, a su vez, otra instancia desde la que interpretar a Nietzsche.

---

[66] *KGW* 38 (14).

[67] *KGW* 14 (148) y 19 (204). Sobre este tema son de interés los trabajos de José Luis Ramírez, que confío ver pronto publicados en castellano.

[68] *KGW* 6 (432); «Der Wanderer und sein Schatten», § 55 (*SA* I, 903); *MBM*, § 289; y *GM*, I, 13.

[69] *KGW* 19 (217); cfr. R. Löw, *op. cit.*

Porque, a pesar de que el lenguaje configura un esquema del error radical, sigue siendo *una* forma de praxis, un instrumento de la vida, que vale por sus efectos (por ejemplo, para la educación), y no por estar orientado hacia la verdad. Como veremos detenidamente, Nietzsche no contrapone la verdad al «error», dado que la verdad es una «clase de error».

Llegamos así de nuevo a la aporía radical (en la versión de R. Löw): ¿se autoelimina la filosofía misma de Nietzsche con esta concepción del lenguaje?, ¿se autoelimina la filosofía, una vez desaparece la referencia a la verdad? ¿No constituye un reto radical para el pensamiento la aporía implícita en textos de Nietzsche como el siguiente?

> Suponiendo que también esto sea nada más que una interpretación —¿y no os apresuraréis vosotros a hacer esta objeción?—, bien, tanto mejor [70].

Müller-Lauter [71] interpreta el «bien, tanto mejor» (al final del texto anterior) como la expresión del *perspectivismo* de la verdad, según el cual toda afirmación pierde su pretensión de validez absoluta. Pero Löw no se queda satisfecho con la interpretación de Müller-Lauter, porque cree que falta una auténtica reflexión sobre el perspectivismo. A juicio de Löw, el «bien, tanto mejor» del texto citado constituye la clave para interpretar a Nietzsche, porque supone la *eliminación de la referencia a la verdad* e implica la autosuperación de la filosofía y la recaída en la *sofística*. Como «todas las grandes cosas», la filosofía perece «por un acto de autosupresión»: «así lo quiere la ley de la vida, la ley de la "autosuperación" *necesaria* que existe en la esencia de la vida» [72].

Desde la nueva instalación nietzscheana en la perspectiva de la *praxis vital,* una autocontradicción no constituye ninguna objeción:

> La falsedad de un concepto no es todavía para mí una objeción en su contra. Tal vez sea en este particular donde nuestro nuevo lenguaje suene más extraño: la cuestión es en qué medida el concepto promueve la vida y conserva la vida y la especie. Incluso soy fundamentalmente de la opinión de que *las asunciones más falsas son para nosotros justamente las más imprescindibles,* que el hombre no puede vivir sin dejar la ficción lógica,

---

[70] *MBM,* § 22.
[71] *Nietzsche. Seine Philosophie der Gegensätze und die Gegensätze seiner Philosophie,* Berlín/Nueva York, 1971, pp. 171 ss.
[72] *GM,* III, 27.

> sin medir la realidad con el patrón del mundo *inventado* de lo incondicional [...] y que una negación de esta ficción, una renuncia a ella en la práctica, equivaldría a una negación de la vida. *Admitir la no-verdad como condición de la vida* [...][73].

Además de que podemos reducir siempre cualquier filosofema a contradicción, dado que la contradicción tiene su origen en el lenguaje, por otra parte, dándole la vuelta al asunto, todavía cabe plantearse lo siguiente: «una suposición que sea irrefutable ¿por qué debería por eso ser ya verdadera?»[74]. Nietzsche critica lo que ya antes Platón y Hegel, y más tarde Gadamer, consideran como *formalismo de la reflexión*[75], y da el salto a la *praxis vital,* a la *acción,* a la *creación.*

Desde el lenguaje mismo no hay solución al modo tradicional de entender la verdad: se requiere pasar a una primacía radicalizada de la razón práctica. Las contradicciones sólo se pueden resolver mediante una «praxis», en la que haya desaparecido la referencia teorética a la verdad, porque el análisis de las «redes del lenguaje» nos muestra que éste constituye ante todo una obra de arte y un *poder configurador* y *desfigurador.*

Pero, como recuerda Löw, para Nietzsche, la superación de la relación veritativa no significa el final del lenguaje. Al contrario, es hora de desarrollar su forma originaria, que es la *retórica.* Por eso el «espíritu libre» vuelve a la figuratividad originaria y a la dinamicidad creativa del lenguaje, porque no deben confundirse la *necesidad* utilitaria y el *origen,* que no se halla en la necesidad de entenderse para la comunicación.

> No es verdad que la necesidad produce el lenguaje [...] [el alma] tiene primero que *querer* hablar antes de que hable[76].

Por cierto, que textos como éste anticipan la interpretación orteguiana de la fantasía originaria, de la que surge el impulso del decir por parte del «que *tiene cosas* que decir»: «el decir, esto es, el anhelo

---

[73] *KGW* 35 (37).
[74] *KGW* 38 (4).
[75] Cfr. J. CONILL, *El enigma del animal fantástico,* cap. 4.
[76] *KGW* 37 (5). Cfr. *Aurora,* § 37: «*Falsas conclusiones que se sacan de la utilidad.*—Al demostrar la gran utilidad de una cosa, nada se dice de su origen, y por tanto de la necesidad que de ella hubo». Sobre la distinción entre *utilidad* y *génesis,* vid. también *GM,* III, 12.

de expresar, manifestar, declarar es, pues, una función o actividad anterior al hablar [...]»[77].

Desde la perspectiva de la praxis, propuesta por Löw, cabe comprender afirmaciones de Nietzsche como la siguiente: «no hay "ser" alguno. El concepto de ser se ha formado a partir de la oposición a la "nada"»[78]. Somos nosotros los que *hemos creado* el concepto del ser, desde la acción de la autopotenciación de la voluntad de poder. De ahí que Nietzsche hable de «imprimir al devenir el carácter del ser» como «la suprema voluntad de poder» y del eterno retorno como «acercamiento de un mundo del devenir al del ser». Desde la perspectiva propuesta por Löw para interpretar a Nietzsche, esto quiere decir que «imprimir» es la dimensión práctica de la voluntad de poder como «*pathos*»:

> la voluntad de poder no es un ser, no es un devenir, sino un *pathos* [...][79].

Y esta praxis según el *pathos* de la voluntad de poder genera interpretaciones, que son «*un medio de adueñarse de algo*»[80]. La verdad ya no es el límite, ni mucho menos la medida del valor, porque lo decisivo está en la praxis y en el *pathos*. Una vez superada la verdad y atrapados en las redes del lenguaje, la única salida es el interpretar de la voluntad de poder. Por tanto, no hay que esperar que la verdad nos haga libres; es el poder el que *hace* libres. Y no sólo eso: *la libertad (el poder) nos hará «verdaderos»*.

4. MÁS ALLÁ DE LA VERDAD

4.1. Crítica de la verdad

La crítica lingüística nos conduce directamente tanto a una profunda crítica de la verdad —tema que estudiaremos a lo largo de los siguientes apartados— como a plantear el problema del perspectivismo, al que dedicaremos algún otro capítulo.

---

[77] J. Ortega y Gasset, «El hombre y la gente», en *Obras completas,* vol. III, p. 248.

[78] *KGW* 25 (185); cfr. *CI*, p. 46: «el ser es una ficción vacía. El mundo "aparente" es el único: el "mundo verdadero" no es más que un *añadido mentiroso* [...]». «Lo que nosotros hacemos [del testimonio de los sentidos], eso es lo que introduce la mentira.»

[79] *KGW* VIII 14 (79).

[80] *MBM*, § 22, y *KGW* 2 (148).

Comencemos por las tesis más radicales de Nietzsche sobre la verdad, siguiendo la exposición de R. Bittner[81], porque ésta conecta perfectamente con lo hasta aquí expuesto del criticismo nietzscheano. Precisamente encontramos tal crítica del concepto de verdad también en *Verdad y mentira en sentido extramoral* y en algunos fragmentos del *Nachlass*. En uno de ellos Nietzsche afirma que la verdad es un «contrasentido» (en otros se usan expresiones parecidas como «error» o «ilusión») y, si nos fijamos en el contexto, encontraremos un argumento basado en la crítica nietzscheana del lenguaje, que hemos expuesto en capítulos anteriores:

> La exigencia de una *forma de expresión adecuada es absurda:* pertenece a la esencia del lenguaje, de un medio de expresión, expresar una simple relación [...]. El concepto de «verdad» es un *contrasentido* [...] todo el reino de «verdadero», «falso», se refiere sólo a relaciones entre seres, no al «en sí» [...]. *Absurdo:* no existe el «ser en sí mismo» —son las relaciones las que conforman los seres— [...][82].

Queda claro que, a los ojos de Nietzsche, la exigencia de un medio de expresión adecuado carece de sentido, porque un medio de expresión sólo puede expresar una relación.

Bittner ordena así el argumento: 1) la verdad es adecuación de expresiones; 2) las expresiones son esencialmente inadecuadas; 3) luego, el concepto «verdad» no tiene sentido. Así pues, para Nietzsche, la verdad viene a ser como un círculo cuadrado, por cuanto es algo que no puede alcanzarse.

Pero el argumento expuesto para descalificar la noción de verdad depende de algunas consideraciones más. La primera es que las expresiones son esencialmente inadecuadas, porque «entre dos esferas absolutamente distintas como el sujeto y el objeto no hay ninguna causalidad, ninguna exactitud, ninguna expresión sino, a lo sumo, un comportamiento *estético* [...], una traducción [...]. Para lo cual se necesita [...] una fuerza mediadora que libremente poetice e invente»[83].

---

[81] Cfr. R. BITTNER, «Nietzsches Begriff der Wahrheit», *Nietzsche-Studien,* 16 (1987), pp. 70-90.

[82] *KGW* VIII 14 (122).

[83] *Sobre verdad y mentira en sentido extramoral* (= *VM*), Cuadernos Teorema, Valencia, 1980, pp. 13-14.

A esto hay que añadir otra reflexión: decir de algo que es de un modo determinado significa subsumirlo bajo un concepto de cosas iguales. Pero no hay nada que sea igual a otra cosa: «no hay casos idénticos». Con lo cual todos los juicios son engañosos.

Y todavía hay algo más y es que «los medios de expresión no se prestan para expresar el devenir: pertenece a nuestra *insoslayable necesidad de conservación* el poner constantemente el mundo, más tosco, de lo que permanece, de las "cosas" [...]»[84]. Este argumento redondea la justificación de la tesis de Nietzsche: los medios de expresión del lenguaje son medios al servicio de nuestra necesidad de conservación y para conservarnos necesitamos suponer que el mundo consiste en cosas que permanecen. Los medios de expresión sólo se refieren a ese mundo que permanece, aun cuando sólo haya devenir. Por tanto, los medios de expresión son inadecuados.

En este punto, el propio R. Bittner, remitiendo a un artículo antes citado de J. Hennigfeld, se pregunta si Nietzsche no está recurriendo aquí a una *tesis metafísica*. Porque, si nuestro discurso no es adecuado para captar aquello que es verdadero, a saber, el devenir, ¿cómo podemos tener conocimiento de esa inadecuación? ¡Ya es curioso que Nietzsche hable tanto del devenir, del que precisamente —según su información— no se puede hablar adecuadamente!

Nietzsche ha afirmado también —y éste es un aspecto clave— que los medios de expresión lo que expresan es «una relación»: «las relaciones de las cosas con respecto a los hombres». Por eso, las expresiones no son adecuadas a las cosas, sólo expresan *relaciones*.

> ¡Cómo nos sería lícito, si la verdad fuese lo único decisivo en la génesis del lenguaje, si el punto de vista de la certeza fuese también lo único decisivo en las designaciones, cómo, pues, nos sería lícito decir: la piedra es dura: como si además nos fuera conocido lo «duro» de otra manera y no únicamente como excitación totalmente subjetiva![85].

La dureza de una piedra nos es conocida sólo en forma de contacto: *se nota* dura; en el contacto de cada cual se nota «dura». El predicado «duro» expresa sólo una *relación*. La piedra no es dura sin más, sino sólo es dura para aquel que la toca. Y eso vale para cualquier medio de expresión: en todos ellos se expresa no cómo es algo sin más, sino sólo cómo es algo para el que hace tal experiencia.

---

[84] *KGW* VIII 11 (73), cfr. *CI*, «La "razón" en la filosofía» (secciones 2 y 3).
[85] *VM*, p. 7 (*SA* III, 312).

Según Nietzsche, lo que sabemos de las cosas tiene la forma de *figuras,* que no surgen de la esencia de las cosas, sino que tienen un origen «demasiado humano». El ejemplo nietzscheano del sordo y la música puede aclarar este punto. El sordo está cerrado a la experiencia de cómo es la cosa; y esto sirve de ejemplo para el lenguaje. El lenguaje actualiza las cosas, no como son, sino en una perspectiva extraña a ellas. No tenemos más que «metáforas de las cosas», por consiguiente, perspectivas que les son extrañas e inadecuadas.

Las figuras, mediante las que sabemos de las cosas, surgen de nuestras experiencias, intereses y limitaciones. No es el lenguaje de las cosas mismas, sino nuestro lenguaje. ¿No implica esto necesariamente su inadecuación?

Si volvemos al ilustrativo texto del *Nachlass,* citado al comienzo de este apartado, nos percataremos de que el argumento que fundamenta la crítica de la verdad dice que la «verdad» es un *contrasentido,* porque es absurdo que haya un *«en sí»,* ya que lo que constituye a las cosas son sus *relaciones.*

Siguiendo la interpretación de Bittner, la negación del «en sí» en este contexto no se restringe a la negación de la «cosa en sí» (al estilo kantiano), sino que se refiere a lo que pueda constituir a una cosa como tal, a su modo de ser. La afirmación «no existe el "ser en sí"» significa que nada es por sí y en sí de un modo determinado. Se niega el carácter metafísico que se ha atribuido a las cosas, su carácter propio. Ésta es la base de la crítica nietzscheana de la verdad: «no hay ningún "ser en sí"», y de este modo se le quita toda razón de ser a la idea de una posible adecuación.

Si tomamos, pues, la tesis nietzscheana en toda su radicalidad, habrá que preguntarse cómo sería posible pensar un mundo sin «seres en sí», es decir, para el que el discurso sobre el ser y la verdad como adecuación carecen de sentido. La respuesta nietzscheana tal vez se encuentre en el texto siguiente:

> Contra el positivismo, que se queda con el fenómeno «sólo hay hechos», yo diría: no, justamente no hay hechos, sólo interpretaciones. No podemos constatar ningún *factum* «en sí»: tal vez es un sinsentido querer algo así[86].

A esta frase han recurrido las más destacadas interpretaciones intentando poner de relieve las diferencias entre lo que sería enunciar

---

[86] *KGW* VIII 7 (60).

verdades objetivas y lo que sería expresar una interpretación, estableciendo una distinción entre la verdad como *adecuación* y la *interpretación*.

La propuesta de sustituir la «verdad como adecuación» por la «interpretación» responde a la situación en que parece haberse esfumado la consistencia de lo real, cuando desaparece la idea de que hay algo que *es* de un modo determinado; ofrece una respuesta a la pregunta acerca de cómo podemos entendernos a nosotros mismos, nuestra vida y la experiencia en un mundo, en que no contamos con cosas que tienen de por sí una constitución. En lugar de la «verdad como adecuación», sólo tenemos el campo de la «interpretación».

Ahora bien, ¿qué significa «interpretación»? G. Abel, por ejemplo, aclara que por «interpretación» hay que entender procesos de evaluación de poder, de tasación de fuerzas, de arreglos perspectivistas y simplificaciones, como modos de querer ser más fuerte y apropiarse de algo [87]. En la misma dirección se mueve Müller-Lauter citando a Nietzsche: «"la voluntad de poder *interpreta*" quiere decir: "delimita", determina grados, diferencias de poder» [88].

Pero ¿por qué se recurre ahora a la «interpretación»? Porque, según Nietzsche, resulta imposible seguir pensando la verdad como adecuación. La configuración de la verdad como *adecuación* es sustituida por la *interpretación,* porque en el ámbito de la interpretación no hay nada que esté constituido de por sí, pues de lo que se trata es del *sentido*. Y el sentido no se capta mediante los conceptos que expresan la constitución del ser de las cosas; el sentido surge en el proceso mismo del interpretar. La interpretación no se refiere a un objeto, sino que de donde surge es ya sentido [89].

Un ejemplo de lo que significa «interpretar» lo ofrece la música, pero es aplicable a la interpretación de textos [90]. Así, varias interpretaciones de una pieza musical interpretan esa pieza y lo que oímos en la *ejecución* correspondiente no es una parte, sino la pieza misma de que se trate. Estamos en el mundo del *sentido,* en el mundo de las

---

[87] G. Abel, «Interpretationsgedanke und Wiederkunftslehre», en M. Djuric y J. Simon (Hrsg.), *Zur Aktualität Nietzsches,* Bd. II, Wurzburgo, 1984, pp. 87-104.

[88] «Nietzsches Lehre vom Willem zur Macht», *Nietzsche-Studien* 3 (1974), pp. 1-60, p. 43; cfr. *GM* II 12 y III 24.

[89] M. Heidegger, *Ser y tiempo,* § 32; H.-G. Gadamer, *Verdad y método,* y K. O. Apel, *La transformación de la filosofía.* Para la relación transhermenéutica entre sentido y realidad, cfr. nuestro capítulo 10: «Tras la hermenéutica: Nietzsche y Zubiri».

[90] *MBM* 22.

interpretaciones. Las interpretaciones surgen de interpretaciones, se comparan con interpretaciones y desarrollan interpretaciones. De ellas no podemos escapar. Todo acontecer es interpretativo.

«Sólo hay interpretaciones» significa que las interpretaciones no son algo que de por sí tengan un ser determinado. Nuestra vida y nuestro mundo son un hacer continuo, actividad. Igual que una pieza musical sólo es algo en la medida en que es interpretada y ejecutada, así también ocurre en el resto de las cosas. El hacer surge del hacer. Incluso en los procesos biológicos se detecta la actividad interpretativa: «el proceso orgánico presupone un interpretar constante»[91].

Si el «interpretar» se extiende hasta los procesos de la naturaleza, entonces no extrañará que la frase «sólo hay interpretaciones» se conecte con la «tarea» nietzscheana de:

> reconocer de nuevo el terrible texto básico *homo natura* [...]. Retraducir [...] el hombre a la naturaleza [...]. *Homo natura*. La «voluntad de poder»[92].

Aquí quedan entrelazadas de raíz la *naturaleza* y la *interpretación* (¡*natura* y *cultura*!). El ámbito físico (*physikós*) se convierte en campo de interpretación, y, por tanto, hasta la Física —en forma de Psicología y Fisiología— se transforma en *Hermenéutica,* donde el *acontecer de la interpretación* no tiene ya ningún portador:

> No se debe preguntar «quién interpreta» [...] el interpretar mismo, como una forma de la voluntad de poder, tiene existencia (pero no como un «ser», sino como un *proceso,* un *devenir*) como un afecto[93].

A mi juicio, se percibe aquí claramente el *tránsito del criticismo (lógico) a la hermenéutica*: 1.°) por el hecho de que el acontecer de la *interpretación* sustituye a la presunta verdad como adecuación; 2.°) por la inmersión en los procesos de *sentido*; y 3.°) por el nuevo modo de entender lo que significa *pensar* como interpretación del sentido.

Ante la crítica nietzscheana de la verdad en este contexto de radical *transformación hermenéutica del pensamiento,* cabe también preguntarse con Bittner si Nietzsche está criticando exclusivamente la teoría de la verdad como adecuación, o bien está abogando por una

---

[91] *KGW* VIII 2 (148).
[92] Cfr. *MBM* § 230 y *KGW* VIII 2 (131).
[93] *KGW* VIII 2 (151).

teoría *pragmática* de la verdad, como algunos intérpretes defienden a partir de textos nietzscheanos del siguiente tipo: «el criterio de la verdad radica en el aumento del sentimiento de poder»[94].
¿Es esto lo que quiere decir Nietzsche? ¿Se trata de una nueva *teoría* de la verdad, o más bien, cuando afirma, por ejemplo, que «el criterio de la verdad radica en el aumento del sentimiento de poder», está respondiendo a la cuestión acerca del *criterio* para usar las palabras relacionadas con la «verdad»?
Tal vez sea ésa la idea de Nietzsche cuando alude a las «condiciones» de la verdad[95], como indica Bittner. Pero más allá del uso de los términos, que estudia una pragmática lingüística, están las condiciones experienciales (vitales) de la verdad, que son las que intenta descubrir la crítica genealógica.

4.2. Tener-por-verdadero

La crítica nietzscheana de la verdad está ligada también a Kant, aunque esta relación a veces pueda pasar desapercibida. Dada la importancia de esta vinculación, tanto para la crítica de la concepción habitual de la verdad, como para la posición propia de Nietzsche, conviene detenerse en este aspecto.

El trasfondo del tránsito efectuado por Nietzsche en el orden de la verdad se remonta hasta Kant, y podría situarse, siguiendo la interpretación de J. Simon, en el «tener-por-verdadero» (*Für-wahr-halten*); lo cual implica que la verdad se entiende desde el ámbito de la *praxis* y del *individuo soberano,* desde aquel espacio en el que reina la libertad y la justicia de la interpretación.

Las raíces kantianas de esta posición pueden verse en algunas alusiones del *Nachlass* kantiano en las que se considera al «creer» como algo subjetivo y «estético»; lo cual viene preparado al menos desde el apartado de la «Doctrina transcendental del método» dedicado a los grados de asentimiento, es decir, a las formas de tener por verdadero.

Así pues, para entender el fondo de la crítica al concepto de la verdad, nada mejor que volver la vista a Kant, quien sustituyó el con-

---

[94] *KGW* VII 4/2, 34 (264); «La voluntad de poder», 534.
[95] «Como "verdad" se impondrá siempre aquello que corresponda a las condiciones necesarias de vida de un tiempo, de un grupo» [*KGW* V 11 (262)].

cepto metafísico de la coincidencia entre pensamiento y ser por una certeza práctica, a la que llamó «fe»[96].

La fe es el modo de tener-por-verdadero que está fundado con suficiencia subjetiva (a diferencia de la opinión y del saber). Subjetivamente, la certeza del saber no es mayor que la de la fe, porque la fundamentación objetiva sólo puede consistir —según Kant— en que un juicio sea tenido por verdadero en relación con otro juicio, que también ha de ser tenido por verdadero. Pero no podemos comparar nuestras representaciones, ni nuestros juicios, que son también representaciones, con nada que no sea otras representaciones. El saber se refiere a una conexión de juicios, es decir, a su coherencia entre sí. En cambio, el creer se caracteriza por tener por verdaderos juicios individuales, de modo que tiene carácter subjetivo o «estético»[97].

Es momento de recordar que Nietzsche redujo el saber a una fe, por ejemplo, cuando se pregunta si la verdad no es «una clase de fe que se ha convertido en condición vital»; y en tal caso «sería la fuerza (*Stärke*) un criterio»[98].

La *fuerza* (el vigor) de la fe, en el sentido del «tener por verdadero» suficientemente fundado, proviene ya en Kant de la *praxis* (de una «creencia pragmática») y depende del «interés de lo que está en juego» para el sujeto que actúa con tal grado de certeza o de asentimiento (es decir, de la forma de tener por verdadero)[99].

Es el punto de vista práctico el que permite que las explicaciones conceptuales mediante juicios pretendan validez objetiva y, por tanto, se refieran a algo. El momento de la seriedad proviene de la praxis. Si no fuera por la presión práctica, podríamos movernos simplemente entre meras opiniones y, por tanto, en el ámbito de la «frivolidad»[100] y de la irresponsabilidad. Sólo porque se tiene que actuar, nos hemos de formar un juicio. Nos fuerza la praxis[101].

En esta línea de interpretación queda claro que, antes que Nietzsche, ha sido ya Kant quien ha abierto el problema de la verdad al ámbito de la praxis, puesto que *la razón pura es práctica*. Además, el objeto trascendental no puede ser el criterio de la verdad de nuestras

---

[96] *Crítica de la razón pura,* B 852; cfr., para lo que sigue, J. SIMON, *La verdad como libertad,* Sígueme, Salamanca, 1983.
[97] Vid. KANT, *Nachlassreflexionen* 2160 y 2467.
[98] *KGW* VII 40 (15).
[99] KANT, *Crítica de la razón pura,* B 853.
[100] KANT, *Nachlassreflexion* 2502.
[101] J. SIMON, «Die Krise des Warheitsbegriffs als Krise der Metaphysik», pp. 245 ss.

representaciones, porque, para ello, tendríamos que poder medir nuestras representaciones con algo que no fuera ya representación, es decir, con algo de lo que no tuviéramos representación alguna, lo cual parece un «contrasentido» [102]. De modo que no puede recurrirse al concepto metafísico de la verdad, si se va más allá de una mera pretensión.

El nuevo sentido de la verdad radica en que haya «claridad» (*Deutlichkeit*) suficiente para actuar. Según J. Simon, éste es un sentido kantiano que recupera Nietzsche, pero acrecentando la virulencia crítica mediante expresiones paradójicas contra el concepto metafísico de la verdad. Entre sus famosas expresiones destaca tal vez la que caracteriza a la verdad como la «*clase de error,* sin la que una determinada especie de seres vivos no podría vivir» [103].

Pero, por otra parte, habría que destacar también que Nietzsche sigue a Kant —como indica J. Simon— en que la verdad es la forma en que los hombres tienen por verdadero algo para poder actuar de acuerdo con su libre disposición [104]. Con ello, la referencia al hombre individual pasa a primer plano (en vez de la «especie»), ya que —para Nietzsche— el *individuo* es «algo absoluto»:

> El individuo es algo original y creador de lo nuevo, algo absoluto, todas las acciones [son] completamente de *su* propiedad. Los valores para sus acciones los toma el individuo en último término de sí mismo: porque tiene que *interpretarse* de modo *completamente individual* incluso las palabras tradicionales. La *interpretación* de las fórmulas es al menos personal, aun cuando no *cree* ninguna fórmula: en tanto que *intérprete* es siempre creador [105].

Desde su *sí-mismo soberano,* un individuo puede tener algo por verdadero, por tanto, puede creer algo, que —incluso desde su perspectiva— otros no tienen necesariamente que tener por verdadero y que puede seguir siendo incomunicable, meramente subjetivo o estético.

La primacía —incluso soberanía— de la praxis en Kant y Nietzsche vale hasta para el principio de no-contradicción, puesto que es la praxis la que nos fuerza a ver algo como suficientemente determinado para actuar dentro del ámbito universalmente válido del principio de contradicción.

---

[102] KANT, *Logik,* Ak. Ausg. IX, p. 34.
[103] *KGW* VII 34 (253).
[104] Cfr. J. SIMON, *La verdad como libertad,* Sígueme, Salamanca, 1983.
[105] *KGW* VII 24 (33) («La voluntad de poder», 767; *SA* III, 913).

Ahora bien, cómo se muestra la no contradicción de una máxima para la acción, pensada como ley universal, es una cuestión que requiere contar con que los conceptos utilizados en las máximas para la acción gozan de suficiente claridad. El sujeto los entiende en tanto que actúa. Éste es un punto decisivo, porque aquí se pone de manifiesto que es el sujeto que actúa el que establece la relación con la realidad y que, conforme al esquema de la categoría «realidad», sus conceptos tienen validez para un «tiempo determinado»[106].

Así pues, en Kant y en Nietzsche, la verdad es un «tener-por-verdadero», determinado en último término de modo pragmático. Cuando Nietzsche alude a que «lo que importa ante todo es la fuerza (*Kraft*), y sólo en segundo lugar la verdad, y muy en segundo lugar [...]»[107], piensa en la fuerza de la fe, por la que algo es tenido por verdadero en perspectiva práctica. Es la voluntad la que se quiere mantener así, porque la correspondiente clase de fe «se ha convertido en condición de vida»[108].

> La *confianza* en la razón y sus categorías [...], por tanto la *valoración* de la lógica demuestra sólo su *utilidad* probada por la experiencia para la vida: *no* su «verdad»[109].

Pero una fe puede, según Nietzsche, ser «condición de vida y *a pesar de ello falsa*»[110]. El intelecto ha producido errores que han resultado provechosos: «tales dogmas de fe erróneos [...] al fin se hicieron elementos fundamentales y específicos del hombre». Por eso, «la *fuerza* de los conocimientos no reside en su grado de verdad, sino en su edad, en su incorporabilidad, en su carácter de condicionamiento vital». La fuerza del tener por verdadero está en su *incorporabilidad*.

Aquí se plantea la determinación de la verdad *desde la vida,* más allá de la gramática. No hay solución «lógica» al problema de la verdad. Es imprescindible el *experimento vital*.

> El pensador es ahora aquel ser en el que luchan [...] el impulso hacia la verdad y los errores que mantienen la vida, después de que el impulso hacia la verdad se ha *demostrado* también como un poder que conserva la

---

[106] *Crítica de la razón pura*, B 184.
[107] *HDH*, II, «Miscelánea de opiniones y sentencias», § 226.
[108] *KGW* VII 40 (15).
[109] *KGW* VIII 9 (38).
[110] *KGW* VII 38 (3).

vida. En comparación con la importancia de esta lucha, todo lo demás es indiferente: aquí se plantea la pregunta última sobre el condicionamiento de la vida, y aquí se hace el primer intento de responder a esta pregunta con el experimento. ¿Hasta qué punto tolera la verdad la incorporación? Ésta es la pregunta, éste es el experimento [111].

Como no podemos dejar de actuar, tampoco podemos dejar de tener por verdaderos nuestros conceptos y representaciones; pero este hecho nos fuerza a reconocer que, precisamente por eso, no lo son. Así pues, no tenemos más remedio que seguir haciendo nuestro intento, pero, entonces, nuestro pensamiento conceptual se convierte en *acción* expuesta al fracaso, es decir, en un permanente «*experimento*» [112].

La verdad ya no puede regirse y limitarse por la posible contradicción, sino que el núcleo del nuevo concepto de la verdad pasa por la *libertad* y llega a la *justicia*:

> quiere la verdad [...] no como posesión egoísta del individuo [...]. Sólo en tanto que el veraz tiene la voluntad incondicionada de ser justo hay algo grande en la aspiración a la verdad [...] [113].

El núcleo de este concepto de la verdad surge de la libertad y radica en la justicia. A diferencia de Heidegger, J. Simon, por ejemplo, no considera este concepto de justicia como metafísico (en sentido peyorativo), sino todo lo contrario. La medida de la verdad estribaría en la capacidad para cargar, soportar, tolerar la opinión del otro, la fe del otro como necesidad vital. No se trata de una norma, sino de un acontecer estético, sin más pretensiones. La apariencia, en el sentido nietzscheano, es criterio suficiente. La verdad se resuelve como una virtud individual. Es imposible huir hacia lo universal y absoluto. Estamos situados «voluntad contra voluntad», dentro de la vida y sus perspectivas.

Desde el enfoque nietzscheano, pues, la verdad puede considerarse una especie de error, aquella que está ligada a las condiciones de vida de una clase de seres vivos o de un *individuo*. Por eso, en el concepto de la verdad estará siempre entremezclado el error. La verdad

---

[111] *GS,* § 110.
[112] *KGW* VIII 16 (32); cfr. F. KAULBACH, *Nietzsches Idee einer Experimentalphilosophie.*
[113] *Consideraciones intempestivas,* II: «De la utilidad y de los inconvenientes de la historia para la vida», secc. 6 (*SA* I, 244).

es una subclase de aquello que es, a la vez, su contrario, su opuesto. Así pues, todo intento de una definición lógica de la verdad ha de conducir necesariamente al fracaso y por eso resulta «absurdo» querer someterse al esquema lógico. Sólo yendo más allá de la gramática se puede superar el concepto lógico-metafísico (tradicional) de la verdad y sus esquemas. Ese «más allá» es la vida y su inevitable perspectivismo: «el valor para la vida decide en última instancia».

Mediante la figura paradójica de la verdad como error, Nietzsche ha puesto de manifiesto la contradicción ínsita en el concepto de la verdad, que es lógicamente insoluble, si nos atenemos exclusivamente a los esquemas onto-lógicos tradicionales. En cambio, si conectamos la noción de la verdad con la *acción libre* del individuo al estilo kantiano, se abre un nuevo horizonte mucho más prometedor para entender a Nietzsche, y de cuyas virtualidades aún habremos de dar cuenta en los capítulos siguientes.

4.3. LA VERDAD DESDE LA VIDA

Como hemos visto en los apartados anteriores, lo que Nietzsche quiso abandonar fue la determinación lógico-metafísica de la verdad. Porque su crítica genealógica, en forma de «Psicología de la metafísica»[114], revela que en la verdad, así entendida, se esconde una fe, «la fe en un *valor metafísico,* en un valor *en sí de la verdad*», de la que surge un proceso por el que el «mundo verdadero» ha acabado convertido en una «fábula»[115]; y descubre asimismo que los diversos conceptos fundamentales de la metafísica a los que está ligado el concepto de la verdad (substancia, razón, fin, fundamento, incondicionado) son producto de una «falsa cosificación»[116].

También hemos intentado mostrar que la determinación de la verdad no remite primordialmente a la dimensión teorética del juicio, sino que exige su inserción en el ámbito práctico y vital, para determinar desde ahí el *valor de la verdad para la vida,* revelándose así el *valor condicionado* de la verdad.

Repárese en que la experiencia básica de Nietzsche es justamente la de la *desvinculación de lo incondicionado.* Esta experiencia radical se expresó como *nihilismo,* es decir, como *desvalorización de los*

---

[114] *KGW* VIII 8 (2); cfr. J. CONILL, *El crepúsculo de la metafísica,* cap. 6.
[115] *GM* III, 24 y 27; *CI,* pp. 51-52; *GS* 357.
[116] *KGW* VIII 1 (62).

supremos valores, incluido el de la verdad; ya que Nietzsche se percató de que el mundo de la razón incondicionada y su «mundo verdadero» era un ámbito de valores que se «desvalorizan»[117].

La verdad es un valor, que se mantiene por fe, y una fe o una creencia «expresa en general lo forzoso de ciertas *condiciones de existencia*»:

> El punto de vista del «valor» es el punto de vista de condiciones de *conservación-potenciación* con miras a estructuras complejas de relativa perduración de la vida en el seno del devenir[118].

La verdad depende del punto de vista del valor para la vida. El «mundo verdadero» se lo ha creado el hombre para mantenerse en la vida; por tanto, se desvanece la presunta incondicionalidad de la verdad, que aparece ahora como algo condicionado, dependiente de ciertos presupuestos, y, por tanto, como engaño y error. La verdad no debe pensarse ya desde la perspectiva de lo incondicionado.

No obstante, este rechazo de la verdad no implica renunciar, según W. Stegmaier[119], a la estructura profunda de la verdad como actitud veraz del hombre, y para cuya ilustración cabe recurrir a la capacidad de «verdadear» (*aletheuein*) en el sentido de Aristóteles[120].

La «nueva determinación de la verdad» está ligada a una peculiar concepción de la razón: «la gran razón del cuerpo», que es de donde emanan todas las posibles interpretaciones. De este modo se rebasa la perspectiva de lo incondicionado y la verdad se convierte en una función vital[121].

La verdad y la razón funcionan dentro del campo de la vida, de una «existencia *interpretadora*», que abre un mundo vital con posibilidad de «*infinitas interpretaciones*», en el que hasta de «la realidad

---

[117] *KGW* VIII 9 (35); cfr. *MBM* §§ 1 ss.; *GM* III, 24.

[118] *KGW* VIII 11 (73); cfr. *MBM* (sección 1.ª) y *GM* (tratado 1.º).

[119] «Nietzsches Neubestimmung der Wahrheit», *Nietzsche-Studien,* 14 (1985), pp. 69-95.

[120] Es ésta una noción más amplia de la verdad, a la que, según O. PÖGGELER («Heideggers Neubestimmung des Phänomembegriffs»), recurre el propio Heidegger para su hermenéutica del *Dasein* en una proyectada «Fenomenología de la vida» a comienzos de los años veinte. También K. ULMER («Nietzsches Idee der Wahrheit und die Wahrheit der Philosophie») recurre a la determinación aristotélica de la verdad en la *Ética a Nicómaco* para interpretar el aforismo 534 de «La voluntad de poder»: «el criterio de la verdad radica en el crecimiento del sentimiento de poder».

[121] *Así habló Zaratustra* (= *Za.*), Alianza, Madrid, 1984 (12.ª ed.), I, «De los despreciadores del cuerpo»; *KGW* VII 36 (36) y *GM* III, 16.

del devenir» nos hacemos cargo a través de la capacidad interpretadora y perspectivista:

> El mundo se nos ha hecho más bien otra vez «infinito», en cuanto no podemos rehusar la posibilidad de que encierre en sí *infinitas interpretaciones*[122].

Desde la perspectiva de la nueva razón del cuerpo, «la *fuerza* de los conocimientos no reside en su grado de verdad [...] sino en su incorporabilidad, en su carácter de condición de vida». La verdad depende de la capacidad para «*incorporarse el saber* y hacerlo instintivo»[123].

Esta relación entre la razón y la vida se remonta, por lo menos, a Aristóteles, y fue restablecida por Hegel a través de la corporalidad[124]. En esta línea, Nietzsche concibe la vida, no sólo como independencia, sino también como apropiación y avasallamiento de lo otro, hasta ofrecernos una «nueva fijación del concepto "vida", como voluntad de poder»[125]:

> la vida misma es *esencialmente* apropiación, ofensa, avasallamiento de lo que es extraño y más débil, opresión, dureza, imposición de formas propias, anexión [...], explotación[126].

La razón, como momento de la vida, lleva incorporada esa «voluntad opresora, domeñadora, ávida de dominio y realmente dominadora». En el campo de batalla de la vida no hay ninguna medida universal y necesaria —incondicionada—, sino un plexo plural de condicionamientos.

La determinación nietzscheana de la verdad surge a partir del trasfondo del mundo de la vida. Su «verdadear» no es ya una relación con respecto a algo dado originariamente, sino un continuo sobreponerse, venciendo y dominando lo condicionado y cambiante. El verdadear se convierte en un acontecer, en el que no hay ningún punto fijo, permanente y seguro: «no hay ninguna "verdad"»[127]. De

---

[122] *GS* 374; vid. *KGW* VIII 11 (99).
[123] *GS* 11 y 110.
[124] Cfr. el estudio de W. STEGMAIER, «Leib und Leben», *Hegel-Studien,* 20 (1985), pp. 173-198. Sobre este tema destaca el tratamiento de la rica tradición hispana de Unamuno, Ortega, Zubiri y Laín Entralgo.
[125] *KGW* VIII 7 (54); 2 (190).
[126] *MBM* 259 y 230.
[127] *KGW* VIII 2 (108).

ahí que se plantee la cuestión: «¿*cómo es posible una clase de verdad a pesar de* la fundamental no-verdad del conocimiento?»[128].

Descubierta su raíz vital, habrá que situar el verdadear en el ámbito de la libertad como «poder positivo», «voluntad de poder», como creación de perspectivas para el crecimiento. La verdad está intrínsecamente ligada a ese poder de la libertad, al «crearse libertad para un nuevo crear». La libertad es un ámbito de alto riesgo, en el que se puede crecer, conservar, pero también sucumbir, y a este acontecer lleno de riesgos pertenece el verdadear:

> La verdad no es, pues, algo que estuviese ahí y hubiese de ser encontrado, descubierto, sino algo *que hay que crear* y que da el nombre para un *proceso*, más aún, para una voluntad de sometimiento que no tiene en sí final alguno: introyectar verdad, en cuanto un *processus in infinitum*, un *disponer (Bestimmen) activo*, no un hacerse consciente de algo, <que> fuera «en sí» algo fijo y determinado. Es un término para la «voluntad de poder»[129].

Por consiguiente, «verdadear» significa también liberarse, ponerse en libertad para un nuevo *interpretar,* es decir, «*transvalorar*». En la libertad del verdadear, la verdad no está *dada* sino *creada*. No lo dado sino lo creado es lo verdadero. El hombre se percata de que interviene en los cánones de la verdad:

> El nuevo valor —ninguna verdad *a priori* [...] sino subordinación *libre* bajo un pensamiento dominante, que tiene su tiempo[130].

La crítica de la verdad desde el valor de la vida ha puesto de manifiesto que el problema de la verdad hunde sus raíces en la *libertad* y nos introduce en el mundo de la *perspectividad*. Pero, en último término, el verdadear como momento de la vida surge de la «voluntad de poder», de la «voluntad de engaño». Pues, desde esta perspectiva, «el mundo» no es «ningún hecho, sino una falsedad [...], que nunca se acerca a la verdad: porque no hay ninguna "verdad"»[131]. Así pues, la «no-verdad» es «condición de vida».

> La vida humana entera está profundamente sumergida en la no-verdad.
> La verdad no designa una oposición al error, sino la posición de ciertos errores respecto de otros, p.e., que son más antiguos, están incorporados más profundamente, que no sabemos vivir sin ellos y cosas así.

---

[128] *KGW* V 11 (325).
[129] *KGW* VIII 9 (91); *Za.,* p. 50.
[130] *KGW* VII 25 (211).
[131] *KGW* VIII 2 (108).

Esta fe en la verdad llega en nosotros hasta su última consecuencia —vosotros sabéis cómo suena: que, si hay algo que venerar, es la apariencia la que tiene que ser venerada, que la mentira —y no la verdad— es divina [...][132].

5. PERSPECTIVISMO Y LIBERTAD

5.1. La óptica de la vida: experimento vital

Aunque el perspectivismo es ya una exigencia del criticismo kantiano[133], el criticismo nietzscheano introduce —aquende la lógica— la óptica de la vida para determinar el valor vital de la verdad.

Igual que el kantiano, también el *criticismo perspectivista* nietzscheano, resultante *a partir de la óptica de la vida,* delinea el horizonte del conocimiento y del pensamiento, determinando los nuevos «límites» del saber. Se logra así una profundización en la filosofía crítica como filosofía de los límites del pensamiento, en virtud de las posibilidades que abren las perspectivas vitales.

Pero esta nueva modalidad del criticismo, enriquecida por el perspectivismo nietzscheano a partir de la óptica de la vida, nos introduce en el ámbito de las valoraciones e interpretaciones, por consiguiente, los *límites* del pensamiento se encuentran ahora en el mundo del *sentido* y de su *interpretación.* Con lo cual queda claro, una vez más, que *el criticismo perspectivista nietzscheano desemboca en la hermenéutica.*

Este nuevo criticismo perspectivista tiene en cuenta, al menos, tres puntos de referencia: los *sentidos,* los *impulsos* y las *vivencias.*

En primer lugar, somos prisioneros de nuestro aparato sensorial, de la fisiología de los sentidos. Nuestras propias dotaciones sensoriales son como una «*cárcel*»; aunque este condicionamiento no tiene ningún sentido determinista, ya que todos nuestros juicios perceptivos están atravesados por una actividad selectiva e interpretadora: «todas las percepciones sensibles están impregnadas de *juicios de valor*»[134].

---

[132] *KGW* VIII 6 (25); VII 34 (247); 34 (253); V 11 (162); *HDH* I, 34; *MBM* 4.
[133] Cfr. F. Kaulbach, «Autarkie der praktischen Vernunft bei Kant und Nietzsche», en J. Simon (Hrsg.), *Nietzsche und die philosophische Tradition,* Königshausen & Neumann, Wurzburgo, 1985, pp. 90 ss.
[134] «La voluntad de poder» 505 (*SA* III, 499); *KGW* VII 3, 34 (132).

> Veo y obro dentro de un espacio limitado y la línea de ese horizonte es mi más próximo destino [...], del cual no puedo escapar. Alrededor de cada ser se extiende un círculo que le pertenece. Medimos el mundo con arreglo a estos horizontes en que nuestros sentidos nos encierran [...]. Llamamos sensación a esta manera de medir, ¡y en sí todo es error! [...] Los hábitos de nuestros sentidos nos envuelven en un tejido de sensaciones mentirosas que son la base de todos nuestros juicios y de nuestro entendimiento. No hay salida, no hay escapatoria, no hay atajo alguno hacia el mundo real. Estamos en nuestra tela como la araña, y sea lo que quiera lo que cacemos, no podrá ser nunca más que aquello que se deje enredar en la tela [135].

En segundo lugar, el pensamiento cuenta con un mundo de impulsos, tendencias, necesidades, afectos, instintos. El pensamiento es una «*cierta relación de unos impulsos con otros*» [136]. Hay una lucha constante entre nuestros impulsos. El pensamiento consciente no lo es todo, ya que «la mayor parte de nuestro actuar mental es inconsciente».

Y, en tercer lugar, hay que añadir todavía que todo lo que podemos entender está determinado por lo que se ha experimentado:

> Se carece de oídos para escuchar aquello a lo cual no se tiene acceso desde la vivencia [137].

Ahora bien, nuestra experiencia es limitada. El «pecado original» de los filósofos consiste en «la falta de sentido histórico», es decir, falta de sentido con respecto a lo que significa estar ligado radicalmente a la *perspectividad* de la experiencia, ya que quieren convertir en verdad eterna lo que se refiere a un tiempo y a un espacio determinados y es fruto de una evolución. De ahí que el perspectivismo de la experiencia exija, más bien, una «filosofía histórica» [138], que preste atención al devenir, frente a aquellos que no se quieren hacer cargo de la dinamicidad de la experiencia y se aferran a que «lo que es no *deviene*; lo que deviene no *es*». Esto es «*egipticismo*», fe «en lo que es», una tendencia a la permanencia estática, a la intemporalidad y a prescindir del cuerpo, como si hubieran podido refutarlo desde la lógica.

Pero no hay manera de deshacerse del cuerpo; y, aunque en «cada sensación, en cada impresión sensible hay algún elemento de este

---

[135] *Aurora* 117.
[136] *GS* 333.
[137] *EH*, p. 57.
[138] *HDH* I, 2; *CI*, pp. 45 ss.

viejo amor», el «amor a la "realidad"»[139], «no hay "realidad" para nosotros», si quitamos los «*aditamentos* humanos» (*Zutat*), si olvidamos su «procedencia», su «humanidad» y «animalidad».

Así pues, las perspectivas son inevitables e indispensables. Nuestra existencia (*Dasein*) tiene un carácter perspectivista e *interpretador* (*auslegend*). Una existencia sin interpretación, sin «sentido» (*ohne «Sinn»*), se convertiría en un absurdo o «sin sentido» (*Unsinn*). El intelecto humano se ve a sí mismo siempre en formas perspectivistas. Pero, para Nietzsche, este perspectivismo no significa una clausura: no se puede «decretar desde nuestro rincón que sólo se *pueden* tener perspectivas de este rincón»[140], sino que —recordemos— el mundo «encierra en sí infinitas interpretaciones».

Ahora bien, que las perspectivas sean imprescindibles no equivale a que sean verdad. Nietzsche acepta que «la falsedad» no es «ya una objeción», puesto que «la cuestión está en saber hasta qué punto [...] favorece la vida [...]»[141], de modo que «la no-verdad es condición de vida». La «verdad» y «falsedad» se subordinan al «valor de la vida», como *criterio perspectivista*.

El *perspectivismo* ejerce, primero, una *función crítica* de los «hechos», de la «verdad», del «significado», de la «realidad»[142]. Lo que se critica es el estatuto epistemológico privilegiado que se atribuye a lo «dado». Nietzsche está desenmascarando el «mito de lo dado»[143]. Lo que las cosas son antes de nuestra apropiación interpretativa, lo que son en sí mismas, es una «vana hipótesis». La pregunta «¿qué es eso?» es una posición (¡imposición!) de sentido desde algún punto de vista; equivale a «¿qué es para *mí*?».

Además de su función crítica, el perspectivismo tiene una *función afirmativa*: en cuanto «condición fundamental de toda vida», invita al experimentalismo de las perspectivas, a la *aventura* intelectual, a que los pensadores «aventureros» practiquen el método experimental, opuesto al dogmatismo, mediante una especie de «*nomadismo intelectual*»[144].

---

[139] *GS* 57.
[140] *GS* 374.
[141] *MBM* 4.
[142] *GS* 57.
[143] Cfr. C. WEST, «Nietzsche's Prefiguration of Post-Modern American Philosophy», *Boundary,* 2 (1981) (citado por A. D. SCHRIFT, «Between Perspectivism and Philology», nota 3).
[144] *HDH* II, «Miscelánea de opiniones y sentencias», § 211: «Podemos denominarnos con toda seriedad "espíritus con libertad de movimiento" *(freizügig),* porque

Esta vertiente afirmativa del perspectivismo constituye el *método de la libertad*. Porque el error básico del dogmatismo es ya metodológico: niega la perspectiva, que es la condición básica de toda vida, cuando el juego de perspectivas, abierto al nuevo «infinito» de sus interpretaciones, es un signo de la fuerza vital y del método experimental.

Una consecuencia de la multiplicidad de las perspectivas es una transvaloración de la *noción misma de «objetividad»* [145]. La «futura "objetividad"» está muy lejos de la «contemplación desinteresada», que no es más que un «contrasentido». *El perspectivismo refuerza la transformación hermenéutica del criticismo nietzscheano,* que ha de saber dominar «la *diversidad* de las perspectivas y de las interpretaciones nacidas de los afectos», para lograr un conocimiento lejos de la «patraña conceptual» del «sujeto puro del conocimiento», porque éste quiere permanecer «ajeno a la voluntad, al dolor, al tiempo». La presunta «razón pura» es un concepto contradictorio, ya que con él se nos pide pensar «un ojo» (una perspectiva) sin orientación, de donde se han extirpado las «fuerzas activas e interpretativas», que son precisamente las que hacen «que ver sea ver algo» [146]:

> Existe *únicamente* un ver perspectivista, *únicamente* un «conocer» perspectivista; y *cuanto mayor sea el número* de afectos a los que permitamos decir su palabra sobre una cosa, *cuanto mayor sea el número de ojos,* de ojos distintos que sepamos emplear para ver una misma cosa, tanto más completo será nuestro «concepto» de ella, tanto más completa será nuestra «objetividad». Pero eliminar en absoluto la voluntad, dejar en suspenso la totalidad de los afectos, suponiendo que pudiéramos hacerlo: ¿cómo?, ¿es que no significaría eso *castrar* el intelecto? [...].

El pluralismo perspectivista está enraizado en el perspectivismo mismo de la existencia: todo ser capta la realidad de un modo recortado, según su particular especificidad. No hay ninguna perspectiva global absoluta y omniabarcante. Incluso «realidad» o «mundo» son expresiones de una actitud perspectivista, en la que un ser reúne todo lo que puede concebir desde su posición. Todo conocimiento está

---

sentimos el impulso hacia la libertad *(Zug zur Freiheit)* como el instinto *(Trieb)* más fuerte de nuestro espíritu y, en oposición a los intelectos ligados y arraigados, vemos nuestro ideal en un nomadismo intelectual [...]».

[145] A. D. SCHRIFT, «Between Perspectivism and Philology: genealogy as hermeneutic», *Nietzsche-Studien,* 16 (1987), pp. 91-111; cfr. asimismo en H.-G. GADAMER, *Verdad y método,* la distinción entre *«Objektivität»* y *«Sachlichkeit».*

[146] *GM* III, 12.

ligado a perspectivas, ya que el hombre no puede ir más allá del horizonte que le es propio a su organización corporal. Es decir, no concebimos la realidad tal cual es «*en sí*», sino su «*apariencia*». El «*sentido*» sólo surge en las perspectivas, porque nada hay independiente de nuestras condiciones de existencia.

Este giro del pensamiento se ha interpretado como la superación definitiva de la metafísica. Pero las interpretaciones postmetafísicas de Nietzsche, que parecen alumbrar una nueva aurora, no han podido evitar otras lecturas que conectan el perspectivismo de Nietzsche con la metafísica [147].

Otra condición ineludible de la perspectiva es su *vinculación con cierto orden subjetivo*. Las posiciones, los intereses y los esquemas son medios de coordinación de algo «interno» con algo «externo». En el orden perspectivista no se puede prescindir de la correlación «interno/externo». Y más cuando se supone el perspectivismo incluso en el ámbito de lo no-humano. También aquí hemos de suponer una dinámica interna o una excitación externa, una referencia de algo a algo que *no* es lo mismo. Cuando Nietzsche atribuye perspectiva incluso a lo inorgánico, lo hace porque ha introducido la diferencia interior/exterior en virtud de la «voluntad de poder»: «el mundo visto desde dentro [...] sería cabalmente "voluntad de poder" y nada más que eso» [148].

Sólo en las perspectivas aparecen los diversos sentidos. Cada perspectiva tiene su contexto de sentido específico y sus peculiares condiciones de verdad, es decir, su «*verdad-sentido*». ¿No podría aplicarse esta determinación de la perspectiva como plexo de sentido a la visión del mundo en su totalidad como una perspectiva? Según V. Gerhardt, no es tan simple considerar «la perspectiva de las perspectivas» como una perspectiva, pues habría que mostrar que el todo es también un recorte. Pero, al menos, tiene sentido hermenéutico.

¿Nos obliga la tesis del perspectivismo a dar por perdida la realidad? Es ésta una cuestión decisiva del perspectivismo, de enorme transcendencia para la filosofía futura, a la que Nietzsche responde, en la medida en que no renuncia del todo a conceptos como

---

[147] Cfr., por ejemplo, M. DJURIC, *Nietzsche und die Metaphysik,* Walter de Gruyter, Berlín, 1985; V. GERHARDT, «Die Metaphysik des Werdens», en J. SIMON (Hrsg.), *Nietzsche und die philosophische Tradition,* Bd. 1, Köningshausen & Neumann, Wurzburgo, 1985, pp. 9-33. Aquí habría que mencionar al mismo Ortega y Gasset, cuyo perspectivismo no está reñido con la metafísica.

[148] *MBM* § 36.

«mundo» y «realidad», aun cuando los entienda desde un nuevo horizonte:

> Mi recreación, mi predilección, mi *cura* de todo platonismo ha sido en todo tiempo *Tucídides*. Tucídides y, acaso, el *Príncipe* de Maquiavelo son los más afines a mí por la voluntad incondicional de no dejarse embaucar en nada y de ver la razón en la *realidad* [...]¹⁴⁹.

En Tucídides se pone de manifiesto la «*cultura de los realistas*», que se caracteriza por «el *valor* frente a la realidad», el «dominio de *sí*» y el «dominio de las cosas». Por consiguiente, Nietzsche no renuncia a toda concepción posible de realidad. Lo que ocurre es que cambia la noción habitual de realidad, entre otras cosas, porque en vez de huir a un mundo ideal se sumerge en el perspectivismo real.

He aquí una nueva filosofía crítica que asume el perspectivismo y no pretende alcanzar una «verdad objetiva», sino «verdad-sentido»¹⁵⁰. Aquí la racionalidad no remite a un objeto, sino a un contexto de sentido, donde se subraya la finitud de la experiencia humana y el carácter condicionado de todos sus productos.

Con este perspectivismo se supera la abstracta separación entre teoría y praxis, ya que en todo concepto hay algo impulsado por «nuestra necesidad». Queda al descubierto así la predominancia de la praxis y el trasfondo práctico-vital de toda perspectiva, ya que dentro de una perspectiva todas las condiciones del juicio tienen sentido práctico. E incluso «lo perspectivo» es sólo una «actividad de acción y reacción» de un «centro de fuerza».

> ¡lo *perspectivo* aporta, pues, el carácter de la «aparencialidad»!
> ¡Como si restara todavía un mundo si se descontara lo perspectivizante! [...]
> [...] todo centro de poder tiene su propia *perspectiva* para todo el resto, i.e., su *valoración* totalmente determinada, su tipo de acción, su tipo de resistencia.
> El «mundo aparente» se reduce, pues, a un tipo específico de acción sobre el mundo partiendo de un centro [...] y el «mundo» es sólo una palabra para el juego total de estas acciones.
> La *realidad* consiste exactamente en esta acción y reacción particulares de todo individuo enfrentado al todo [...]¹⁵¹.

---

¹⁴⁹ *CI,* «Lo que debo a los antiguos», 2 (pp. 131 y 132); *MBM* 12.
¹⁵⁰ *GM* III, 12; cfr. F. KAULBACH, «Die kopernikanische Wendung von der Objektwahrheit zur Sinnwahrheit bei Kant», en V. GERHARDT y N. HEROLD (Hrsg.), *Wahrheit und Begründung,* Königshausen & Neumann, Wurzburgo, 1985, pp. 99-130.
¹⁵¹ *KGW* VIII, 14 (184).

El *perspectivismo* nietzscheano se hace *práctico,* debido a su «significación vital». La valoración de la vida y el respeto por el cuerpo hacen que se perciba lo que merece «seriedad en la vida», para no caer en el «desinterés» (desimismación) y en la negación de sí mismo [152].

Aceptado el perspectivismo, los problemas ya no pueden plantearse «impersonalmente», sino como posición de una persona, como «*su* necesidad, tormento, placer y pasión personales». El perspectivismo incorpora una modalidad crítica, que exige entrega al asunto y poner a prueba el «*valor*» de las perspectivas.

El punto de partida de las perspectivas y los ensayos es el cuerpo [153]. No hay ninguna instancia por encima de la vida. «Se es un fragmento de fatalidad [...] —no hay nada que pueda juzgar, medir, comparar, condenar nuestro ser, pues esto significaría juzgar, medir, comparar, condenar el todo [...]. *¡Pero no hay nada fuera del todo!*» [154]. El hombre no tiene más que *su* perspectiva, desde la que se convierte en «*individuo soberano*» («individuo autónomo supraético») [155], con auténtica «conciencia de poder y libertad», con el «privilegio extraordinario de la *responsabilidad*», porque en su perspectiva («desde sí mismo») tiene «su *medida del valor*».

Este perspectivismo práctico prosigue al kantiano, pero ahora la capacidad autolegisladora, que constituye la propia «soberanía», es «una fuerza de autodeterminación, una *libertad* de la voluntad por la cual el espíritu desecha toda fe, todo deseo de certeza, ejercitado como está en poder sostenerse sobre cuerdas y posibilidades ligeras y hasta a *bailar sobre los abismos*» [156]. Esta fuerza se circunscribe a un determinado «horizonte» perspectivista de un «*cuerpo*», con sus «energías», «impulsos» y «errores».

El criticismo perspectivista nietzscheano prosigue la filosofía kantiana de los *límites,* aunque el trazado de esos límites varíe. Kant

---

[152] «El "desinterés" (*Selbstlosigkeit*) no tiene valor alguno ni en el cielo ni en la tierra. Los grandes problemas reclaman todos *gran amor* [...]».
«La falta de personalidad», «una personalidad debilitada, menguada, que [...] reniega de sí misma, ya no sirve para nada bueno» (*GS* 345).

[153] *Za.,* I, pp. 118 ss.

[154] *CI,* «Los cuatro grandes errores» (pp. 69-70).

[155] «*Das autonome übersittliche Individuum*»: dado que «autónomo» y «ético» se excluyen, el individuo verdaderamente autónomo e independiente está situado por encima de la eticidad, viviendo la plenitud de una libertad más allá de la «eticidad de la costumbre» (*GM* II, 2).

[156] *GS* 347 (cursiva nuestra) y 120.

quiso en algún momento titular la *Crítica de la razón pura*: «Límites de la sensibilidad y de la razón»[157], y concibió toda la filosofía en *perspectiva antropológica* (como cuando refirió todas las preguntas fundamentales a una última: ¿qué es el hombre?). De un modo semejante, Nietzsche quiere averiguar los *límites* de la razón humana en su criticismo perspectivista:

> Comprender los límites de la razón —sólo *eso* es verdaderamente filosofía [...][158].

Cabe interpretar, pues, el perspectivismo nietzscheano en clave antropológica (como es el caso de V. Gerhardt y H. Ottmann), aun cuando por mi parte prefiero inscribirlo dentro de una *hermenéutica crítica de carácter antropológico*: de una autointerpretación del hombre, que en todo se encuentra a sí mismo. Así, según Nietzsche, la capacidad abstractiva crea figuras sólo según la imagen del hombre, pero que no van más allá del inventario de la «experiencia humana», traducida al «lenguaje de los sentidos» (*Sinnen-sprache*), que ya están cargados con sus propios prejuicios.

> Hay que asumir todos los movimientos, todos los «fenómenos», todas las «leyes», sólo como síntomas de un acontecer interior y servirse hasta el final del hombre como analogía[159].

El criticismo perspectivista de Nietzsche amplía y radicaliza el perspectivismo kantiano hasta llegar al carácter perspectivista de la existencia y al nuevo infinito de las interpretaciones del «mundo» y del «sujeto».

> Nosotros, los pensantes-sentientes (*Denkend-empfindende*), somos quienes efectiva y continuamente *hacemos* algo que todavía no existe: el mundo entero, siempre creciente, de apreciaciones, colores, acentos, perspectivas, jerarquizaciones, afirmaciones y negaciones[160].

Tanto el mundo como el sujeto son invenciones y ficciones. Lo que ficciona es una infinita pluralidad de afectos, impulsos, puntuaciones de la voluntad. En esta «*doctrina perspectivista de los*

---

[157] Carta a M. Herz, 7.7.1771, Ak. Ausg. X, 123.
[158] *El Anticristo* (= *AC*), Alianza, Madrid, 1974, § 55.
[159] *KGW* VII 36 (31); cfr. también 24 (17) y 14 (79).
[160] *GS* 301.

afectos» se concibe el sujeto no como unidad, sino como «lucha interna»[161] y el mundo no como universo, sino como pluriverso. Como ya hemos indicado, el perspectivismo desarrolla una filosofía de los «límites»[162], que puede concebirse como la culminación del criticismo moderno, llevando hasta el final el estudio de las condiciones delimitadoras de la razón y de los sentidos. A mi juicio, este enfoque nietzscheano reformula *genealógica* y *hermenéutico-pragmáticamente* la pregunta kantiana por las condiciones de posibilidad del pensamiento; y rehabilita lo que parecía *lo otro de la razón* (cuerpo, sentidos, fantasía) *en la razón,* como nuevos *horizontes de sentido* (por ejemplo, como se verá más tarde, mediante la metáfora del superhombre).

Este enfoque crítico puede articularse, según H. Ottmann, por lo menos, en tres líneas diferentes: la de la *apariencia,* la del *lenguaje* y la de la *vida.*

En primer lugar, como prolongación del estudio kantiano de los límites *fenoménicos* del mundo. El fenómeno y la apariencia constituyen los límites del mundo cognoscible. Todo lo experienciable es fenómeno o apariencia. Según Kant, hay un concepto «límite» de lo que afecta a los sentidos, una «cosa en sí» desconocida, que podemos pensar pero no conocer. Nietzsche agudiza el criticismo, ya que para él no hay «ningún agujero en la capa del fenómeno». Por consiguiente, el *fenómeno,* cuando en él no aparece nada más, se convierte en puro aparecer (*Schein*): *apariencia* y nada más.

Una segunda forma de llevar a cabo el criticismo de los «límites» toma la figura *lingüística* y sigue el hilo conductor de la *interpretación.* De este modo se anticipa el «principio de la relatividad lingüística» de Whorf, dentro de la tradición humboldtiana de filosofía del lenguaje, que Nietzsche había tomado —según vimos— de G. Gerber. Las diferencias gramaticales condicionan las diferencias de la visión del mundo, ya que estamos atrapados por y en el lenguaje. Nietzsche responsabiliza a la *seducción del lenguaje* de muchos rasgos de nuestra imagen del mundo: la ficción de las cosas iguales, la ficción del yo, la del sujeto y objeto... Es la *gramática* la que sugiere que, tras toda actividad, ha de haber un autor. Con ejemplos como el

---

[161] W. MÜLLER-LAUTER, «Der Organismus als innerer Kampf», en *Nietzsche-Studien,* 7 (1978), pp. 189-223.

[162] Cfr. V. GERHARDT, «Experimental-Philosophie», en M. DJURIC y J. SIMON (Hrsg.) *Kunst und Wissenschaft bei Nietzsche,* Königshausen & Neumann, Wurzburgo, 1986, pp. 45-61; H. OTTMANN, «Nietzsches Perspektivismus», en W. BAUMGARTNER, *Gewissheit und Gewissen,* Königshausen & Neumann, Wurzburgo, 1987, pp. 79-91.

del «relámpago» («el relámpago alumbra») Nietzsche nos hace comprender la redundancia de la estructura gramatical; y lo mismo sucede en el caso del «yo pienso» o del «yo quiero»[163].

En tercer lugar, el criticismo de los límites adopta una forma *vitalista*. No se trata de condiciones y límites de una razón pura, sino de una «razón impura», que es producto de la historia natural, del instinto productor de metáforas y del desarrollo de la vida. Este criticismo vitalista reformula *genealógicamente* la pregunta kantiana por las condiciones de posibilidad del conocimiento y considera que todo «conocimiento» condicionado vitalmente es apariencia. La vida es interpretación y toda interpretación hace el mundo disponible y, cuando tales procesos de interpretación nos sirven con éxito, entonces los llamamos «verdaderos». Pero nos está vedado saber cómo es el mundo independientemente de «nuestras condiciones para vivir en él». Y del éxito no se puede concluir la verdad.

En el modo nietzscheano de enfocar el criticismo perspectivista, las condiciones vitales son, más bien, condiciones de *imposibilidad* de que el conocimiento sea verdadero. Curiosamente, su radicalismo separa a Nietzsche de posiciones actuales como la Epistemología evolutiva, a pesar de compartir su visión del aparato del conocimiento como un producto de la historia natural, que simplifica el mundo y lo ajusta según intereses vitales. Una diferencia significativa radica en que los defensores de la Epistemología evolutiva mantienen un «realismo crítico» o «hipotético», pues nuestro aparato de conocimiento no habría tenido tanto éxito, si no hiciera posible informaciones «verdaderas» sobre el mundo. Sin embargo, Nietzsche ha rechazado precisamente que el éxito sea ya un indicio de la verdad.

Pero ¿no aboca este perspectivismo de los límites, como advierte H. Ottmann, a un callejón sin salida? Porque, si todo es perspectiva, también lo es el perspectivismo de Nietzsche, a lo que Nietzsche, según vimos, responde: «bien, tanto mejor». ¿Qué posibilidades quedan, como no sea la sofística (según R. Löw), o la indiferencia, haciendo una *epoché* de lo verdadero y de lo falso mediante la ironía? Pero ¿cómo seguir hablando con sentido, por ejemplo, de «ilusión», «ficción», «engaño» y «apariencia»?

Todavía quedaría otra salida: una nueva forma de «regreso al infinito», que podría interpretarse como filosofía experimental[164].

---

[163] *MBM* 16 y 17.
[164] Cfr. F. KAULBACH, *Nietzsches Idee einer Experimentalphilosophie*, Colonia/Viena, Böhlau, 1980.

Las perspectivas interpretadoras de Nietzsche serían hipótesis heurísticas o ideas regulativas, en forma de «ensayo» y «experimento».

Este tránsito a una *filosofía experimental* rebasa el criticismo de los límites, aunque ya no sea por la vía hegeliana. La filosofía experimental que engendra el criticismo nietzscheano nos abre a un pensamiento que traspasa los límites y conduce al «nuevo "infinito"» de las interpretaciones. Exige mirar hacia donde se abren nuevos horizontes y caminos sin recorrer. Con lo cual el pensamiento crítico adquiere un sentido innovador. De ahí que se hayan promovido desde aquí formas de pensamiento marcadas por la «diferencia», defendiendo la apertura ilimitada de las perspectivas sin exclusión. Este enfoque crítico en versión nietzscheana rehabilita lo que parecía «lo otro de la razón», como el cuerpo, los sentidos, la fantasía, desde cuyas creaciones perspectivistas se anuncian nuevos horizontes de sentido, como el «superhombre».

El sentido de la filosofía experimental proviene, pues, de que «somos experimentos»[165]. Lo decisivo es que el criticismo nietzscheano, en virtud de su radical perspectivismo, conduce a la filosofía experimental; lo cual quiere decir que el criticismo perspectivista todavía no es suficiente, que en el fondo *la crítica no basta,* ya que los críticos son instrumentos del filósofo[166]. Se necesita pasar a la función de mandar y legislar, es decir, a la doctrina (*Lehre*). ¿No encontramos de nuevo la fórmula kantiana, su famosa combinación de «crítica» y «doctrina», aunque ahora en la versión nietzscheana se haya transformado la *crítica* en *genealogía* (*hermenéutica*) y el *sistema* en *experimento*?

Bajo este impulso, la filosofía experimental integraría la visión crítica en una doctrina, destinada a crear nuevos valores, nuevos órdenes y nuevas virtudes. La doctrina sería la parte visionaria del programa experimental, en que, por ejemplo, a través de Zaratustra se expresan nuevas doctrinas sobre la salud, la justicia, el poder, etc. Este saber es expresión de la experiencia —bajo cuyo signo se filosofa— y su punto de partida metódico está en la vivencia humana.

Pero la filosofía experimental como resultado del criticismo perspectivista no sólo es método y doctrina, sino también una forma de

---

[165] *Aurora* 453. Presumiblemente se trate de un concepto de origen romántico; F. Schlegel lo utiliza en sus lecciones del semestre de invierno de 1800-1801 en Jena en sus lecciones de «Filosofía transcendental» (cfr. V. GERHARDT, «Experimental-Philosopie», nota 7).

[166] *MBM* 210 y 211.

vida, que se potencia en el peligro, para lo cual se necesita «coraje» y «valor»[167]. Una filosofía incorporada, hecha vida: «Filosofía experimental, como yo la vivo [...]»; por tanto, unidad de filosofía y vida, porque «el producto del filósofo» «es su *vida*». Su vida, «ésa es su obra de arte».

Esta conexión radical entre *crítica, doctrina* y *vida,* que se nos ofrece mediante la filosofía experimental, permite plantear la cuestión de si ésta no nos capacita para un nuevo estilo de pensamiento experiencial del sentido, abierto a infinitud de perspectivas, es decir, a una nueva hermenéutica a partir del cuerpo. En esa vida filosófica, como «obra de arte» desde el cuerpo como artífice, no se eluden los problemas del devenir, de la apariencia y del sinsentido. Y, en la medida en que Nietzsche mismo caracteriza como metafísica la actividad intelectual que proporciona un sentido a la existencia, cabe preguntarse hermenéuticamente con el propio Nietzsche:

¿Por qué no debería uno poder jugar a la metafísica?[168].

5.2. Libertad de sentido: sabiduría trágica

El perspectivismo nos ha conducido a una revisión de la crítica kantiana de los límites y, todavía más lejos, a una filosofía experimental. En este apartado consideraremos su relevancia para una filosofía del sentido y de la libertad, que en Nietzsche adquiere el rango de una *sabiduría trágica*: un nuevo modo de pensar y de vivir, en virtud de una ampliación *dionisíaca* de la razón.

Igual que su criticismo en general, el perspectivismo de Nietzsche como filosofía del sentido está íntimamente conectado con Kant; una conexión que F. Kaulbach ha destacado de modo especial, explicando el significado del «giro copernicano»[169].

Como vimos al exponer la influencia de Lange (cfr. capítulo 2), ya desde su primera época Nietzsche está en consonancia con la crítica kantiana del saber, aunque le da un tono propio:

---

[167] *MBM* 212 y 210; *KGW* VIII 16 (32); II 29 (205).
[168] *KGW* V 29 (45).
[169] Cfr. F. Kaulbach, «Kant und Nietzsche im Zeichen der Kopernikanischen Wendung: Ein Beitrag zum Problem der Modernität», *Zeitschrift für philosophische Forschung,* 41/3 (1987), pp. 349-371 (a cuya interpretación nos atendremos en este capítulo).

> La valentía y sabiduría enormes de *Kant* y de *Schopenhauer* consiguieron la victoria más difícil, la victoria sobre el optimismo que se esconde en la esencia de la lógica, y que es, a su vez, el sustrato de nuestra cultura. Si ese optimismo [...] ha creído en la posibilidad de conocer y escrutar todos los enigmas del mundo [...], Kant reveló que propiamente esas leyes servían tan sólo para elevar la mera apariencia, obra de Maya, a realidad única y suprema [...] y para hacer así imposible el verdadero conocimiento acerca de esa esencia [...]. Con este conocimiento se introduce una cultura que yo me atrevo a denominar trágica: cuya característica más importante es que la ciencia queda reemplazada, como meta suprema, por la sabiduría, la cual [...] se vuelve [...] hacia la imagen total del mundo e intenta aprehender en ella [...] el sufrimiento eterno como sufrimiento propio [170].

Nietzsche expresa aquí su confianza en una gran victoria, de enorme relevancia cultural, la victoria sobre el optimismo del pensamiento lógico, que está en el fondo del hombre teorético, especialmente de su programa de mejoramiento de todos los aspectos de la vida mediante el conocimiento científico. Nietzsche continúa, a su modo, la crítica que Kant efectuó de los intentos cientificistas.

El *primado de la razón práctica* en la crítica kantiana desbarata la pretensión de dominar el mundo y superar el mal mediante la ciencia, porque ayuda a abrir los ojos ante los verdaderos abismos de este mundo. Kant recuerda al hombre la voz y la tarea de su razón práctica.

Nietzsche, por su parte, desenmascara los trasfondos del pensamiento a partir de su constitución vital: funda el sentido y el valor de la acción no sobre la legislación de la razón práctica, porque —a su juicio— ésta habla el lenguaje de la universalidad y no hace justicia al individuo como artífice de su propia vida. Pero coincide con Kant en la concepción de que la facultad teórica tiene un límite y carece de orientación en las cuestiones que conciernen al sentido y al valor de la vida.

En virtud de este nuevo modo de pensar, Kant hace valer la lógica de la razón práctica frente a los excesos cientificistas y Nietzsche limita el ámbito de la ciencia, porque su hipertrofia impide buscar el sentido —sobre todo— del sufrimiento:

> Mientras se entienda por cultura el fomento de la ciencia, pasará con frialdad implacable al lado de los grandes hombres apasionados, pues la ciencia no ve en todas partes más que problemas del conocimiento y, en el dominio que ella se reserva, el sufrimiento aparece como algo insólito e incomprensible [171].

---

[170] *El nacimiento de la tragedia* (= *NT*), Alianza, Madrid, 1973, § 18 (p. 148).
[171] Cfr. *Consideraciones intempestivas,* III: «Schopenhauer, educador» (*SA* I, 336).

Rebasando los límites de la ciencia, Kant y Nietzsche abogan por una *razón del sentido,* desde la que se le ofrecen al que piensa y actúa posibilidades de justificar su vida. Sólo por la capacidad de bosquejar perspectivas interpretadoras del mundo, que den sentido incluso al sufrimiento, se logra estimar el valor de la vida y justificar la existencia.

Ya Kant expresó la necesidad de ampliar la razón diciendo: «Tuve que anular el *saber,* para reservar un sitio a la *fe*»[172], entendiendo por «fe» una forma de «tener por verdadero». Hay necesidad de abrir una perspectiva para concebir el mundo, que surge de la razón y se expresa en forma de «fe» moral racional.

La modalidad de razón, a la que nos conducen Kant y Nietzsche, constituye un camino para responder a la cuestión del *valor de la existencia* y de la vida, es decir, la de su sentido. El «giro copernicano» kantiano aportó una nueva actitud frente al mundo, una nueva forma de pensar; su inversión o «revolución» implica una nueva conciencia de sí mismo y de la libertad, que promueve la emancipación del sujeto humano. Éste es el significado radical del «giro copernicano», según Kaulbach: abrir la perspectiva de las perspectivas (de la verdad objetiva y de la verdad-sentido), lo cual implica una nueva actitud frente al mundo, tanto en forma de nueva conciencia metódica como de autoconciencia de la *libertad,* entendida como *soberanía para crear perspectivas de sentido.*

Nietzsche y Kant concuerdan en la importancia vital que tiene en nuestra cultura responder a la pregunta por el valor y sentido de la existencia. En el fondo, se trata de un ámbito primordial, previo al «saber», que tanto Kant como Nietzsche quieren asegurar: el ámbito de la *libertad.* Y así lo ve Nietzsche: «Kant se ocupa de una necesidad cultural: quiere poner a salvo un ámbito *previo al saber* [...]»[173].

Lo que está en juego es el *valor de la vida.* Un problema que nos desborda, porque «el valor de la vida no puede ser tasado»[174]. La auténtica sabiduría concierne a dicho valor, pero no hay más remedio que reconocer el conflicto de los valores desde «la óptica de la vida», porque hay diversas formas de vida, que establecen diferentes valores y hacen surgir otras tantas justificaciones de la existencia. El enigma de la existencia puede adquirir diferentes tonos según la óptica vital

---

[172] Prólogo a la segunda edición de la *Crítica de la razón pura* de I. KANT.
[173] *KGW* 19 (34).
[174] *CI,* p. 38; vid. J. CONILL, *El enigma del animal fantástico,* pp. 52 ss.

desde la que se ilumine. Pero, en cualquier caso, prestar atención a las cuestiones del sentido y del valor de la existencia requiere un modo de pensar peculiar, una perspectiva interpretadora del mundo, que puede dar sentido incluso al sufrimiento, una razón donadora de sentido que permite la justificación de la existencia.

Una *perspectiva* viene a ser un modo de pensar por el que interpretamos y ordenamos nuestro mundo en un horizonte con sentido. Pero hay un conflicto de perspectivas e interpretaciones. Kant abre una nueva perspectiva de sentido para la existencia, donde el absurdo no sea la última palabra: la perspectiva del «bien supremo» (unión de virtud y felicidad), que da sentido al esfuerzo humano. En cambio, la perspectiva interpretadora del mundo desde la «gran razón» del cuerpo también es creadora de sentido (al estilo nietzscheano), pero, al afirmar una libertad incondicional, niega hasta la presunta «ordenación moral del mundo». Kant y Nietzsche aportan así puntos de vista diferentes, que generan un conflicto de sentidos y de justificaciones de la existencia. Pero ¿dónde están las *fuentes donadoras de sentido* y cómo se evalúan?

En su primera etapa, Nietzsche creyó que, más allá del saber, la fuente donadora de sentido vital no era la fe racional (como en Kant), sino la *relación estética* con las cosas, de la que el arte era la manifestación más significativa. Pero, más tarde, atribuyó a la *filosofía* esa tarea de dar sentido y justificar la existencia.

El intento nietzscheano, como el kantiano, fue precisamente llegar al fondo, desde donde se generan las perspectivas del mundo; por ejemplo, de la perspectiva moderna, diseñada desde la voluntad de dominio sobre la naturaleza: desde la psicología genealógica el lenguaje matemático, idóneo para el máximo control, se interpreta como expresión de esa voluntad de poder, por tanto, de una determinada perspectiva y de una valoración.

Según Kaulbach, cabría atribuir un cierto carácter transcendental a las perspectivas interpretadoras del mundo, ya que una *perspectiva,* como aquella por la que la voluntad de poder interpreta, crea un *horizonte* para el saber, por tanto, hace la función de condición de posibilidad de tal saber. Se trata de «nuestro modo de conocer» y pensar, «en cuanto que tal modo ha de ser posible»[175].

Esta *libertad perspectivista* cuenta en Kant con una autolegislación para el uso de las perspectivas y con el alto tribunal de la razón.

---

[175] I. KANT, *Crítica de la razón pura,* B 25.

Las funciones del legislador y del juez forman parte de un *modelo jurídico de racionalidad.* Por ejemplo, la naturaleza es forzada a responder dentro de la legalidad impuesta por el entendimiento. Otro ejemplo es el de las antinomias kantianas: la disputa entre posiciones filosóficas se lleva a cabo según el modelo del proceso judicial. En una especie de experimento racional se han de reducir las pretensiones dogmáticas y cada una de las partes ha de interpretarse como una perspectiva, cuyo relativo —limitado— derecho se deja en manos de la autolegislación de la razón, convertida en tribunal [176].

La filosofía perspectivista de Nietzsche sigue la orientación del giro copernicano, en el sentido expuesto por Kaulbach, cuando reduce toda presunta afirmación verdadera sobre el ser a perspectiva interpretadora del mundo, de la que Nietzsche dice provocativamente que tiene el carácter de la ilusión o del aparecer (*Schein*), incluso de la «mentira». «Mentira», porque es un esbozo y proyección del mundo con apariencia de verdad objetiva, pero que simplemente procura al viviente una justificación de la existencia y le permite poder vivir.

A diferencia de Kant, Nietzsche remite la proyección perspectivista del mundo a una imaginación poética. Por eso, la perspectiva del mundo es comparable con la *creación poética* (*Dichtung*), en la medida en que no presenta una verdad objetiva, sino *verdad-sentido.* Una perspectiva, cuya fuerza interpretadora abre un espacio *libre* de sentido para pensar y actuar, tal vez «hacia nuevos mares».

La *necesidad de sentido* está estrechamente relacionada con la pregunta kantiana acerca de *qué nos está permitido esperar.* Es la cuestión de la *esperanza,* de la apertura a un mundo que dé sentido a nuestros esfuerzos, garantizando que éstos no se verán defraudados. Ésa es la función de la perspectiva del «bien supremo»: dar sentido pleno a nuestras acciones.

Este mundo del «bien supremo», en el que el virtuoso (que es digno de ser feliz) puede esperar su felicidad, no está dado sin más, sino que surge, si adoptamos la perspectiva de sentido que se genera a partir de la buena voluntad. Por eso, para Kant tiene el rango de un «postulado»: el que quiere actuar con sentido necesita «creer» en la perspectiva de la esperanza de un mundo que garantice la unión de virtud y felicidad.

---

[176] Cfr. A. CORTINA, «Estudio preliminar» a I. Kant, *La metafísica de las costumbres,* Tecnos, Madrid, 1989.

También Nietzsche se plantea en su filosofía la tarea de mostrar al hombre un *camino,* la perspectiva de un mundo que dé *sentido* a su existencia. Porque donde se decide el sentido y el valor de la acción es en la cuestión de la *esperanza.*

Pero en Nietzsche se produce un brusco viraje con respecto al giro copernicano. La filosofía kantiana del sentido se convierte en un radical perspectivismo, que Kaulbach, no obstante, sigue considerando «perspectivismo transcendental», dado que establece como horizonte de sentido la perspectiva que una determinada voluntad necesita para orientarse.

La crítica kantiana de la razón culmina en una razón jurídica, debido a su intención de fundar una unidad en el «Estado» de la razón, es decir, una paz jurídica entre las perspectivas en litigio. Dado que se trata de una unidad en la pluralidad de las perspectivas, en la que ha de imperar la justicia, este perspectivismo exige que la razón pase por las diversas perspectivas y sea «muy experimentada».

El perspectivismo nietzscheano amplía el modelo jurídico de la razón kantiana. Quien experimenta demuestra tener más capacidad de pensar y puede hacer justicia a más posibilidades del mundo. Pero, para Nietzsche, cada perspectiva es síntoma de una voluntad y tiene «su» tiempo. La justicia ya no está fundada en la autolegislación de la razón, sino que es la voluntad creadora y afirmadora de la vida la que en cada situación evalúa según su *fuerza vital.*

El «giro copernicano» es expresivo, para Kant y Nietzsche, de la *libertad perspectivista.* Esta libertad propia del hombre moderno es radicalizada en Nietzsche, hasta tal punto que algunos han creído ver en él un «contra-giro» anticopernicano, en la medida en que frente al triunfo de la «*conciencia*» (el «yo pienso» y «yo quiero») Nietzsche recupera el «*cuerpo*», con el fin de incorporar las *capacidades sensibles para crear sentido.*

La concepción moral del mundo en la filosofía kantiana debería haber superado el nihilismo, al haber desterrado la «nada» en virtud del postulado del bien supremo; sin embargo, a los ojos de Nietzsche, esta postulación constituye una recaída en la nada. Pues, aun cuando la perspectiva kantiana del sentido moral se abre al bien supremo, esta concepción moral lleva a recaer en el nihilismo, según Nietzsche. Y es que en su perspectivismo se descubre otra filosofía del sentido, diferente a la kantiana, de cuyo trasfondo emerge una *nueva figura de la libertad,* la de la *capacidad creadora a partir de la razón corporal.*

La nueva filosofía nietzscheana del sentido y de la libertad parece haber superado el postulado kantiano del bien supremo. No porque la doctrina de Kant sea falsa, sino porque no la necesita. Su «gran razón» ha alcanzado así un *grado superior de libertad* (¡liberosimilitud!) y autarquía: la libertad «en condiciones», es decir, en virtud de la creación de perspectivas de sentido.

Pero, a pesar de que hay quien ha pensado que esta posición implica un contra-giro [177], que reconduciría a Nietzsche a una posición premoderna, otras interpretaciones no entienden de igual manera la exigencia nietzscheana de regresar al cuerpo y a la tierra, la «tarea» de «reconocer de nuevo el terrible texto básico *homo natura* (el hombre naturaleza)» [178].

Lo que ocurre es que, a juicio de Nietzsche, en la perspectiva copernicana persiste todavía el «ideal ascético» y sus consecuencias nihilistas, mientras no se haya retraducido el giro copernicano en términos del aludido «texto básico *homo natura*» y «el hombre se enfrente al hombre», a su sí-mismo más profundo, al «*inframundo*» de todos los ideales. Pues Nietzsche se pregunta:

> ¿Es que acaso el hombre se ha vuelto *menos necesitado* de una solución allendista de su enigma del existir...? ¿No se encuentra en un indetenible avance, a partir de Copérnico, precisamente el autoempequeñecimiento del hombre, su *voluntad* de autoempequeñecimiento? Ay, ha desaparecido la fe en la dignidad, singularidad, insustituibilidad humanas dentro de la escala jerárquica de los seres —el hombre se ha convertido en un *animal*, animal sin metáforas, restricciones ni reservas, él, que en su fe anterior era casi Dios («hijo de Dios», «hombre Dios») [...]. A partir de Copérnico el hombre parece haber caído en un plano inclinado —rueda cada vez más rápido, alejándose del punto central—. ¿Hacia dónde?, ¿hacia la nada? [...]. ¡Bien!, éste precisamente sería el camino derecho —¿hacia el *antiguo* ideal? [...] [179].

Según Nietzsche, la perspectiva copernicana todavía se inscribe en la órbita nihilista: el hombre se concibe como un organismo extraño en un cosmos carente de sentido y *necesita*, por tanto, una perspectiva del mundo del más allá, si quiere dar valor a su existencia. Ahora bien, sólo la autarquía de la gran razón del cuerpo, que es capaz de una *justificación filosófico-poética de la existencia,* puede

---

[177] K. LÖWITH, *Gott, Mensch und Welt in der Metaphysik von Descartes bis zu Nietzsche,* Gotinga, 1967, pp. 156 ss.
[178] *MBM,* 231; *EH,* pp. 83 y 80.
[179] *GM* III, 25.

resistir el ataque del nihilismo. Por tanto, el contragolpe de Nietzsche con respecto al giro copernicano consiste en una *ampliación experiencial de la razón pura* de Kant a partir de la imaginación poética y la perspectividad como *creación* (*Dichtung*), que está enraizada en el cuerpo y su vitalidad dionisíaca, y que nos abre a una peculiar hermenéutica del sentido (y valor) de la vida libre.

6. PENSAR Y POETIZAR

Tras el recorrido por ciertas peculiaridades del criticismo nietzscheano —convertido en hermenéutica—, se descubre una *nueva forma de pensamiento,* cuya plasmación privilegiada es la obra *Así habló Zaratustra.* En ella encontramos una peculiar síntesis de *pensar* (*Denken*) y *poetizar* (*Dichten*), en un lenguaje poético (*Dichtung*) con elementos rítmicos-metafóricos y mediaciones simbólicas: pensar poetizando y poetizar pensando.

Aquí el pensamiento está acuñado como creación poética, en la que se han borrado los límites entre pensar y poetizar, debido a la «esencia poetizante de la razón» (de la que más tarde tanto se ha aprovechado, por ejemplo, Heidegger). En el *Zaratustra* ya no se buscan los *fundamentos,* sino que se sigue una orientación «*dionisíaca*» de «desencadenamiento de las fuerzas simbólicas», porque «antes de que se "piense" (*gedacht*), ya tiene que haberse "poetizado" (*gedichtet*)».

La exposición del *Zaratustra* surge de la unidad originaria de *poetizar* y *pensar*; por eso allí las conexiones que se ofrecen *no* son de *fundamentación* lógica, sino que configuran otra forma de «dar razón» (*lógon didónai*): la de aquellos plexos de *sentido* cuya fuerza simbólica y figurativa alumbra una «sabiduría trágica».

He aquí otro tipo de pensamiento basado en una forma de *unidad* poética y simbólica; una modalidad peculiar que podrá conectarse con la *unidad narrativa* y *metafórica* de Ricoeur[180] y con la *unidad por libre creación* de la razón sentiente de Zubiri[181], porque también para Zubiri las metáforas son una manera de «dar razón».

Éste es un camino por el que la filosofía de Nietzsche, en vez de conducir a su propia autosuperación y disolución en tanto que filoso-

---

[180] P. RICOEUR, *La metáfora viva,* Ediciones Europa, Madrid, 1980; y *Tiempo y narración,* Ediciones Cristiandad, Madrid, 1987, 3 vols.

[181] X. ZUBIRI, *Inteligencia y razón,* Alianza, Madrid, 1983.

fía, puede reconvertirse en *hermenéutica genealogía de la creación* o en *filosofía del signo*. Lo importante ahora es considerar la peculiar forma de pensamiento que su filosofía propone y exhibe. ¿Qué es pensar, para Nietzsche? ¿En qué consiste el modo de pensar nietzscheano, tras su radicalización del criticismo?

Para responder a esta cuestión, un lugar privilegiado es, sin duda, el *Zaratustra*, pero lo que no está claro es el sentido de su doctrina. Ya M. Heidegger se preguntaba programáticamente «¿Quién es el Zaratustra de Nietzsche?», y respondía que se trata de un «abogado», de quien lo importante no es sólo lo que dice sino también *cómo* lo dice, en qué ocasión y con qué propósito. Zaratustra es «el abogado de la vida, el abogado del sufrimiento, el abogado del círculo»; es «*el maestro del eterno retorno*» y del superhombre[182]. Ésas son sus doctrinas y su «pensamiento abismal»: un pensamiento experiencial, con el que se quiere superar o «redimir» el modo de pensar dominante hasta ahora, que estaba sometido al espíritu de la venganza. ¿Cómo? Abriéndolo al sí del eterno retorno y al superhombre.

Según Heidegger, este pensamiento es tanto una «visión» como un «enigma», que no cabe probar ni refutar lógica o empíricamente; tampoco es un asunto de fe. «Lo visionado» aparece siempre como enigmático y, por tanto, «*digno* de interrogación», cuestionable y problemático. Visión de enigma, donde no valen las demostraciones y refutaciones lógicas y empíricas, pues todo pensamiento esencial y experiencial constituye un signo de interrogación.

El propio Nietzsche valoró de modo extraordinario su *Zaratustra* como algo «*non plus ultra*»[183]. Pero, a pesar de los diversos intentos de investigación de esta obra, no ha sido fácil presentar una completa interpretación filosófica de la misma. Heidegger ha llevado a cabo su peculiar contribución, atreviéndose a recomendar una lectura de esta obra «del mismo modo estricto que un tratado de Aristóteles»[184].

---

[182] *Za.*, pp. 298, 303 y 34; cfr. también *Za.*, III «El convaleciente», pp. 297 ss., y «El gran anhelo», pp. 305 ss.; «De la visión y del enigma», pp. 223 ss.; II, «De las tarántulas», pp. 151 ss.

[183] Carta a R. v. Seydlitz, 12.2.1888; como obra «más perfecta lingüísticamente» (Carta a K. Knortz, 21.6.1988, *KGB* III 5, 340), el *culmen* de la lengua alemana, después de Lutero y Goethe (Carta a E. Rohde, 22.2.1884, *KGB* III 1, 479); cfr. para todos estos contextos el excelente trabajo de Mihailo DJURIC, «Denken und Dichten in "Zarathustra"», en M. DJURIC y J. SIMON (ed.), *Kunst und Wissenschaft bei Nietzsche*, Wurzburgo, 1986, pp. 75-100 (a cuya interpretación nos atenemos en este apartado).

[184] *Was heisst Denken?*, Niemeyer, Tubinga, 1971, p. 68.

Pero, según Djuric, así se corre el peligro de pensar el *Zaratustra* al mismo nivel que las grandes obras de la metafísica moderna y de perder su genuina originalidad; de ahí que haya que resaltar la importancia de la «síntesis» [185] que en esa obra alcanza el pensar y el poetizar. Por eso E. Fink [186] señaló que hay un espacio intermedio entre el pensar y el poetizar: un pensar poetizante y un poetizar pensante. De ahí su propósito de interpretar la experiencia a través del estudio del *lenguaje metafórico* en el que Nietzsche expone sus visiones y enigmas.

Pero, entonces, ¿pertenece el *Zaratustra* a la literatura o a la filosofía? En primer lugar, hay que decir que «es una obra poética y no una colección de aforismos» [187]; un «quinto evangelio» [188]; una «sinfonía», refiriéndose al estilo dionisíaco, ditirámbico, en conexión con la tragedia. Pero Nietzsche rechazó que se lo clasificara bajo las «bellas letras» y afirmó que el *Zaratustra* no pertenecía a la literatura y que estaba muy «lejos [...] de todo lo propiamente *literario*» [189].

Ahora bien, Nietzsche estaba en contra de la separación tajante entre literatura y filosofía; aunque ni él mismo sabía bien en qué consistía la novedad filosófica del *Zaratustra*. No es fácil determinar lo que quería expresar realmente con esta obra, ya que en algunas cartas considera al *Zaratustra* sólo como un «prólogo», un «vestíbulo» de su filosofía, una «preparación», un «esquema», mientras que en otras afirma que es su obra suprema, la más completa y madura, y que en ella se encuentra su «*filosofía entera*». ¿Cómo hay que entender estas oscilaciones?

En su retrospectiva de *Ecce Homo* Nietzsche alude al *Zaratustra* como la «parte afirmativa» de su tarea y la conecta con *Más allá del bien y del mal*. Ésta sería una «recreación» diabólica de la divina exposición de la primera, aun cuando ambas compartan el mismo sentido: el enfrentamiento contra los ideales de la modernidad y sus instintos.

---

[185] Carta a F. Overbeck, 9.11.1883, *KGB* III 1, 455. El propio M. Heidegger supo aprovechar esta idea: «La liberación del lenguaje de la gramática en una estructura esencial más originaria le está reservada al pensar y al poetizar» (*Carta sobre el humanismo*, Taurus, Madrid, p. 8).

[186] E. FINK, *La filosofía de Nietzsche,* Alianza, Madrid, 1966, pp. 84 ss.

[187] Carta a Overbeck, 10.2.1883, *KGB* III 1, 326.

[188] Carta a E. Schmeitzner, 13.2.1883, *KGB* III 1, 327; cfr. E. BRONDEL, *Nietzsche: le «Cinquième "Evangelie"»?*, París, pp. 246-247 (citado por M. DJURIC, nota 25).

[189] Carta a F. Overbeck, 9.11.1883, *KGB* III, 455.

También podría pensarse que el *Zaratustra* sólo aporta una forma poética al pensamiento, pero que carece de contenido nuevo. Sin embargo, Nietzsche no acepta tal dualidad. El pensamiento está acuñado como creación. Ni es filosofía con la máscara del arte, ni arte recubierto de filosofía. Aquí se pone en cuestión la división entre filosofía y creación poética, en el sentido de contraponer pensar y poetizar. De este modo, Nietzsche acerca efectivamente la filosofía al arte, borrando los límites entre ellos. El elemento constitutivo del pensamiento no será ya la mediación lógica, sino la creación artística.

Nietzsche aboga así por la *superación de la lógica*, por liberar al pensamiento de la disciplina del concepto discursivo, para lo cual ha recurrido a la imagen y a la metáfora. Y, de este modo, descubre que la auténtica y originaria forma del pensamiento está enraizada en el poetizar. Un redescubrimiento que ha aprovechado M. Heidegger para rechazar el «prejuicio» de que «el pensamiento pregunta preferentemente por fundamentos y constatar que lo genuino del pensamiento tampoco es «preguntar», sino «escuchar», es decir, dejar hablar a aquello «que debe entrar en consideración»[190]. El pensar radical y primordial no consistiría, pues, ni en *fundamentar* (como en la filosofía tradicional antigua y moderna), ni siquiera en *preguntar* (como en la hermenéutica) sino en *escuchar* (en una forma de pensamiento trans-metafísico y trans-hermenéutico).

El secreto del *Zaratustra* consiste tal vez en no establecer ninguna diferencia entre *forma* y *contenido*; su forma constituye su contenido. Lo que Nietzsche atribuye al artista vale también para el filósofo que intenta pensar de otra manera, poetizando:

> Se es artista al precio de sentir como *contenido*, como «la cosa misma», aquello que todos los no artistas denominan «forma». Con ello se pertenece a un *mundo invertido*: porque desde ahora a uno se le vuelve el contenido algo meramente formal —incluida nuestra vida—[191].

A diferencia de la interpretación heideggeriana[192], para Djuric, no sólo el artista sino también el filósofo supera la diferencia entre

---

[190] *Unterwegs zur Sprache,* Neske, Pfullingen, 1971, pp. 173, 175-176, 180; cfr. M. DJURIC, «Denken und Dichten», n.º 52, p. 85.

[191] *KGW* VIII, 11 (3).

[192] Heidegger cita y comenta este aforismo (*Nietzsche* I, Neske, Pfullingen, 1961, pp. 141-142), pero, según Djuric, sin reconocer el «formalismo» del lenguaje poético también en el lenguaje filosófico.

forma y contenido, con la peculiaridad de que el filósofo sabe que no hay ningún contenido fuera de ella. La forma no es un mero intermediario del pensamiento, sino su más profundo fondo, propiamente algo idéntico al pensamiento. La peculiaridad del *Zaratustra* radica en una compenetración de forma y contenido, en haber descubierto la originaria e indisociable unidad de pensar y poetizar [193].

No obstante, Nietzsche da prioridad al poetizar sobre el pensar, cree en la fuerza originaria del poetizar y considera el poetizar como el lugar de nacimiento de todo pensar. Esta prioridad del poetizar sobre el pensar no se extrae del *Zaratustra* mismo, ya que allí no se tematiza expresamente esta relación. Pero hay notas donde Nietzsche alude claramente al *carácter poetizante de la razón* [194]:

> Antes de que se «piense», ya tiene que haberse «poetizado» [195].

Y esta otra:

> el arreglar, el inventar (*Ausdichten*) que convierte en semejante, en igual; ¡el mismo proceso que toda impresión sensorial atraviesa es el que constituye el desarrollo de la razón! [196].

¿A qué se debe la primacía del poetizar sobre el pensar? A que el pensamiento está enraizado en el poetizar, tiene origen poético. «Poetizar» significa «imaginar», «idear», «inventar», es decir, *crear con libertad*. Por tanto, el poetizar es más originario y potente que cualquier pensamiento; y su auténtico elemento es la apariencia y no la verdad.

Por eso, *Zaratustra* no nos ofrece ningún marco conceptual, ni sigue ninguna argumentación lógica. Además Zaratustra no pretende ninguna verdad e incluso excluye toda pregunta por ella, ya que Zaratustra es un poeta [197], que está desterrado «de toda ver-

---

[193] Vid. F. KAULBACH, *Sprachen der ewigen Wiederkunft*, K. & N., Wurzburgo, 1985, pp. 49-61.

[194] Según HEIDEGGER (*Nietzsche* I, pp. 582-586), Nietzsche acentuó sólo de modo tosco —y no siempre suficiente— «la esencia poetizante de la razón», y además no fue el primero en descubrirla, ya que fue Kant quien primero lo vio en su doctrina de la imaginación transcendental como razón pura sensible (cfr. *Kant y el problema de la metafísica*, FCE, México, 1973).

[195] *KGW* VIII 10 (159).

[196] *KGW* VIII 14 (152).

[197] *Za.*, II, p. 189; III, pp. 274, 231 y 303; IV, p. 400.

dad» y habla en «parábolas»; aun cuando, a la vez, a Zaratustra se le atribuye «pensamiento» y es denominado «maestro» del eterno retorno.

Zaratustra supera la diferencia entre pensar y poetizar, porque en esa obra opera un pensar originario, un pensar poético. Aunque no haya sido el primero en relacionarlos, dado que esta tensión acompaña el transcurso de toda la filosofía tradicional (desde los Presocráticos y Platón), Nietzsche ha ensayado una síntesis de pensar poetizando y poetizar pensando, mediante un nuevo lenguaje lleno de elementos rítmicos y metafóricos. El pensamiento se inspira en el poetizar y el poetizar resuena en el pensar, mediante asociaciones, *mediaciones simbólicas* y giros paradójicos [198].

Nietzsche mismo resalta la orientación dionisíaca de esta obra y su relación con el *pathos* trágico: «Mi concepto de lo "dionisíaco" se volvió aquí *acción suprema*» [199]. Denomina a Zaratustra «danzarín» y recuerda que para el Zaratustra sigue valiendo que el «ditirambo dionisíaco» es capaz de captar el «desencadenamiento global de todas las fuerzas simbólicas». De ahí que Nietzsche se considere «el primer *filósofo trágico*», por haber logrado una «transposición de lo dionisíaco a un *pathos* filosófico» y haberlo convertido en «*sabiduría trágica*» [200].

> En el ditirambo dionisíaco el hombre es estimulado hasta la intensificación máxima de todas sus capacidades simbólicas [...]. Ahora la esencia de la naturaleza debe expresarse simbólicamente; es necesario un nuevo mundo de símbolos, por lo pronto el simbolismo corporal entero, no sólo el simbolismo de la boca, del rostro, de la palabra, sino el gesto pleno del baile, que mueve rítmicamente todos los miembros [...] [201].

Esta conexión de figuración poética y pensamiento en el lenguaje del *Zaratustra* recuerda en parte a los Presocráticos, e incluso a Platón, a quien nombra en conexión con el *Zaratustra*, a pesar de su acostumbrado antiplatonismo:

> cuán *poco* conozco a Platón y cuánto *platoniza* Zaratustra [202].

---

[198] «La más poderosa fuerza para el símbolo [...] resulta pobre [...] frente a este retorno del lenguaje a la naturaleza de la figuracion» (*EH*, p. 102).

[199] *EH*, 101-103; vid. S. de Bleckere, «*Also sprach Zarathustra*: die Neugestaltung der *Gerburt der Tragödie*», en *Nietzsche-Studien*, 8 (1979), pp. 270-290.

[200] *EH*, p. 70.

[201] *NT*, 2, pp. 49-50.

[202] Tarjeta a F. Overbeck, 22.10.1883, *KGB* III 1, 449.

Sorprende a primera vista esta alusión a Platón. ¿En qué sentido puede decir Nietzsche que Zaratustra «platoniza»? Ya en otra ocasión[203] Nietzsche remite a Platón para contraponerse a la tendencia irracionalista de su tiempo y defender el valor del pensamiento racional. Remite a la invención socrática de la razón y resalta que Platón liberara el pensamiento del peso de la costumbre, mediante la práctica de la lógica y de la dialéctica. Sócrates y Platón representan en este contexto un incremento del espíritu filosófico, un progreso del pensamiento, al abogar por el «arte divino» del diálogo, que consiste en el «juego de conceptos».

Pero eso no quiere decir que Nietzsche acepte la alternativa de la filosofía socrático-platónica, ni el pensamiento fundamentador, porque no debe olvidarse que «se perece, siempre que se va *a los fundamentos*»[204]. El Zaratustra no confía en el pensamiento discursivo, conceptual y lógico, ni propone programa alguno de explicación racional mediante pruebas y fundamentos. Por el contrario, utiliza predominantemente imágenes y metáforas, donde reina el libre ensayo.

De ahí que algunos hayan podido pensar que Nietzsche ha disuelto el lenguaje conceptual de la tradición metafísica en un «pensamiento neomitológico» (R. Berlinger); y que otros consideren el lenguaje nietzscheano como producto de un anhelo salvaje por ser original a cualquier precio, cuyo resultado sería que Nietzsche ya «no pertenece a la filosofía», dado que ha creado «una forma completamente diferente de discurso como antifilosofía» (G. Deleuze).

Y, sin embargo, a mi juicio, el lenguaje nietzscheano, incluso del *Zaratustra*, sigue siendo filosóficamente muy relevante y no constituye un regreso a un presunto pensamiento primitivo o prelógico. Su nuevo lenguaje presupone la *experiencia* del lenguaje discursivo y conceptual, pero se trata de un lenguaje filosófico con mayor *fuerza expresiva* que el tradicional. Un lenguaje lleno de potente significatividad, que despierta sentimientos y, a la vez, transmite pensamientos, puesto que tras sus imágenes y metáforas se esconden profundos *impactos*, que ponen en marcha la razón experiencial y sentiente.

No obstante, la relación entre imagen y pensamiento es complicada. Ya Fink advirtió que, aunque no lo parezca, las imágenes no son más fáciles de entender que los conceptos. Por ejemplo, en el

---

[203] *Aurora* 544.
[204] *KGW* VIII 11 (6).

Zaratustra, todo son dificultades a la hora de entender la conexión existente entre las imágenes, dado que no sigue el habitual orden de fundamentación lógica, sino una peculiar forma poética de *dar sentido* mediante símbolos figurativos, cuyo contenido resulta conceptualmente inconcebible.

Las posibles relaciones de esta nueva forma de *unidad* del pensamiento con las ofrecidas por la hermenéutica (la unidad *vital* de Gadamer, la unidad de *trama* de Ricoeur) y por la filosofía de Zubiri (las diversas formas de unidad en virtud de la libre *creación* de la razón sentiente) todavía darán mucho que pensar.

II. NIETZSCHE Y LA HERMENÉUTICA CONTEMPORÁNEA

El recorrido anterior nos ha mostrado casi en cada punto el tránsito nietzscheano desde el criticismo de origen kantiano a la hermenéutica. Nietzsche es una vía para introducir cierto criticismo en la actual hermenéutica. Se perfila así otro estilo de pensamiento hermenéutico —distinto del heideggeriano y gadameriano—, al que cabría denominar «hermenéutica crítica», y que, a su vez, difiere también de la que nos ofrecen K. O. Apel y P. Ricoeur.

Pues, en vez de hermenéutica transcendental o hermenéutica simbólica, encontramos en Nietzsche otra inspiración crítica, que incorpora las dimensiones biológica, pragmática y semiótica del sentido vital, e intenta llegar al fondo de la capacidad interpretadora de los individuos humanos.

Estos aspectos hermenéuticos de la filosofía de Nietzsche se detectan desde sus primeras obras de carácter filológico hasta el tardío legado póstumo. A fin de comprender mejor su valor específico en el contexto plural de la filosofía hermenéutica contemporánea, dedicaremos los capítulos de esta segunda parte a exponer algunas de sus más destacadas aportaciones.

7. EL MÉTODO DE LA INTERPRETACIÓN

Nietzsche forma parte de un grupo de pensadores que ha dado prioridad a una concepción de la filosofía que incorpora la vida del sujeto humano en la reflexión y se atreve a plantear «el enigma de la vida y del mundo»[1]; una filosofía que ya no puede entenderse *desde la ciencia*, sino *desde la vida*.

Una de las características básicas de esta modalidad de pensamiento, al que se ha denominado «hermenéutico», es haber instaurado la «interpretación como método filosófico». Con este método, por

---

[1] W. DILTHEY, *Gesammelte Schriften,* Bd. 4, p. 211; Bd. 5, p. 369; cfr. H.-G. GADAMER, *Verdad y método,* Sígueme, Salamanca, 1977; y también D. GRACIA, *Voluntad de verdad,* Labor, Barcelona, 1986, p. 84.

ejemplo, Dilthey pretendió ofrecer una interpretación de la vida desde sí misma y una concepción del mundo.

El método nietzscheano de la interpretación prolonga el criticismo moderno, pero transformándolo en una hermenéutica de carácter genealógico, que estudia el origen del pensamiento y la fuente de los valores que pone en juego la vida. Se pone así en marcha una «historia genética» (*Entstehungsgeschichte*), que incorpora una *crítica de los valores*.

La conversión del criticismo en hermenéutica realizada por Nietzsche ha sido considerada como otro *Discurso del método*[2], del nuevo método genealógico, en el que se armonizan el juego creativo de la interpretación perspectivista y el rigor metódico. En un principio, fue el método de una nueva forma de practicar la *filología*, en la que se combinaron el rigor metódico y la *flexibilidad creativa*.

La «*duda*» metódica se convirtió en «*sospecha*» en torno a las diversas perspectivas de valor y las motivaciones; y se planteó la cuestión siguiente: ¿cómo descubrir el *origen del valor* y cómo evaluar ese transfondo?

Inicialmente no parece que el riguroso método filológico en el que se formó Nietzsche pudiera aportar una respuesta prometedora. Sin embargo, ya su peculiar modo de entender la filología preludia su ulterior estilo de filosofía; dado que puso en práctica una filología interesada en la educación y en la crítica cultural de los valores.

En su obra *El nacimiento de la tragedia* encontramos ya el modelo de esa nueva filología, basada en la interpretación transvaloradora[3], que fue rechazada por los especialistas de su época, interesados como estaban sobre todo en la objetividad científica y en la práctica de métodos rigurosos para reproducir escrupulosamente lo que decía un autor en un texto. Nietzsche rechaza la unilateralidad de esa filología académica, a la que caracteriza, en el mejor de los casos, como «el arte de leer correctamente», pero incapaz de dar cuenta de la rica ambigüedad y multiplicidad de los significados de los textos. Con la intención de superar esta deficiente unilateralidad Nietzsche pone en marcha una concepción transvalorada de la filología, que caracteriza como «el arte de leer *bien*».

---

[2] A. Camus, *El hombre rebelde*, p. 82: «el *Discurso del Método* de su época», del «método de la rebelión».

[3] «*El nacimiento de la tragedia* fue mi primera transvaloración de todos los valores» (*CI*, p. 136). Cfr. al respecto *Nietzsche y la polémica sobre El nacimiento de la tragedia,* edición de Luis de Santiago, Ágora, Málaga, 1994.

A partir de 1885-1886 se constata esta nueva concepción de la filología, donde el filólogo se presenta como maestro de la «lectura lenta», «orífice de la palabra», y la filología como «un arte de orfebrería», un «trabajo sutil y delicado», que consiste en «leer bien», «despacio», «con profundidad», para lo cual se requiere un prolongado «rumiar»[4].

Nietzsche aplica sus exigencias del «arte de leer bien» a las interpretaciones teológicas del cristianismo, por ejemplo, del Nuevo Testamento respecto al Antiguo Testamento[5]. En el aforismo «*La filología del cristianismo*» los criterios en los que se basa la interpretación son, para Nietzsche, la honestidad y la justicia. Las exigencias de honestidad y justicia requieren mantener separado el texto de su interpretación, porque, de lo contrario, el texto puede desaparecer bajo una mala interpretación[6]. Ahora bien, aunque esto parece entrar en contradicción con el carácter perspectivista de la interpretación — que parecía permitir un juego creativo—, sin embargo la interpretación filológica parece reclamar rigor metódico y atenimiento al texto.

Mantener la apertura perspectivista de la interpretación y, a la vez, la exigencia de rigor metódico en la comprensión de un texto (para no falsificarlo mediante la interpretación), por tanto, la simultánea exigencia nietzscheana de lo que significa el perspectivismo y la buena filología, según A. D. Schrift, anticipa el dilema entre relativismo y dogmatismo; un dilema que ahora se plantea ya dentro del proceso de la interpretación.

El método de la interpretación que surge de la genealogía nietzscheana constituye un enfoque que ha de poner en juego tanto el perspectivismo como la disciplina filológica. *Rigor filológico* y *perspectivismo* hacen juego dentro de la genealogía nietzscheana, en la medida en que, sin necesidad de seguir la disciplina filológica convencional (la «corrección» como criterio interpretativo), la genealogía podría atenerse al texto y permitir una pluralidad de interpretaciones manteniendo un estándar, que permitiera el discernimiento crítico entre las interpretaciones en competencia.

---

[4] Cfr. los prólogos a *NT, HDH* I, *HDH* II; *Aurora* (pról. 5) y *GM* (pról. 8); y, para lo que sigue en este apartado, especialmente el estudio de A. D. Schrift, «Between Perspectivism and Philology: Genealogy as Hermeneutic», en *Nietzsche-Studien*, 16 (1987), pp. 91 ss.
[5] *AC* 52; *MBM* 52.
[6] *Aurora* 84; *MBM* 38; *KGW* VIII 3, 15 (82).

Consideremos un ejemplo en que se muestra el funcionamiento hermenéutico de la genealogía nietzscheana. Nietzsche considera que es «malo» el método filológico practicado por la teología cristiana, porque al apropiarse del Antiguo Testamento y reinscribir su mensaje en otro estilo, el del Nuevo Testamento, lo desnaturaliza. En cambio, Nietzsche valora muy positivamente un proceso interpretativo análogo, el de la «traducción» que Roma hizo de Grecia[7]. En ambos casos se trata de una *apropiación creativa* y, sin embargo, Nietzsche admira lo que resulta de la apropiación romana de Grecia y, califica la apropiación cristiana del Antiguo Testamento de «gran falsificación literaria», montada sobre una «falsificación histórica». No trata por igual, ni aplica el mismo canon, a la interpretación romana y a la cristiana.

Queda claro en este ejemplo que, para determinar el valor genealógico de una interpretación, no es suficiente ni la creatividad de la apropiación, ni tampoco, por supuesto, la corrección en la reproducción interpretativa.

Las diferentes evaluaciones que Nietzsche efectúa de las dos instancias de interpretación (la cristiana y la romana) remiten, más bien, a «*hipótesis genealógicas*» sacadas a partir de los diferentes *estilos de interpretación*, que presuntamente están operando en los respectivos procesos de apropiación del pasado: la de los romanos que tienen una noble cultura con gran estilo y la de los cristianos que están guiados por instintos decadentes y perjudiciales. Esta diferencia en el estilo interpretativo («grande» versus «decadente») revela una *distinción genealógica* fundamental entre lo que favorece el «crecimiento de vida» o, por el contrario, la «negación de vida».

La genealogía parece ocupar así un lugar intermedio entre las exigencias interpretativas de la *disciplina* filológica y la *creatividad* perspectivista[8]. El análisis genealógico de Nietzsche se convierte en una auténtica labor hermenéutica, y así como el orfebre conoce los límites de su material, igualmente el filólogo conoce los límites del texto.

No existe ningún sistema de reglas que rija el proceso de interpretación, sino una tensión entre creatividad y ajustamiento, un reconocimiento de que la invención del sentido responde al texto. Aquí entra en juego una forma hermenéutica de entender la «objetividad»,

---

[7] Cfr. *GS* 83; *AC* 26 y 46.
[8] Cfr. A. D. Schrift, «Between Perspectivism and Philology».

que nos advierte del carácter perspectivista y axiológico de toda actividad interpretadora[9].

Sin embargo, esa ambigüedad de la hermenéutica genealógica no constituye una actitud relativista, ya que mantiene un estándar para evaluar las interpretaciones. El ejemplo expuesto muestra que, adoptando el *criterio del crecimiento de la vida*, pueden distinguirse interpretaciones «mejores» y «peores». A comprender este equilibrio entre perspectivismo y filología ayuda el ejemplo de la danza[10], en la que se combinan el rigor para seguir reglas y la flexibilidad creativa, es decir, el *método* y la *creación*.

Ahora bien, este método hermenéutico no rebasa el orden de la *apariencia*[11], y, en la tradición filosófica, «apariencia» no se contrapone simplemente al ser, sino al «verdadero ser»; es aquello que no es verdadero, pero *es*. Por eso, según Nietzsche, vivimos en un *mundo de apariencias*, en el que sólo contamos con fuerzas, gestos y signos.

Todo lo que se comunica *como* verdad, en la medida en que ha debido ser «arreglado» y gramaticalizado, es apariencia. Cualquier conformación o imposición de formas implica producir apariencias. Quien quiere algo, tiene que querer la apariencia.

> Lo contranatural de la sabiduría se manifiesta en [...] querer conocer donde la apariencia es precisamente la salvación — ¡qué inversión, qué instinto de nada![12].

En consecuencia, el pensamiento no se moverá —como creían los racionalistas clásicos— entre certezas sino entre ambigüedades: «no se toma como algo inmediatamente cierto sino solamente como un *signo*, un signo de interrogación»[13]. Con lo cual la clarificación de los pensamientos no seguirá un orden lógico, sino que sólo podrá lograrse a través de algo parecido a un *juego de interpretaciones* y remisiones, es decir, a través de un camino *hermenéutico*.

El pensamiento ha de interpretarse como «síntoma» del «auténti-

---

[9] *GM* III, 12.
[10] *HDH* I, 278; cfr. A. D. Schrift, art. cit.
[11] Cfr. J. Simon, «Der gewollte Schein. Zu Nietzsches Begriff der Interpretation», en M. Djuric y J. Simon (Hrsg.), *Kunst und Wissenschaft bei Nietzsche,* Wurzburgo, 1986, pp. 62-74.
[12] *KGW* VIII 2 (119); VII 34 (249).
[13] *KGW* VII 2, 171 s: 26 (92).

co acontecer»[14], como expresión del mundo «interior» de los afectos: «el pensamiento no es todavía el acontecer interior mismo, sino igualmente sólo un lenguaje de signos»[15]. Su significado resulta de las fuerzas que lo producen, no de las conexiones lógicas que *hacen* abstracción del mundo afectivo y volitivo.

¿Consiste, entonces, el pensamiento en «una mera semiótica», que «no designa nada real»?[16] ¿Se mueve el pensamiento en un mundo de signos lingüísticos, de remisiones sin fin, de donde surge una infinidad de significados, en un continuo proceso de interpretación?

La invención del mundo de los signos tiene, por lo menos, una doble función: 1) permite el «entendimiento mutuo» y 2) sirve para *reducir la complejidad de la experiencia*. No debería pasar desapercibido que, mediante esta reducción de las experiencias a signos, aumenta la capacidad para dominar y adueñarnos cada vez de más cosas.

> La reducción de las experiencias a *signos*, y la siempre mayor cantidad de cosas que puede ser captada: es su *fuerza suprema*[17].

Ahora bien, además de las anteriores funciones, no debe olvidarse que el mundo semiótico es *«pura "apariencia y engaño"»*, el reino de la pseudocracia y del falseamiento, al que se ve confinado el pensamiento. De modo que la interpretación misma consistirá en un proceso de falseamiento y de engaño. Se descubre así la *dimensión universal de la falsedad y la mentira*, asunto que veremos con más detenimiento en el capítulo siguiente sobre las «máscaras del demonio».

Pero, entonces, ¿por qué el pensamiento ha buscado tan persistentemente la verdad? Pues porque el hombre ha valorado más la «verdad» que la «apariencia» y se ha olvidado del proceso originario de *interpretación transvaloradora*.

> Se ha *olvidado* siempre el asunto principal: ¿por qué quiere el filósofo *conocer*? ¿Por qué *valora* la «verdad» más que la apariencia? *Esta evaluación* es más antigua que todo *cogito, ergo sum*: incluso presupuesto el proceso lógico, hay algo en nosotros que lo *afirma* y *niega* su contrario.

---

[14] *KGW* VIII 1, 22: 1 (61).
[15] *KGW* VIII 1, 13: 1 (28).
[16] *KGW* VIII 3, 50: 14 (79); 38 (14).
[17] *KGW* VII 3, 184: 34 (131).

¿Desde dónde la preferencia? Todos los filósofos han olvidado explicar *por qué* ellos valoran lo verdadero y lo bueno, y nadie ha intentado ensayar lo contrario[18].

8. LAS MÁSCARAS DEL DEMONIO: ¿INTERPRETACIÓN O TRANSVALORACIÓN?

Aunque ya va siendo más habitual insertar a Nietzsche en el ámbito del pensamiento hermenéutico, no ha sido fácil lograrlo; y, por mi parte, quisiera además contribuir a corregir una doble insuficiencia que se ha producido en este contexto.

En primer lugar, es preciso superar el fallo inicial de prestigiosos hermeneutas, como por ejemplo Gadamer, quien en *Verdad y método* todavía no incluía a Nietzsche en su capítulo dedicado a los «Preliminares históricos de la hermenéutica». Hay que llenar este vacío, para situar decididamente a Nietzsche donde le corresponde en el debate filosófico actual, es decir, en la hermenéutica. Por consiguiente, el camino de la hermenéutica contemporánea no cuenta, a mi juicio, con un único punto de partida en *Schleiermacher*, sino que este enfoque ha de completarse con el que nos aporta *Nietzsche*.

En segundo lugar, urge corregir también ciertas interpretaciones actuales de la filosofía de Nietzsche, que se mueven ya en el ámbito hermenéutico, pero que, a mi juicio, no han acertado a poner de relieve la radicalidad de la *crítica* nietzscheana, ni tampoco la especificidad de su peculiar *filosofía práctica* dentro de la hermenéutica contemporánea. Y, en este sentido me parece especialmente iluminador reflexionar acerca del significado de la expresión nietzscheana «*las máscaras del demonio*», si queremos comprender la contribución de Nietzsche a la filosofía hermenéutica actual.

La hermenéutica como «historia genealógica» en Nietzsche nos proporciona otro modo de acceder a la racionalidad y a la realidad mediante el descubrimiento de dimensiones olvidadas o silenciadas de la experiencia humana. Si Kant realizó una crítica de la razón pura y encontró un tribunal para dirimir los conflictos de la razón, Nietzsche apelará a otras instancias desde las que promoverá una *hermenéutica crítica de la razón impura o experiencial*.

---

[18] *KGW* VII 2, 105: 25 (372); VII 3, 364: 40 (10); VIII 2, 28: 9 (60).

¿Qué papel desempeñan en este contexto nietzscheano las denominadas «máscaras del demonio»? ¿Qué significan tales términos y para qué se usan en la genealogía nietzscheana? ¿Qué relación guardan con su propósito de una transvaloración de todos los valores y con «El Anticristo»? ¿Cuál es su sentido «político»? ¿En qué consiste la transvaloración del «demonio»?

Pienso que el esclarecimiento del sentido y función del «demonio» y de sus máscaras contribuirá a profundizar en el alcance de la hermenéutica nihilista de la experiencia radical del mundo vivido. El tratamiento de este tema a partir de «*las máscaras del demonio*» es un paso más para esclarecer la especificidad de la hermenéutica nietzscheana [19]: la interpretación transvaloradora.

El problema básico de la hermenéutica es la interpretación y ésta adquiere en Nietzsche un significado universal, ya que va más allá de la exégesis de los textos. Para Ricoeur, fue Nietzsche quien sacó el concepto de la interpretación de la filología y lo introdujo en la filosofía, con tal fuerza, que la filosofía entera se ha convertido en «interpretación» [20]. En Nietzsche acontece, pues, la *transformación hermenéutica* de la filosofía con todas sus consecuencias.

Por eso llama la atención que el recurso a Nietzsche no constituyera un aspecto relevante, por ejemplo, en la discusión de la obra fundamental de Gadamer [21]. Y, por otra parte, aunque el tema de la interpretación —básico en el enfoque hermenéutico— ya fue puesto de relieve en los estudios de Jaspers, Heidegger, Fink y Löwith, sin embargo ninguno de ellos desarrolló sistemáticamente esta problemática hermenéutica como tal.

Ha sido J. Figl [22] quien se ha destacado por su tratamiento del problema de la interpretación en relación simultáneamente con la obra de Nietzsche y la filosofía hermenéutica contemporánea. Pues, a su juicio, toda la filosofía de Nietzsche fue «una reflexión sobre la interpretación como proceso básico» y «se entendió a sí misma como interpretación». Este enfoque ha sido impulsado polifacéticamente también por otros investigadores como W. Müller-Lauter, J. Simon, G. Abel, V. Gerhardt, etc.

---

[19] Vid. J. CONILL, *El crepúsculo de la metafísica,* Anthropos, Barcelona, 1988, cap. 6; *El enigma del animal fantástico,* Tecnos, Madrid, 1991, caps. 4, 5 y 8.
[20] P. RICOEUR, *Acerca de la interpretación,* Siglo XXI, Buenos Aires, 1965.
[21] Cfr. *Hermeneutik und Ideologiekritik,* Francfort, Suhrkamp, 1971.
[22] J. FIGL, *Interpretation als philosophisches Prinzip,* Gruyter, Berlín, 1982.

Los aspectos hermenéuticos de la filosofía de Nietzsche se detectan desde sus primeras obras (su nueva filología)[23] hasta el último *Nachlass*. El pensamiento nietzscheano no sólo hace juego con la conciencia histórica de la hermenéutica, sino que constituye la *inspiración fundamental de su giro ontológico*. El método de la interpretación desde Nietzsche alumbra la hermenéutica ontológica más radical, la heideggeriana «hermenéutica de la facticidad»[24]. Creo que tiene razón Gadamer al afirmar que «el verdadero precursor de la posición heideggeriana en la pregunta por el ser [...] no podía ser ni Dilthey ni Husserl, sino en todo caso Nietzsche. Puede que Heidegger mismo sólo lo comprendiera más tarde»[25].

Nietzsche constituye la *inspiración del giro hermenéutico y ontológico*: una fuente de la renovación del problema del ser desde el tiempo, del análisis del mundo vital y de la fundación del sentido, del análisis radical de la experiencia humana. La cuestión, pues, es ahora mostrar algunas peculiaridades de la hermenéutica de Nietzsche.

Una vez situado Nietzsche dentro de la hermenéutica, entra inmediatamente en litigio con otras formulaciones de la misma, por ejemplo, con la gadameriana. Como se sabe, la pretensión de universalidad de la hermenéutica gadameriana está fundada en el lenguaje: se trata de un giro «ontológico-lingüístico» en la hermenéutica, como se echa de ver sobre todo en la parte 3.ª de *Verdad y método*: «giro ontológico de la hermenéutica siguiendo el hilo conductor del lenguaje».

Pero este concepto de filosofía hermenéutica, basado en la universalidad del lenguaje, queda relativizado por las reflexiones nietzscheanas sobre el acontecer de la interpretación, en la medida en que en él el lenguaje es sólo un esquema, «sólo» una interpretación. Por tanto, la hermenéutica gadameriana no tiene la radicalidad que pretendía, si se la compara con el pensamiento hermenéutico de Nietzsche.

Hace falta, pues, abrirse a otras dimensiones de la experiencia hermenéutica. Según Figl, es precisamente en Heidegger donde se encuentra un concepto ontológico auténticamente universal de la hermenéutica y de la interpretación, porque Heidegger desarrolla su hermenéutica primordialmente *desde el ser*: aquí la hermenéutica no es primariamente lingüística, sino ontológica. De ahí que, según Figl, se

---

[23] J. FIGL, «Hermeneutische Voraussetzungen der Philologischen Kritik», en *Nietzsche-Studien,* 13 (1984), pp. 111-128.
[24] H.-G. GADAMER, *Verdad y método,* Sígueme, Salamanca, 1977, p. 322.
[25] Ibíd., p. 323.

abra un horizonte auténticamente universal en el enfoque hermenéutico de Heidegger.

Aunque, claro está, atendiendo la indicación del propio Heidegger, no deberíamos olvidar que, para «apresar el *ser* de los entes», «faltan no sólo en los más de los casos las palabras, sino ante todo la *gramática*»[26].

Parece, pues que es en este contexto donde hay que situar la hermenéutica —que se propone Nietzsche— de una «interpretación de todo acontecer». Estos términos, literalmente nietzscheanos, aparecen por vez primera en el subtítulo a la «Voluntad de poder», en el verano de 1885: «La voluntad de poder. Ensayo de una nueva interpretación de todo acontecer»[27].

Lo que desde el comienzo parece claro es que el concepto de «interpretación», que aparece en el texto, tiene sentido universal, ya que se trata de una nueva interpretación global. La «voluntad de poder» sirve para interpretar la realidad entera: «el victorioso concepto "fuerza" [...] requiere todavía una complementación: tiene que atribuírsele un mundo interior, que yo denomino "voluntad de poder"»[28].

La amplitud de la «voluntad de poder» es patente, así como su carácter de interpretación: «*Este mundo es la voluntad de poder —¡y nada más!*»[29]. Se trata de una comprensión de la realidad entera, una «interpretación de todo acontecer».

Y se trata de una «interpretación», no de una explicación, expresado con conciencia metódica, puesto que a la fórmula «interpretación, no explicación» se añade la siguiente observación: «Para la doctrina del método»[30]. Nietzsche propone el principio de la interpretación como nuevo método, por consiguiente, incluso las explicaciones (por ejemplo, la comprensión mecanicista de la realidad) no son más que «interpretaciones del mundo»[31].

La «nueva interpretación» de Nietzsche tiene ciertas peculiaridades, alguna de las cuales voy a destacar porque introduce una radica-

---

[26] M. HEIDEGGER, *Ser y tiempo,* FCE, México, 1962 (2.ª ed.), p. 49.
[27] *KGW* VII 3, 349: 39 (1). Cfr. M. MONTINARI, «Nietzsches Nachlass von 1885 bis 1888 oder Textkritik und Wille zur Macht», en J. SALAQUARDA (Hrsg.), *Nietzsche,* Darmstat, 1980, pp. 323-349; Nietzsche nombra este título otras veces: p.e., *KGW* VII, 3, 361: 40 (2); VIII 1, 15: 1 (35).
[28] *KGW* VII 3, 287: 36 (31).
[29] *KGW* VII 3, 399: 38 (12); cfr. *MBM,* § 36, p. 62.
[30] *KGW* VIII 1, 90: 2 (70).
[31] *KGW* VII 3, 288: 36 (34).

lidad hermenéutica insospechada, que según J. Figl, consituye una «ontología nihilista» radical [32].

Nietzsche propone una alternativa hermenéutica: «hacer el ensayo de una manera *totalmente diferente* de interpretación» [33]. «Ahora yo traigo una nueva interpretación, una [interpretación] "amoral"» [34].

Como, a su juicio (frente a los que considera «superficiales»), la moral dependía del concepto de Dios, con su derrumbamiento cae también la moral: «la interpretación moral ha caducado a la vez que la interpretación religiosa». Y por eso Nietzsche se plantea la cuestión de «en qué medida con "Dios" ha caído también la moral habida hasta ahora», porque «ellas [interpretación moral y religiosa] se mantenían recíprocamente» [35]. En este contexto se encuentran frases como la siguiente: «la refutación de Dios, propiamente sólo está refutado el Dios moral».

Nietzsche está proponiendo de este modo una hermenéutica alternativa, según Figl de carácter nihilista, frente a todas las interpretaciones anteriores del mundo; una hermenéutica que sospecha de que en el fondo de todas las cosas hay un «demonio engañador». Y, si bien «Dios está refutado», «el demonio no» [36].

Hay una serie de notas alrededor de la citada, que dan a entender que con el concepto de lo diabólico debe designarse el rasgo esencial de lo engañoso, incluso de lo fraudulento, en todas las cosas. Con esta interpretación del fondo de la realidad Nietzsche se está oponiendo a la argumentación cartesiana: «*Punto de partida*. Ironía contra Descartes: supuesto que hubiera en el fondo (*Grund*) de las cosas algo fraudulento, de lo que proviniéramos, ¡qué ayudaría *de omnibus dubitare*! Podría ser el más precioso medio de engañarse a sí mismo. Además: ¿es posible?» [37].

Aquí aparece como alternativa hermenéutica la posibilidad de un demonio engañador: se trata de una «inversión de Descartes» por parte de Nietzsche, como queda expresado en la frase que sigue a la anteriormente citada «Dios está refutado, el demonio no» y que Figl

---

[32] Cfr. para todos estos contextos J. FIGL, *Interpretation als philosophisches Prinzip,* pássim.

[33] *KGW* VII 3, 355: 39 (14).

[34] *KGW* VII 3, 356: 39 (15). Cfr. J. CONILL, «Kant y Nietzsche. Crítica de la ontología moral», en *Kant después de Kant,* ed. de J. Muguerza y R. Rodríguez, CSIC/Tecnos, Madrid, 1989, pp. 462-477; y A. CORTINA, *Ética sin moral,* Tecnos, Madrid, 1990.

[35] *KGW* VII 3, 356: 39 (15); y 354-355: 39 (14).

[36] *MBM,* § 37 (p. 63).

[37] *KGW* VII 3, 354: 39 (13).

pone de relieve para subrayar el carácter nihilista de la alternativa ontológica de Nietzsche: «[...] y todas las funciones divinas forman parte de su ser: lo contrario no funcionó»[38].

En esta nueva hermenéutica todo lo que era divino queda remitido a un fondo diabólico; y de ahí las expresiones de asombro del propio Nietzsche ante la inversión producida: «la divinización del diablo ¡cómo sucedió esta ilusión celestial!»[39]. Y en este mismo fragmento se encuentra una observación que tal vez nos dé la clave de interpretación de su alternativa hermenéutica (según Figl, de su ontología nihilista): «*las máscaras del demonio*».

A la vista de estas formulaciones en que se expresa la alternativa hermenéutica nietzscheana, podríamos decir que, si Feuerbach bajó el cielo a la tierra y humanizó lo divino, Nietzsche se arriesgó todavía más peligrosamente: *bajó a los infiernos y diabolizó lo divino.*

La metamorfosis de lo divino en diabólico puede tener el sentido de una mascarada, una vez descubierto el fondo engañador de todas las cosas; los más grandes conceptos y los supremos valores no son más que «máscaras del demonio». He ahí la expresión de «falseamiento radical» que late en el fondo de todas las interpretaciones del acontecer.

Las frases y expresiones que estamos considerando contribuyen a que entendamos mejor el fondo de afirmaciones como la siguiente: «no hay cosas en sí, tampoco conocimiento absoluto, el carácter perspectivista, engañoso, pertenece a la existencia»[40]. La trama del mundo en que vivimos está hecha de «apariencia y engaño». Y es que un «engañoso, burlón y embaucador» demonio invade todas las cosas. Por eso Nietzsche exige ser más radical que Descartes y desprenderse de cualquier presunto punto arquimédico.

> Descartes no es para mí lo suficientemente radical. Ante su exigencia de tener algo seguro y de «no quiero ser engañado» hay necesidad de preguntarse «¿por qué no?»[41].

Nietzsche se sitúa así ante el abismo del carácter universal del falseamiento en la interpretación. Desde aquí se comprende su radical transvaloración de la verdad y la «voluntad de aparien-

---

[38] *KGW* VII 3, 355: 39 (14).
[39] *KGW* VII 3, 352: 39 (8).
[40] *KGW* VII 3, 180: 34 (120).
[41] *KGW* VII 3, 369 ss.: 40 (10).

cia»[42]. Nuestro mundo es un mundo de «apariencia y engaño», donde impera lo falseado (la «pseudocracia»[43]). La interpretación consiste en un acontecer procesual del falseamiento y engaño; y por eso es imposible alcanzar la verdad y la realidad, porque estamos inmersos en el *reino de la falsedad.* El afán por lograr la verdad y alcanzar la realidad proviene de otros valores distintos de los de la verdad en sí misma, que la genealogía de la razón se encarga de desentrañar, como son el interés vital y la utilidad. Se descubre una tensión aporética entre la vida y la verdad, que tiene su razón en el hecho de que la interpretación se concibe como una falsificación necesaria, que se mueve en el ámbito de la mentira, de la apariencialidad y del sentido. Pues la interpretación se restringe a la apariencia y a las perspectivas.

Este carácter perspectivista del acontecer interpretativo cambia radicalmente la noción de «realidad», como queda patente en algunos textos como los que siguen[44]:

> La *realidad* consiste exactamente en esta acción y reacción particulares de todo individuo enfrentado al todo [...]
> La oposición del mundo aparente y el mundo verdadero se reduce a la oposición «mundo» y «nada».
>
> N.B. *Apariencia*, como yo lo entiendo, es la verdadera y única realidad de las cosas [...]. No opongo, pues, «apariencia» a «realidad», sino que inversamente tomo la apariencia como la realidad [...]. Un nombre determinado para esta realidad sería «la voluntad de poder», al caracterizársela, desde dentro [...].

Así pues, la única realidad que Nietzsche parece aceptar es la de la apariencia y por consiguiente el carácter perspectivo «pertenece a la esencia», cuyo fondo se encuentra en los procesos de la voluntad de poder. No hay un mundo en sí, sino un «mundo de relación», siempre diferente desde cada perspectiva y su determinante «medida de poder». «*Falta* la "esencia"». «No hay cosas en sí, tampoco cono-

---

[42] J. SIMON, «Der gewollte Schein. Zu Nietzsches Begriff der Interpretation», en M. DJURIC y J. SIMON (Hrsg.), *Kunst und Wissenschaft bei Nietzsche,* Wurzburgo, 1986, pp. 62-74.
[43] I. GONZÁLEZ FAUS, «Crítica de la razón occidental», en *Sal Terrae,* marzo de 1991, pp. 251-259.
[44] *KGW* 14 (184) y 40 (53).

cimiento absoluto, el carácter perspectivista, engañoso, pertenece a la existencia»[45].

Este peculiar «perspectivismo ontológico», subraya la línea que veníamos trazando de la —por Figl— denominada «ontología nihilista» de Nietzsche. La falsedad y el engaño conciernen a la totalidad del mundo. La mentira forma parte irremediablemente de nuestra vida, porque «tenemos necesidad de la mentira» y a tal efecto contamos con la capacidad artística por excelencia propia del hombre, que constituye «un pedazo de *genio de la mentira*»[46].

El propio Nietzsche expresa en algún fragmento «el horror por la "falsedad" descubierta»:

> *Diario del nihilista...* ¿si no es la mentira algo divino?... ¿si no se basa el valor de todas las cosas en que son falsas?... ¿si no es la desesperación meramente la consecuencia de una fe en la *divinidad de la verdad* si justamente el *mentir* y *falsear* [...] no es poner-sentido un valor, un sentido, una finalidad si no se debería creer en Dios, no porque sea verdad (*sino porque es falso*)?[47].

Nietzsche descubre a través de su hermenéutica la hegemonía de la falsedad como *alternativa nihilista práctica*. «La afirmación de la vida — esto significa afirmar la mentira»[48]. Porque no hay otro modo de poner sentido más que mintiendo a partir de perspectivas simplificadoras y falseadoras, es decir, al interpretar estableciendo valoraciones y significaciones en el orden de la apariencia.

El reconocimiento de esta «verdad», haber desvelado el sentido nihilista radical del proceso que acontece en la interpretación, supone dar un paso hermenéutico muy importante de enormes repercusiones teóricas y prácticas, porque parece tocar la raíz misma de la vida:

> *Admitir la no-verdad como condición de la vida*: esto significa, obviamente, deshacerse de una manera espantosa de los acostumbrados sentimientos valorativos [...][49].

La comprensión de la tensión entre vida y verdad sólo se comprende si se llega al fondo de donde surgen las valoraciones y se es

---

[45] *KGW* VIII 1: 7 (1); 34 (120).
[46] *KGW* VIII 2, 435: 11 (415).
[47] *KGW* VIII 2, 381 ss.: 11 (327).
[48] *KGW* VII 2, 33: 25 (101).
[49] *KGW* VII 3, 249: 35 (37).

capaz de *cambiar de «sentimientos valorativos»*. Ahora bien, ante semejante «verdad» y su «máximo peligro» «es menester no "desangrarse"», sino poner en funcionamiento los «*instintos creativos*» más potentes, que son «las madres» de los sentimientos valorativos. Se trata de «las madres del ser»: «Ilusión, Voluntad, Dolor», que Nietzsche calificó antes de «Madres de la tragedia» y después de «abismos de la tragedia»[50].

La vida nos sumerge en un mundo donde percibimos un nuevo sentido de la «verdad», ya que estamos en el *reino de la mentira*: «la mentira es el poder» y «la mentira (se entiende) como suplemento del poder»[51]. La verdad tal como era entendida necesitaba el soporte del Dios moral; una vez refutado el Dios moral, deja de tener sentido tal forma de entender la verdad y «es lícito preguntar si no forma parte de las condiciones de vida ser engañado»[52].

Esta «verdad reconocida», introducida por Nietzsche, es difícil de soportar, porque nos hace ver en el fondo de todas las cosas el sufrimiento, el dolor, el engaño y la mentira.

La verdadera crítica se ha transformado en una *hermenéutica genealógica* que reconoce la universalidad del poder y de la mentira. Y por eso nos ha descubierto el juego de las «máscaras del diablo» como realidad y el «amor al poder» como el «carácter», el «*daimon*» del hombre y su «destino». Pero ese destino, cuyo impulso proviene de la voluntad de poder, está en armonía trágica con la *libertad*, porque «el ansia más terrible y más fundamental del hombre», «su impulso en busca de poder», la voluntad de poder, el amor al poder, se llama —según Nietzsche— «libertad».

Si «la mentira es el poder» y su manifestación «las máscaras del demonio», ¿existe alguna otra forma de liberación o es éste el *daimon*, el carácter y destino, del hombre?

La radicalidad de esta hermenéutica nietzscheana debe entenderse, a mi juicio, a la luz de dos peculiaridades. La primera tiene que ver con su «hilo conductor»: el *cuerpo*; y la segunda, con el *carácter transvalorador* de la misma.

No puede olvidarse que una peculiaridad de la hermenéutica genealógica de Nietzsche consiste en que no se rige por el *lenguaje*,

---

[50] Vid. el comentario de Andrés SÁNCHEZ PASCUAL en nota 204, p. 271, con respecto a p. 164 de *El nacimiento de la tragedia*.
[51] *KGW* VIII 3, 233: 15 (45).
[52] *KGW* VII: 36 (30).

ni por el *ser*, sino que su «hilo conductor» está en el *cuerpo*[53]. Con lo cual se esclarece el fondo de donde derivan diferencias básicas con otros modos de pensar hermenéuticos, como los de Heidegger, Gadamer, Ricoeur y Apel, por ejemplo.

La hermenéutica alternativa de Nietzsche introduce un nuevo comienzo que se enfrenta a la hegemonía de la *conciencia* y del *lenguaje*, tan típica de la filosofía moderna y contemporánea. La hermenéutica *desde el cuerpo* descubre otra raíz y desde ahí ha podido hablarse, por tanto, de otro discurso del método a partir de Nietzsche, que daría como fruto una filosofía del cuerpo frente a las hegemónicas filosofías de la conciencia y del lenguaje. La nueva hermenéutica partirá de los procesos de interpretación que acontecen en el cuerpo, porque «nuestro cuerpo es más sabio que nuestro espíritu»[54]. Estos procesos de interpretación surgen de una «fuerza creadora» que inventa, de un «hacer» que genera «nuestras posibilidades». Porque antes de construir conceptos y formular juicios el ser humano es creador de formas a partir de una «actividad intelectual» corporal, prelógica, que «construye formas y ritmos», siguiendo en todo caso algo así como una «gramática del cuerpo»[55].

La segunda peculiaridad de la hermenéutica nietzscheana consiste en que con su nueva interpretación lo que Nietzsche propone no es meramente una interpretación en el sentido intelectualista, sino que se trata más bien de una *transvaloración*. Y esta cuestión tiene una gran importancia para entender la peculiar contribución nietzscheana a la actual racionalidad hermenéutica y política[56].

En la última etapa de la producción nietzscheana se constata una explícita conversión de la interpretación en transvaloración. Nietzsche cambió su proyecto inicial de una obra con el título *La voluntad de poder* y subtítulo *Ensayo de una nueva interpretación de todo*

---

[53] Entre nosotros, P. LAÍN ENTRALGO ha desarrollado desde una *filosofía del cuerpo* su enfoque antropológico: *El cuerpo humano*, Espasa-Calpe, Madrid, 1989; *Cuerpo y alma*, Espasa-Calpe, Madrid, 1991; *Alma, cuerpo, persona*, Círculo de Lectores/Galaxia Gutenberg, Barcelona, 1995; *Idea del hombre*, Círculo de Lectores/Galaxia Gutenberg, Barcelona, 1996.

[54] *KGW* VII 2, 242: 26 (355).

[55] Para la relación entre Nietzsche y Zubiri, vid. J. CONILL, *El crepúsculo de la metafísica*, cap. 6, y *El enigma del animal fantástico*, caps. 4 y 5; y el capítulo 10 de este trabajo.

[56] Cfr. J. CONILL, *El enigma del animal fantástico*, cap. 8: «¿Más allá de la democracia y los derechos humanos?», y la III parte de este trabajo: «Política de la transvaloración».

acontecer por un nuevo proyecto, el de una *Transvaloración de todos los valores*, el primero de cuyos libros llevaría por título «El Anticristo»[57]. Lo que importa destacar aquí es la sustitución del proyecto de interpretación por el de transvaloración: en vez de un «ensayo de una nueva interpretación de todo acontecer» lo que se propone explícitamente Nietzsche es el «ensayo de una trasvaloración de todos los valores».

A pesar de este cambio patente en las formulaciones existe una conexión entre ambos títulos, ya que la interpretación es, para Nietzsche, ya una valoración. La «nueva interpretación» constituye una transvaloración y en ésta hay una forma de interpretación. Y si la voluntad de poder «*interpreta*», quiere decir que también «*transvalora*». Esta fuerza transvaloradora tiene su expresión final en «El Anticristo», una «nueva interpretación» o «transvaloración» de los valores del cristianismo.

La Filosofía del «Anticristo» constituye una *hermenéutica transvaloradora para la acción*, una filosofía de la perversidad regeneradora de la voluntad y de los instintos. Una transvaloración del valor de la moral y una nueva interpretación inmoral: *dionisíaca*. Una transvaloración, cuya primera versión, según el propio Nietzsche, se encuentra en *El nacimiento de la tragedia*.

Pues bien, igual que el Anticristo, también el «demonio» sirve como fórmula para la transvaloración: Nietzsche quiere ser no sólo «abogado del diablo», sino también su «vindicador» y «apologista» (*Ehrenretter*)[58]. El demonio sirve para la transvaloración de todos los valores: el demonio es el «señor de este mundo», pero ahora en sentido transmutado, porque el demonio no está refutado. Así que, junto al Anticristo, puede ser la figura (la fórmula) del *nuevo dominio de la tierra*.

El *giro político* de la última filosofía nietzscheana busca efectividad histórica y a tal efecto subraya el vigor transvalorador de su hermenéutica, dentro de la que hay que situar su expresión «las máscaras del demonio». Esta formulación contiene y muestra el carácter interpretativo y transvalorador de la *hermenéutica crítica* para la acción e incluso «*para la agitación*».

---

[57] Vid. la introducción de Andrés SÁNCHEZ PASCUAL a *El Anticristo* de F. Nietzsche.
[58] *KGW* VIII/2, 10 (105), p. 180 (otoño de 1887).

9. HERMENÉUTICA GENEALÓGICA

A pesar de las dificultades que muchos autores han tenido y siguen teniendo para considerar a Nietzsche como filósofo, no resulta extraño encuadrar su pensamiento dentro de la filosofía hermenéutica, ya que, si bien es cierto que hasta hace relativamente poco tiempo no se ha llevado a cabo ningún intento de exposición sistemática de las relaciones entre Nietzsche y la hermenéutica, la problemática de la interpretación como tal no ha pasado inadvertida a quienes se han ocupado con cierta profundidad de Nietzsche [59]. Lo que ocurre es que siempre se ha tratado de aspectos parciales de este problema, cuando lo principal es situar su pensamiento dentro de la modalidad hermenéutica como tal. Y aquí Nietzsche aporta ya una radicalización decisiva: el giro o la transformación hermenéutica de la filosofía. La primera gran aportación nietzscheana consiste en hacernos ver que no hay otro modo posible de seguir pensando más que de manera hermenéutica.

Si esto se confirma, ya no habrá motivo alguno para seguir temiendo que con Nietzsche nos deslicemos hacia lo irracional, dado que la hermenéutica es una de las actuales formas de entender la racionalidad. Lo que tendremos que resaltar será su modo específico de entenderla.

Lo peculiar de la hermenéutica nietzscheana estriba en su *genealogía*. En ella se presenta una «historia genética» (*Entstehungsgeschichte*) y una «historia evolutiva» (*Entwicklungsgeschichte*) de los fenómenos de la experiencia. Este enfoque le permite descubrir y llegar a niveles que otros ensayos hermenéuticos han olvidado y silenciado. La orientación nietzscheana de la hermenéutica, aunque tiene puntos de contacto, difiere de las de Schleiermacher, Dilthey, Heidegger, Gadamer, Apel y Ricoeur, por citar algunos puntos de referencia bien cualificados. Cada una de estas relaciones precisa de un estudio específico, que no es ahora momento de desarrollar, pero que sería aconsejable llevar a cabo para orientar la investigación en este campo.

No obstante, para poner de manifiesto la peculiaridad nietzscheana conviene aludir a algunos aspectos de su hermenéutica que completan los otros intentos. En concreto nos referiremos de modo especial a los fenómenos del *cuerpo*, del *poder*, del *valor* y del *sufrimien-*

---

[59] Cfr. J. FIGL, *op. cit.*

9.1. EL CUERPO COMO HILO CONDUCTOR

to, a través de los cuales surge otro modo de entender la racionalidad, la realidad, el sentido, la experiencia, el lenguaje y la interpretación, es decir, prácticamente todo el complejo hermenéutico.

Ante todo cabe destacar que la hermenéutica nietzscheana se rige «según el hilo conductor del cuerpo». A diferencia de la gadameriana, que expresamente constituye un intento de llevar a cabo una ontología hermenéutica «según el hilo conductor del lenguaje», y de la apeliana, que también se restringe a ser una «hermenéutica lingüística», la inspiración nietzscheana sitúa el *cuerpo* en el centro mismo de su indagación hermenéutica.

Y no es que no pudiera haber algún punto de conexión entre Nietzsche y Apel, ya que este último, en su *Gnoseo-antropología*[60], pretendió complementar el *a priori* de la conciencia con un denominado «*Leibapriori*» (*apriori corporal*); pero este proyecto no ha sido desarrollado todavía por el propio Apel. Por eso, a mi juicio, había que tomar en serio el fenómeno del cuerpo para la racionalidad, desde la perspectiva de lo que en algún momento denominé (completando la posición de Apel) una «Antropología de la experiencia»[61], en la que deberíamos hablar de una «*razón experiencial*». Ahora bien, en ese caso, el cuerpo deja de ser un mero *a priori* en el ámbito de la reflexión transcendental y se convierte en un auténtico fenómeno hermenéutico, como Nietzsche propuso.

Pero tampoco el modelo heideggeriano es el más adecuado para expresar la innovación nietzscheana (como cree J. Figl). Recordemos que Heidegger ni siquiera incluyó la corporalidad entre los denominados «existenciarios». Su hermenéutica se rige por el problema del ser; constituye, sí, una hermenéutica ontológica, pero no una hermenéutica corporal. Y ésta, en Nietzsche, no conduce primordialmente a una ontología en sentido estricto (ni en sentido heideggeriano) sino hacia «nuevos mares». *Hay problemas más radicales que el problema del ser* y no es evidente que debamos aceptar la salida heidegge-

---

[60] K. O. APEL, *Transformación de la filosofía,* vol. II, pp. 91 ss., y J. CONILL, *El crepúsculo de la metafísica,* cap. 12.
[61] J. CONILL, *El enigma del animal fantástico,* cap. 4.

riana, porque primero hemos de ver *a qué nos abre el cuerpo*. Ya Plessner criticó en este sentido a Heidegger[62]:

> Esencial, partir del cuerpo y utilizarlo como hilo conductor. Él es el fenómeno más rico, el que permite un más claro examen. La fe en el cuerpo está mejor afianzada que la fe en el espíritu[63].

Según Nietzsche, hay que partir del cuerpo, si se quiere lograr una investigación radical. El cuerpo constituye el centro de las interpretaciones. En él es donde se digieren las vivencias y «cuando "no acaba" con una vivencia, tal especie de indigestión es tan fisiológica como la otra». Sin embargo, para evitar toda posible confusión agrega Nietzsche: «aun pensando así, se puede continuar siendo [...] el más riguroso adversario de todo materialismo»[64]. Hay que partir de la «realidad de hecho» (*Thatbestand*) del cuerpo, de su «fuerza asimiladora» y apropiadora, de su «fuerza digestiva», porque en todas las manifestaciones de la cultura, incluso de la «cultura superior», pervive la animalidad (el «animal salvaje»), pues —como precisa Nietzsche—

> a lo que más se asemeja «el espíritu» es a un estómago[65].

Por eso, cuanto mejor conozcamos el cuerpo, más profundizaremos en la «experiencia vital» y comprenderemos, por haberlas vivido, «las razones de [las] opiniones», de modo que «el espíritu» ya no será más que «un modo de expresarse», un mundo de símbolos, cuya raíz está en la corporalidad[66].

De ahí que la «tarea» consista en «reconocer de nuevo el terrible texto básico *homo natura* [el hombre naturaleza]»[67]. Creo que deberíamos ver en el cuerpo ese texto, al que Nietzsche alude; ésa es la «naturaleza», la animalidad humana, a la que hay que «retraducir» las «vanidosas e ilusas interpretaciones y significaciones secundarias», que se han ido produciendo. Porque, si cumplimos esta tarea,

---

[62] H. PLESSNER, *Stufen des Organischen und der Mensch*, Berlín, 3.ª ed., 1975, pp. XII-XIII, prólogo a la 2.ª ed.

[63] VII, 40 (15); vid. W. STEGMEIER, «Leib und Leben», en *Hegel-Studien,* 20 (1985), pp. 173-198.

[64] *GM* III, 16, p. 150.

[65] *MBM* 230, p. 179.

[66] *Za.,* II, «De los poetas», p. 188.

[67] *MBM* 231, p. 180; cfr. también *EH,* pp. 80 y 83.

lograremos que «el hombre se enfrente al hombre», se enfrente a su sí mismo más profundo, al «*inframundo*» de todos los ideales posibles.

A partir de este «texto básico *homo natura*», que es el cuerpo humano, la «naturaleza humana se ha transformado» y el hombre se ha convertido en un «animal fantástico», «que ha de cumplir una condición existencial más que cualquier otro animal: ¡el hombre *tiene que* creer de tiempo en tiempo que sabe *por qué* existe, su especie no puede desarrollarse sin una confianza periódica en la vida! ¡Sin creer en la *razón en la vida* (*Vernunft im Leben*)»[68].

Pero nunca hay que olvidar que somos cuerpo y que en él radica la auténtica razón:

> cuerpo soy yo íntegramente, y ninguna otra cosa; y alma es sólo una palabra para designar algo en el cuerpo.
> El cuerpo es una gran razón, una pluralidad dotada de *un único* sentido [...][69].

Todo lo demás son «instrumentos» del cuerpo: «el sentido» y «el espíritu» o la «pequeña razón»; el «cuerpo creador» se los creó para sentir y pensar. Y en el cuerpo habita el «sí-mismo»:

> detrás de tus pensamientos y sentimientos [...] se encuentra un soberano poderoso, un sabio desconocido —llámase sí-mismo (*Selbst*). En tu cuerpo habita, es tu cuerpo.

El «sí-mismo» no ha de confundirse con el «yo». Éste está subordinado a aquél: el sí mismo es «el dominador del yo». «El sí mismo creador se creó para sí el apreciar y el despreciar, se creó para sí el placer y el dolor», «y el valor y la voluntad». «El cuerpo creador se creó para sí el espíritu como una mano de su voluntad». Por consiguiente, en el cuerpo hay una «razón» y una oculta sabiduría, la sabiduría del cuerpo y de la vida, que detenta un sí-mismo, sabio y poderoso, cuya «gran razón» «no dice yo, pero hace yo».

El cuerpo es, pues, un centro de *sabiduría* y de *acción*; es el verdadero centro de gravedad del ser humano, desde donde surgen todas las creaciones vitales. El núcleo del ser humano ha dejado de ser la conciencia, como venía siendo habitual en las corrientes pre-

---

[68] *GS* 1, pp. 65-66.
[69] *Za.*, pp. 60 ss.

ponderantes de la filosofía moderna, y se traslada al organismo corporal. Por eso, la medida básica no podrá consistir en criterios provenientes de alguno de los instrumentos del cuerpo, como por ejemplo la verdad, sino que «la *fuerza* de los conocimientos [...] [reside] en su edad, en su incorporabilidad, en su carácter de condición vital»[70]. Lo decisivo es la capacidad para incorporar algo; sin la experiencia de la incorporación, falta la sabiduría reguladora, falta el experimento decisivo. En el cuerpo se encuentran las *fuerzas de la vida*.

La hermenéutica genealógica de Nietzsche tendrá la peculiaridad de llegar hasta este nivel orgánico del cuerpo y sus fuerzas vitales. Así ha de entenderse su nueva concepción de la filología, consistente en «el arte de leer *bien*» a diferencia de «el arte de leer correctamente», que cuenta ya con el perspectivismo vital que se origina en el cuerpo[71]. La hermenéutica filológica se abre, por exigencias genealógicas, a la *fisiología*. El propio Nietzsche lo reconoce explícitamente en su visión retrospectiva de *Ecce homo*[72]. Se siente impulsado a corregir su tarea filológica y a superar todo enfoque idealista accediendo a lo que ahora considera «las *realidades*» más básicas, que no son otras que las que nos ofrece el cuerpo humano:

> Una sed verdaderamente ardiente se apoderó de mí: a partir de ese momento no he cultivado de hecho nada más que fisiología, medicina y ciencias naturales.

Y es que la única manera de superar todo idealismo y toda «necesidad metafísica» (en el sentido nietzscheano) estriba en decidirse a llegar hasta las infraestructuras del «hombre físico», profundizando más allá de la lógica del pensamiento del «hombre moral». El camino de este proyecto es la hermenéutica genealógica, que sigue el hilo conductor del cuerpo.

Este enfoque penetra todas las dimensiones de la filosofía nietzscheana y perdura hasta el final. Tendremos ocasión de comprobarlo cuando esta racionalidad hermenéutico-genealógica se desarrolle en su sentido político (la «gran política», según Nietzsche), pero sirva de anuncio la siguiente anotación: «[...] la *gran* política convierte a la fisiología en señora de todas las otras cuestiones [...]»[73].

---

[70] *GS* 110, pp. 145-146; también *GS* 11, pp. 74-75.
[71] *HDH* I, 270 y 8; *Aurora*, Prólogo.
[72] *EH,* pp. 79 ss., cita de p. 82.
[73] *KGW* VIII 3, 25 (1), p. 452 (diciembre de 1888-enero de 1889).

Pues bien, esta peculiar hermenéutica genealógica conecta, a mi juicio, muy bien con una tradición, que se remonta a la antigüedad y se desarrolló en los siglos XVI-XVIII, normalmente entre médicos, y que empezó a aparecer bajo el rótulo de «antropología», con la pretensión de no recurrir ni a la metafísica ni a la física, sino a la «descripción natural y a la experiencia de la vida»[74].

Esta tradición ha sido aprovechada en gran parte de la antropología contemporánea, como la de Scheler, Plessner y Gehlen, que buscan, a partir de las ciencias positivas, una combinación entre naturaleza y espíritu en el cuerpo humano como «base existencial natural». Curiosamente este enfoque de una filosofía del cuerpo, y en conexión con Nietzsche, persiste en algunos círculos médicos, como es el caso de Hermann Schmitz[75] y de Heinrich Schipperges[76], que consideran los procesos orgánicos como procesos de un continuo interpretar en el cuerpo y desde esta corporalidad hermenéutica tratan de reconstruir sistemáticamente las categorías del pensamiento humano.

También conectaría con una fenomenología de la corporalidad y del mundo de la vida a partir de Husserl y Merleau-Ponty. Y, entre nosotros, con la fenomenología hermenéutica del raciovitalismo orteguiano, la noología genealógica y antropológica de Zubiri, así como la teoría del cuerpo humano de Laín Entralgo. Sin olvidar su parentesco con las actuales tendencias de la biología evolutiva del conocimiento y de la acción (K. Lorenz, G. Vollmer, R. Riedl, etc.).

Sirvan estas meras alusiones para señalar que la orientación de la hermenéutica genealógica abre un nuevo marco, diferente del heideggeriano, porque al partir del cuerpo humano ofrece un nuevo punto de referencia diferente del de la conciencia, pero por otra vía que la heideggeriana, temerosa siempre de la animalidad humana. La hermenéutica genealógica arranca de ese inframundo de la animalidad y corporalidad humanas, del hombre físico, del *sí-mismo corporal* como sabio soberano, creador de todas las demás manifestacio-

---

[74] O. MARQUARD, «Anthropologie», en *Historisches Wörterbuch der Philosophie*, Hrsg. v. J. Ritter, Bd. 1, Darmstadt, 1971, 362-374 (cita de p. 364); cfr. W. STEGMAIER, «Leib und Leben», pp. 181 ss.

[75] H. SCHMITZ, *System der Philosophie*, Bd. 2, Teil 1: Der Leib, Bonn, 1965.

[76] H. SCHIPPERGES, *Kosmos Anthropos. Entwürfe zu einer Philosophie des Leibes*, Stuttgart, 1981. Este mismo autor, historiador de la medicina, tiene otra obra sobre los aspectos terapéuticos de la concepción de Nietzsche con el significativo título: *Am Leitfaden des Leibes. Zur Anthropologie und Therapeutik F. Nietzsches*, Stuttgart, 1975. (Agradezco a Diego Gracia sus oportunas indicaciones sobre esta línea de interpretación nietzscheana.)

nes. Es decir, se profundiza no biologicistamente en la biología y fisiología humanas. Se «hermeneutiza» (valga la expresión) el mundo de la fisiología, al estilo como han hecho los médicos en la sintomatología. En ocasiones así lo expresa el propio Nietzsche: su propósito es la «*salud*» radical frente a las tendencias enfermizas que debilitan[77], como «presupuesto fisiológico».

El propio Heidegger defiende a Nietzsche del «presupuesto biologismo»[78], recordando el rico sentido del término griego «*bios*», más cercano al biográfico; y, por tanto, una biología como teoría de la vida abarcaría todo lo viviente, desde sus niveles inferiores hasta la psicología (como ocurre en Aristóteles). Pero al cabo, Heidegger no hace justicia a Nietzsche debido, a mi juicio, a una inadecuada concepción de las relaciones entre la filosofía y las ciencias; y, por supuesto, por su amañada y fija interpretación metafísica de toda la filosofía nietzscheana. La relación entre filosofía y ciencia constituye una cruz para Heidegger, que se resuelve mediante su mutua exclusión, por su miedo —por otra parte, comprensible— a que el cientificismo invada por completo el reino del pensamiento y llegue a anularlo en su peculiaridad esencial. Pero tal vez existan otras posibilidades de interseccionar las interpretaciones científicas y filosóficas; y esto es lo que se ofrece en la hermenéutica genealógica nietzscheana (y, al menos, en algunas de las tendencias filosóficas que antes hemos vinculado con ella).

Por otra parte, si bien es cierto que el uso de términos biológicos por parte de Nietzsche no ha de entenderse en su sentido puramente biologicista, la solución no se encuentra en la vía interpretativa de Heidegger, según la cual Nietzsche utiliza términos como «vida» (por tanto, valdría lo mismo decir «cuerpo» como centro de las fuerzas vitales) en sentido propiamente metafísico tradicional: en Nietzsche alcanzaría su plenitud lo que desde el comienzo de la filosofía se expresó como *physis*. Esta apreciación heideggeriana, entendida en un sentido metafísico tradicional fijo, me parece inapropiada e incluso incoherente con otras reflexiones que el propio Heidegger ofrece sobre la interpretación biológica del conocimiento en Nietzsche. Tal vez prestando atención brevemente a este punto comprendamos mejor el significado de la hermenéutica genealógica a partir del cuerpo y, por tanto, de la vida.

---

[77] *GS* 382; *EH*, p. 95.
[78] M. Heidegger, *Nietzsche* I, pp. 517-526, 590-615.

Cuando Heidegger reflexiona sobre lo que significa la interpretación nietzscheana del conocimiento, destaca que el pensamiento categorial tiene carácter perspectivista, porque depende de las condiciones vitales. La necesidad de pensar de un modo determinado tiene su origen en razones biológicas y vitales. Así, por ejemplo, la necesidad subjetiva de no caer en contradicción surge de una necesidad vital. De modo que lo que habitualmente se ha considerado como un principio básico de la razón, el principio de no-contradicción, constituye una necesidad subjetiva para evitar efectos indeseables en la vida humana. Pero con tal principio no se expresa ninguna necesidad real, puesto que algo contradictorio no excluye su realidad, según Nietzsche. Lo que expresa es una «incapacidad». El *adynaton* aristotélico expresa una imposibilidad. Pero ¿dónde radica tal imposibilidad? ¿En las cosas, en el pensamiento? Heidegger reconoce que Nietzsche ve tal imposibilidad en nuestra capacidad humana de pensar, en nuestra constitución biológica. Por consiguiente, el principio de contradicción, que en Aristóteles tenía valor ontológico, en Nietzsche se interpreta como un mandato y un *imperativo de la vida* misma. La imposibilidad no es radicalmente ontológica, ni siquiera lógica, sino vital. Hemos pasado desde la ontología, a través de la lógica, a la biología del pensamiento, pero se trata de una peculiar biología, que no se puede reducir a la interpretación metafísica tradicional que hace Heidegger, porque la vida del cuerpo humano constituye la raíz originaria de la creación de formas, perspectivas, horizontes y mandatos, desde su profundo sí-mismo, sabio y poderoso creador de todos los medios necesarios para vivir. Lo biológico adquiere el carácter de foco de libre creación hermenéutica. La hermenéutica genealógica indaga el origen y evolución de los fenómenos desde esa fuente vital que es el cuerpo humano.

Como ya comentamos desde un comienzo, el enfoque de la hermenéutica genealógica de Nietzsche pone de relieve fenómenos que otras hermenéuticas silencian y que, sin embargo, tienen enorme importancia para una profunda comprensión de la experiencia humana, del sentido vital, del lenguaje y, por supuesto, de lo que significa radicalmente «interpretar», es decir, lo que en último término puede significar el pensamiento, la razón y la vida.

> Siguiendo el hilo conductor del cuerpo [...] aprendemos que nuestra vida es posible por un juego combinado de muchas inteligencias de muy distinto valor[79].

---

[79] *KGW* VII 3, 304: 37 (4).

La corporalidad es una pluralidad de fuerzas y de impulsos. «Desde cada uno de nuestros impulsos fundamentales existe una distinta apreciación perspectivista» y es imposible reducirlos a una unidad común: «*el hombre es una pluralidad de "voluntades de poder": cada una con una pluralidad de medios de expresión y de formas*» [80]. Aquí está el origen de nuestras valoraciones y de las interpretaciones; por ejemplo, nuestras valoraciones veritativas, morales, artísticas, religiosas, que se expresan en las interpretaciones (artística, científica, religiosa, moral) del mundo, surgen de los impulsos y de las condiciones vitales (de las condiciones de conservación y crecimiento).

Del mismo modo, las relaciones entre «verdadero» y «aparente», los «predicados del ser», es decir, todos los productos de nuestro intelecto, de nuestros sentidos y de nuestra voluntad nos remiten a «*relaciones de valor*», cuyas «*instancias valorativas*» son los impulsos dominantes, que quieren ser considerados como «*poderes creativos y gobernantes*» [81]. Todos los impulsos quieren dominar, por consiguiente, no puede haber unidad, sino un antagonismo en el que los impulsos buscan imponer su dominio y convertirse en instancia valorativa suprema: *dominio* en vez de unidad es la estructura que aquí se descubre.

> [Las valoraciones] se hallan en correspondencia con nuestros impulsos y con sus condiciones de existencia. Nuestros impulsos son reductibles a la *voluntad de poder.*
> La voluntad de poder es el *factum* último a que descendemos [82].

Son las condiciones de existencia, nuestras necesidades, las que suscitan nuestros impulsos, cada uno de los cuales intenta dominar e imponer su perspectiva a los demás, *su* interpretación del mundo. Pero las condiciones de existencia son variables, estimulando en cada tiempo unos impulsos, unos afectos y hasta unos instintos diferentes [83]. De ahí que las diversas valoraciones e interpretaciones sean síntomas de los impulsos, de los afectos, de los instintos y sus condiciones de existencia, pues, en último término, «nuestras necesidades son *las que interpretan el mundo*».

---

[80] *KGW* VIII 1, 1 (58).
[81] *KGW* VIII 1, 7 (3) y 9 (38).
[82] *KGW* VII 3, 40 (61).
[83] *KGW* VII 2, 283: 27 (29); VII 2, 132: 25 (462); VIII 1, 323: 7 (60).

La hermenéutica genealógica nos conduce hasta las profundidades de la voluntad de poder, desde donde a través de los impulsos y los afectos se valora e interpreta; de este modo se puede llegar a sopesar «el valor de las interpretaciones». La cuestión del valor se convierte en un asunto central y básico de la nueva hermenéutica. Hace falta una *hermenéutica de los valores* y aquí se nos presenta una. Su carácter hermenéutico queda bien patente, cuando Nietzsche en el contexto de su propuesta de valoración de las interpretaciones (de las ficciones regulativas) deja bien claro que no se trata ya de la cuestión «esto es», sino de «esto significa»[84]:

> sea cual sea el «esto es» que haya sido postulado hasta ahora, una época posterior y más aguzada ha puesto siempre una y otra vez de manifiesto que «esto es» no es más que «esto significa».

La hermenéutica genealógica, en tanto que «historia genealógica del pensamiento», es la «verdadera crítica de los conceptos», que es capaz de conducirnos hasta la raíz de las *valoraciones* que están en juego en las *interpretaciones*.

Esta hermenéutica nos revela los procesos orgánicos que se presuponen antes de entrar en el ámbito de la conciencia, de la lógica (conceptos, juicios), de la moral. Partiendo del cuerpo descubrimos que la «función orgánica fundamental» es «el impulso de la asimilación», por el que opera la voluntad de poder. Antes de cualquier proceso lógico hay un proceso orgánico de *«asimilación»*, «una actividad intelectual que no entra en la conciencia»[85]. Hay una actividad inteligente antes de los procesos lógicos (conceptuales y judicativos) y racionales, «un acontecer interno», que tiene carácter volitivo, factitivo, impulsivo y orgánico. Es un «querer», un «hacer», un impulso orgánico radical, un acontecer inteligente, origen de las valoraciones e interpretaciones ulteriores de la conciencia racional, del sentido lógico y moral.

La hermenéutica como «historia genealógica», siguiendo el hilo conductor del cuerpo, descubre una sabiduría y una actividad orgánica más profunda y básica que la del espíritu: «nuestro cuerpo es más sabio que nuestro espíritu»[86]. En nuestro cuerpo opera una actividad inteligente, una «inteligencia (*Klugheit*) vigilante separadora apro-

---

[84] *KGW* VII 3, 40 (27) y 43 (1).
[85] *KGW* VII 3, 40 (15); cfr. 40 (7); 40 (33).
[86] *KGW* VII 2, p. 242: 26 (355).

piadora de mi organismo entero»[87]. ¿En qué consiste fundamentalmente esta inteligencia corporal? En una fuerza determinadora, que crea (inventa) formas y ritmos, impone esquemas en sus procesos de apropiación e incorporación, es decir, un *dinamismo inteligente* a través de la *invención de formas* (*Erfinden von Gestalten*)[88]. La superioridad «intelectual» del cuerpo sobre el espíritu se muestra, en este contexto nietzscheano, en que en el cuerpo se produce un «entendimiento» (*Verständigung*) originario muy rápido por procedimientos prediscursivos y prerracionales (prelógicos)[89]. El centro neurálgico de la inteligencia y de las interpretaciones se halla en el cuerpo: en él hay que situar los procesos, por los que Nietzsche afirma que antes de haber pensado se tiene que haber inventado, compuesto y poetizado. A partir de este acontecer y actuar originarios surgen las interpretaciones lógicas y morales; y si el mundo nos «aparece» lógicamente estructurado, se debe a que «*nosotros* lo *hemos* logicizado primero»[90], es decir, debido a que hay una actividad inteligente primordial, que está interpretando continuamente. De ahí procede igualmente el carácter poético que se ha atribuido a la razón. El desarrollo de la razón depende de los procesos corporales de interpretación y de invención de formas.

La fuerza determinadora que actúa continuamente interpretando en todos los procesos orgánicos es, en último término, la voluntad de poder:

> La voluntad de poder *interpreta*: en la formación de un órgano se trata de una interpretación; la voluntad de poder delimita, determina grados y diferencias de poder. [...]
> *El proceso orgánico supone un continuo* INTERPRETAR[91].

Y este «*factum* último» de la voluntad de poder como fuerza interpretadora originaria constituye, a su vez, según Nietzsche, aquello que se ha denominado «*libertad*»:

> El ansia más terrible y más fundamental del hombre, su impulso en busca de poder —a este impulso se la llama «libertad»[92].

---

[87] *KGW* VII 3: 34 (46), p. 154.
[88] *KGW* VII 3: 38 (10), pp. 336-337; VII 2: 25 (463), p. 132; VII 2: 9 (144), pp. 81 ss.; VII 3: 42 (3), p. 428.
[89] *KGW* VII 3, 37 (4), pp. 302 ss.
[90] *KGW* VIII 2: 9 (144), pp. 81-82.
[91] *KGW* VIII 1: 2 (148).
[92] *KGW* VIII 1: 1 (33).

Es en el cuerpo donde se origina ineludiblemente esta «apetencia de poder» del «individuo tiránico», del «sí-mismo» sabio y poderoso, creador de formas y ritmos. En él reside el *instinto de libertad* radical, de la que surgen todas las formas de rebeldía.

9.2. El dinamismo de la vida

Esta hermenéutica nietzscheana tiene una especial incidencia en el momento experiencial a partir del cuerpo y desde ahí aplica la genealogía a otros asuntos como el lenguaje en el *mundo de la vida*. La hermenéutica genealógica del lenguaje lo sitúa en la vida de la experiencia. Los contextos experienciales son los que determinan el significado de las palabras. Las mismas palabras sirven para expresar vivencias diferentes. Sin una hermenéutica que llegue al fondo experiencial no se comprende el sentido lingüístico.

> Las palabras son signos-sonidos (*Tonzeichen*) de conceptos; pero los conceptos son signos-imágenes (*Bildzeichen*), más o menos determinados, de sensaciones que se repiten con frecuencia y aparecen juntas, de grupos de sensaciones. Para entenderse unos a otros no basta ya con emplear las mismas palabras: hay que emplear las mismas palabras también para referirse al mismo género de vivencias internas, hay que tener en fin, una experiencia *común* con el otro [93].

El lenguaje depende de la experiencia, su origen y naturaleza se encuentra en la metaforicidad, cuya fuente de inspiración está en el ver, oír y sentir, en el acontecer y poder de las imágenes sensibles y simbólicas. En Nietzsche se nos ofrece un «retorno del lenguaje a la naturaleza de la figuración (*Bildlichkeit*)» [94] y a la experiencia *dionisíaca*.

> Primero imágenes (*Bilder*) —explicar cómo surgen las imágenes en el espíritu. Luego *palabras* aplicadas a imágenes. Finalmente conceptos, sólo posibles, si hay palabras [95].

El concepto sólo es posible a partir de los componentes figurativos sensibles y a través de los signos lingüísticos, que no pueden des-

---

[93] *MBM* 268, p. 235.
[94] *EH*, pp. 102, 97-98.
[95] *KGW* VII 2, 54: 25 (168); cfr. Figl, pp. 152 ss.

vincularse de su origen sensible y metafórico (¡figurativo en su doble sentido!). Esta genealogía del lenguaje y de los conceptos nos remite a la *experiencia* y a la *vida,* desde la que y por la que devienen los productos lingüísticos y conceptuales, entendidos aquí como «signos». Pero si se los quiere entender desde el fondo, hay que poner de manifiesto su vida: la *vida del lenguaje,* su devenir, su historia. Porque el lenguaje es algo vivo, en continuo movimiento a partir de la experiencia prelingüística corporal y su dinamicidad creadora de formas.

Es ésta una concepción del lenguaje, que se encuentra en la tradición humboldtiana y que no se deja reducir a las fijaciones de la gramática lógica, sino que descubre su dinámica experiencial y su energética vital. Desde la óptica de la vida el lenguaje se ve como un esquema sígnico, en el que está atrapado el pensamiento. Frente a las interpretaciones formalistas y estructuralistas se pone de manifiesto aquí la *actividad viva y experiencial* del lenguaje.

Hasta el aspecto comunicativo del lenguaje se aclara en esta clase de hermenéutica a partir de la experiencia compartida, del interés común por entenderse, como en el caso de la necesidad de evitar graves peligros superando los malentendidos, poniéndose de acuerdo sobre lo que se requiere de modo imprescindible[96]. Las vivencias y experiencias son las que urgen el renovado surgimiento de los productos lingüísticos y una «comunicabilidad», es decir, un acercamiento a través de los signos. No se trata de determinar los significados de modo claro, distinto y definitivo, sino de reconocer el devenir creativo en relación viva con las necesidades pragmáticas. La *hermenéutica transemiótica y experiencial* del lenguaje que Nietzsche ofrece ha podido inspirar (junto con otros impulsos) una «filosofía del signo»[97], pero el signo ahora no está ligado unívocamente al ser, ni a la conciencia, ni a un lenguaje conceptual, sino que proviene de la creatividad metafórica de la experiencia vital y dionisíaca.

La relación entre experiencia y lenguaje en la hermenéutica nietzscheana aporta también una perspectiva fecunda a la actualmente renovada reflexión sobre el «*mundo de la vida*», cuya función práctica y «política» tiene en Nietzsche un claro exponente. Como veremos, la posible superación de la degeneración política cuenta con una fuente de regeneración: los presupuestos vitales y culturales

---

[96] *MBM* 268, p. 236.
[97] J. SIMON, *Philosophie des Zeichens,* De Gruyter, Berlín, 1991.

que las ideologías políticas preponderantes no pueden ofrecer ni garantizar. Según Nietzsche, las políticas regidas por los parámetros del economicismo, el optimismo hedonista y el despotismo estatista desvirtúan el mundo de la vida. Su hermenéutica vital quiere desentrañar el sentido y valor de la vida como último fondo de recursos creativos, y por eso recurrirá Nietzsche a formas culturales que considera modélicas, como la cultura agonal antigua, la renacentista y ciertas formas de ilustración. En ellas descubre fundamentalmente un modo de *sentir la vida* en su pleno sentido, valor y dignidad.

Esta relación entre cultura y mundo de la vida puede establecerse en perspectiva genealógica a partir de la experiencia vital:

> lo que para nosotros se llama ahora vida y experiencia— ha devenido poco a poco, y aún está enteramente en *devenir* [...].
> [...] lo que llamamos ahora mundo es el resultado de una multitud de errores y de fantasías, que han surgido poco a poco en el desarrollo global de los seres orgánicos, se han entrelazado unos con otros y que los hemos heredado como un tesoro acumulado de todo el pasado —como un tesoro, porque el valor de nuestra humanidad reposa sobre eso[98].

En ese *mundo vital de la experiencia* encontramos las condiciones de un pensamiento «impuro», en el que se basa —según Nietzsche— «toda fe en el valor y dignidad de la vida». Pero no todo pensamiento impuro sobre el valor de la vida desarrolla el mismo sentido. La concepción nietzscheana de la vida no es meramente biologicista o darwinista. El mundo de la vida, el *campo de la vida*, en Nietzsche, entrelaza *biología* y *cultura* a través del acontecer de la interpretación originaria como expresión de la fuerza vital dionisíaca y su desbordante poder. Los sentidos de la vida y su mundo (su universo simbólico —podríamos decir—) dependen de las fuerzas y valoraciones vitales. Y no toda acepción de la vida tiene por qué ser darwinista. De hecho, la concepción nietzscheana no lo es. La *concepción trágica y dionisíaca de la vida,* las doctrinas del «eterno retorno» y del «superhombre» son, más bien, contrarias a las nociones directrices del darwinismo (lucha por la vida, supervivencia y adaptación), ya que en éstas se respira un «aire sofocante»[99] y un espíritu reactivo.

La hermenéutica nietzscheana del mundo de la vida nos lleva a interesarnos por el «misterio» que encierra la vida misma. ¿Qué es

---

[98] *HDH* I, 16 y 33.
[99] *GS* 349.

—qué significa— la vida? La vida no tiene un sentido unívoco. Puede vivirse de muy diversas maneras, según el sentido de las fuerzas y valoraciones que en ella acontezcan, según los procesos de interpretación que en ella se desarrollen. Ya hemos aludido, por ejemplo, a que no es lo mismo presentar un *sentido darwinista* que un *sentido dionisíaco* de la vida. Para entender el mundo de las interpretaciones y de las valoraciones hay que seguir «las huellas de lo vivo». ¿Cuál es la estructura de la vida? ¿Qué componentes encuentra Nietzsche en el mundo de la vida? En el campo de la vida se manda y se obedece, hay «ensayo» y «riesgo»: «se dan órdenes al que no sabe obedecerse a sí mismo» y «siempre que el ser vivo manda se arriesga a sí mismo [...]». De ahí que Nietzsche se pregunte: «¿Qué es lo que induce a lo viviente a obedecer y a mandar y a ejercer obediencia incluso cuando manda?». La respuesta de Nietzsche, con la que cree haber llegado al «corazón», a la raíz de la vida dice así:

> En todos los lugares donde encontré seres vivos encontré voluntad de poder; e incluso en la voluntad del que sirve encontré voluntad de ser señor[100].

El dinamismo de la vida está traspasado por el «amor al poder», por el que se arriesga la vida misma, por el que se ensaya, se intenta, se corren peligros, se sirve, se disfruta, se manda y se obedece, se juega. Por todos los caminos el misterio de la vida dice así:

> yo soy *lo que tiene que superarse siempre a sí mismo.*

La hermenéutica de la vida desvela la óptica de la autosuperación en virtud del interés vital, como expresión de la voluntad de poder. En el conocimiento y en todas las valoraciones que hay en la vida se efectúa un «apreciar», por el que «habla —¡la voluntad de poder!», la interpretación creadora. El hombre no tiene más remedio que valorar y dar sentido a las cosas; el hombre, a tenor de la etimología practicada por Nietzsche, es «el que valora»; «valorar es crear», de tal manera que «sólo por el valorar existe el valor: y sin el valorar la nuez de la existencia estaría vacía»[101]. En las diversas creaciones de valores resuena la voz de la voluntad de poder; por eso, para cambiar

---

[100] *Za.*, II, «De la superación de sí mismo», pp. 170-171.
[101] *Za.*, pp. 95-96.

de valores, hace falta un «cambio de los creadores», capaces de cambiar el sentido según la ley de la vida, la ley de la autosuperación, ya que los valores no se encuentran sino que se crean y cambian según la fuerza y elevación vital. Las valoraciones y sus superaciones forman parte del proceso continuo de interpretación y de poder que es la vida misma en su *dinámica de autosuperación*.

Aquí la interpretación valoradora es *creación* y cambio de valoración (transvaloración). La autosuperación mediante la nueva interpretación es una fuente de recursos, porque crea, inventa e innova mediante la transvaloración y sus consecuencias. En el apreciar transvalorador hay autosuperación por la capacidad creadora de la voluntad de poder como interpretación. La razón hermenéutica que aquí funciona cuenta con el potencial del «cuerpo creador» y «su gran razón», que no se mueve en el medio de la conciencia y de la reflexión, sino en el de la «imaginación de la razón» (*Einbildung der Vernunft*) [102], por la que el sí-mismo corporal valora e interpreta.

La *autosuperación* hermenéutica no se efectúa aquí mediante una comprensión productiva en la «historia efectual» [103], ni mediante una reflexión crítica (transcendental y normativa) [104], no se rige por la pretensión de verdad objetiva (*sachlich*) ni tampoco por las pretensiones de validez normativa (verdad y corrección). La superación hermenéutica que Nietzsche propone es la de una *transvaloración* («comprender mejor» como transvaloración). A diferencia de Gadamer y Apel (superación por la «diferencia» del sentido productivo en la distancia temporal y superación crítica por reflexión transcendental), la autosuperación hermenéutica nietzscheana constituye la irrupción de un sentido activo y autopoiético, expresivo de la libertad como poder y capaz de transvalorar y transfigurar la existencia hasta en sus dimensiones más desagradables, como es el caso del sufrimiento.

9.3. Comprender el sufrimiento

Justamente en este punto se advierte otra contribución nietzscheana a la profundización de la hermenéutica contemporánea, porque su hermenéutica genealógica representa también una *«patodicea»*.

---

[102] *KGW* V/2, p. 388 (primavera-otoño de 1881).
[103] H.-G. Gadamer, *Verdad y método,* pp. 366-370.
[104] K. O. Apel, *Transformación de la filosofía,* I (Introducción).

Su comprensión transvaloradora del sufrimiento justifica un sentido de la existencia que, como el dionisíaco, tiene que decir sí a la vida en todos sus registros, incluso en el sufrimiento.

«Hedonismo», «utilitarismo» y «eudemonismo» son «ingenuidades y modos superficiales de pensar», porque «miden el valor de las cosas por el *placer* y el *sufrimiento* que éstas producen», pero el placer y el sufrimiento son algo accesorio (secundario) con respecto a la fuerza creadora y configuradora.

Frente a la compasión de los que quieren «*eliminar el sufrimiento*», Nietzsche propone otra compasión, más elevada, de «visión más larga», que en vez de estar dirigida a la «criatura en el hombre» se dirige a lo que en el hombre hay de creador, porque la compasión por el sufrimiento de la criatura desenfoca la perspectiva y empequeñece al hombre: «El bienestar, tal como vosotros lo entendéis —¡eso no es, desde luego, una meta, eso a nosotros nos parece un *final*! Un estado que en seguida vuelve ridículo y despreciable al hombre [...]»[105].

En cambio, «la disciplina del sufrimiento, del *gran* sufrimiento» es la que «ha creado hasta ahora todas las elevaciones del hombre» e inculca «inventiva», «valentía», «profundidad», «misterio», «máscara», la tensión hacia «problemas más altos que todos los problemas del placer, del sufrimiento y de la compasión».

El sufrimiento es signo de grandeza y de aristocracia, según Nietzsche. «La jerarquía casi viene determinada por el *grado* de profundidad a que los hombres pueden llegar en su sufrimiento»[106]. Porque «el sufrimiento profundo vuelve aristócratas a los hombres, separa»; pues la «soberbia espiritual y callada del que sufre, ese orgullo del elegido del sufrimiento» se debe a su «certeza» «de *saber más*, merced a su sufrimiento».

La hermenéutica profunda de Nietzsche supera los modos de pensar superficialmente el sufrimiento y nos ofrece una interpretación transvaloradora del mismo. Lo decisivo no es el placer y dolor (sufrimiento) como tales, sino el problema del *sentido* y del *centro de gravedad* de la existencia. Su hermenéutica de la experiencia del sufrimiento descubre un nuevo horizonte de sentido frente a la racionalidad hedonista y eudemonista, cuyas consecuencias políticas todavía tendremos ocasión de poner más claramente de manifiesto, pero que ya se vislumbran.

---

[105] *MBM* 225.
[106] *MBM* 270.

El nuevo *horizonte de sentido* del sufrimiento tiene carácter *trágico* y no hedonista. La autosuperación de la Ilustración moderna en una especie de «modernidad postmoderna» configura un modelo estético-trágico de racionalidad y de vida, uno de cuyos ingredientes es inevitablemente el *pathos* del sufrimiento. La hermenéutica profundiza aquí de nuevo su sentido práctico peculiar, porque en el *pathos* se unen indisolublemente *pensamiento y acción*. El pensamiento transvalorador puede transformar la existencia, incluso el sufrimiento. La hermenéutica transvaloradora será autosuperadora y *redentora* en sentido trágico. Si la hermenéutica de la esperanza de E. Bloch sirvió para alumbrar la figura del «héroe rojo», la hermenéutica nietzscheana del sufrimiento propicia el *héroe trágico*[107].

Ahora bien, la condición básica de tal hermenéutica transvaloradora y redentora, en sentido trágico, se halla en el *pensamiento abismal* del eterno retorno. Un pensamiento, que si lo incorporas, te transformará y, entonces, hasta el sufrimiento cambia de valor y de sentido. Es la perspectiva de aquel *pathos* que carga con el sufrimiento, sin más consuelo que una fe nihilista. Aquí se hace gala de una fuerza sobrehumana, de la posible grandeza del hombre, al enfrentarse con el sufrimiento cara a cara. El sentido trágico del *amor fati* toma cuerpo de modo muy especial en esta justificación del sufrimiento.

Algunos autores han interpretado este lado del pensamiento nietzscheano desde parámetros místicos[108]: redimir el dolor no significa eliminarlo, de manera que el eterno retorno sería la experiencia y praxis místicas, por las que se abriría el camino hacia la «felicidad de la redención», no por las propias fuerzas, sino como un *acontecer redentor*.

Pero dentro de la reconstrucción hermenéutica del pensamiento nietzscheano cabe interpretar el sufrimiento también desde un modelo estético-trágico[109].

> La psicología del orgiasmo entendido como un desbordante sentimiento de vida y de fuerza, dentro del cual el mismo dolor actúa como estimulante, me dio la clave para entender el concepto de sentimiento *trágico* [...][110].

---

[107] Vid., por ejemplo, F. SAVATER, *La tarea del héroe,* Taurus, Madrid, 1981; y R. ÁVILA, *Nietzsche y la redención del azar,* Universidad de Granada, 1986.

[108] U. SCHNEIDER, *Grundzüge einer Philosophie des Glücks bei Nietzsche,* Berlín, 1983.

[109] R. KNODT, *F. Nietzsche - Die ewige Wiederkehr des Leidens,* Bonn, 1987.

[110] *CI,* p. 135.

En el arte dionisíaco, en el orgiasmo, se dice un sí a la vida «por encima de la muerte y del cambio»; «en la doctrina de los misterios el *dolor* queda santificado», porque «todo devenir y crecer, todo lo que es una garantía del futuro *implica* dolor [...]. Para que exista el placer del crear, para que la voluntad de vida se afirme eternamente a si misma, *tiene que* existir también eternamente el "tormento de la parturienta" [...]». El símbolo que recoge esta estructura estética-trágica es «Dioniso»: el *sentido dionisíaco de la vida*, en el que se plasma la interpretación transvaloradora, fundada en la *experiencia abismal* (corporal) del eterno retorno, ya que el acto por el que se dice radicalmente sí a la vida es corporal.

Desde este modelo estético-trágico no hay más remedio que aprender a sufrir dentro de un horizonte de sentido nuevo, porque la amplitud universal del sufrimiento no se puede eliminar. Es una pura ilusión y un instrumento para formar rebaños. Pero el *sentido trágico de la vida*, que la hermenéutica profunda nietzscheana revela, cuenta con las más diversas formas del sufrimiento, sin tratar de esconderlo a la hora de orientarse en la vida.

El sufrimiento forma parte de lo humano y sobrehumano, de la *grandeza* del hombre. No se puede evitar en su autorrealización. Es más: en el eterno retorno el sufrimiento se torna *pensamiento sufriente*, razón que sufre, por su carácter corporal, vital y experiencial. La dimensión sufriente está incluida en la metáfora mítica, con propósito práctico, del eterno retorno [111]. El «mito del sufriente» se convierte en un componente necesario del sentido del eterno retorno. Porque en la vida acontece «un dolor que siempre retorna» [112]. El sufrimiento forma parte de la sabiduría de la vida y de la afirmación dionisíaca —trágica— de la existencia.

---

[111] R. KNODT, pp. 85 ss.; E. BISER, «Nietzsche als Mythenzerstörer und Mythenschöpfer», *Nietzsche-Studien,* 14 (1985), pp. 96-109. Un aspecto que también María Zambrano ha destacado.

[112] *KGW* VIII 1, 7 (234); VII 1, 322; cfr. *GM* II, 3: lo que no para de doler persiste en la conciencia; *Za.,* IV, pp. 338 y 157: «Espíritu es la vida que se saja a sí misma en vivo»; «con mi propia sangre he aumentado mi propio saber», «con el propio tormento aumenta su propio saber»; pp. 428-429: todo placer «quiere también sufrimiento»; *GS* 341 y 285; cfr. M. HEIDEGGER, «Wer ist Nietzsches Zaratustra?», p. 104: «Un sufrimiento *divino* es el contenido de Zaratustra III».

9.4. «VOLUNTAD DE PODER»

En este recorrido, que venimos haciendo, a través de una selección de algunos aspectos del pensamiento nietzscheano, mediante los cuales se amplía, profundiza y transforma la hermenéutica contemporánea, quisiera añadir algunas reflexiones sobre su filosofía del *poder*, ya que por su mediación Nietzsche introduce en la hermenéutica, a mi juicio, una nueva noción de la *realidad*. Nietzsche no sólo pasa de la cuestión del ser a la del *sentido* y del *valor*, sino al fondo de la *realidad* de la vida como poder.

Desde una perspectiva hermenéutica resulta difícil en principio introducir la noción de realidad, ya que ésta suele estar ligada a un «mundo en sí», externo a la comprensión y a su lingüisticidad e historicidad. De ahí la importancia de una hermenéutica del poder, puesto que en ella podrá mantenerse el sentido de la realidad y tal vez encontremos una nueva noción —una noción auténticamente hermenéutica— de la realidad.

No es imposible pensar hermenéuticamente el problema metafísico de la realidad. Ahora bien, ésta no se concibe separada absolutamente del sentido, sino que está ligada a la experiencia hermenéutica del mundo, a la «objetividad» (*Sachlichkeit*) de su lingüisticidad y, por consiguiente, a su perspectividad. Así pues, el presunto «en sí» deja de ser puramente tal y se convierte en un «para mí», puesto que siempre está ligado a un determinado modo de saber e incluso a un querer. Los horizontes «ontológicos» se diseñan a partir de la experiencia y de la voluntad, ya que los presuntos «objetos» surgen de las relaciones de «pertenencia» de la experiencia y el pensamiento. La realidad no es ajena a la relación de mostración significante, de implicación vital, por la que nos sentimos concernidos y algo nos importa, nos afecta, nos interesa.

La realidad habrá de entrar en un nuevo campo constituido, ya no meramente por la relación entre pensamiento y ser, sino por la trabazón de «acontecer» y «comprender»[113], «apropiación» e «interpretación». En este acontecer hermenéutico del comprender, donde se realiza el sentido como un conjunto de sentido multilateral, surge una nueva relación con el ser y con la realidad, se abre un nuevo mundo a través de la articulación del sentido. En este contexto el «poder» incorporará el momento de realidad[114].

---

[113] H.-G. GADAMER, *Verdad y método*, p. 552.
[114] J. CONILL, *El enigma del animal fantástico,* cap. 4.

Esa *noción del poder*, articulable en el pensamiento hermenéutico para expresar el momento de la realidad, se encuentra en Nietzsche. El poder nos conduce desde el sentido a la realidad (allí donde parece perderse toda noción de la misma al rechazar el «en sí»). Pues la realidad no tiene por qué entenderse necesariamente como un «en sí».

Nietzsche introduce una noción del poder, que no se restringe a la política, aunque también tenga una enorme relevancia para una nueva filosofía política (como veremos más tarde). Pero, en principio, su noción del poder rebasa los límites del pensamiento político y tiene que ver más con una noción de la realidad. A su través se pone de relieve el lado poderoso de la realidad (la poderosidad de lo real, en terminología de Zubiri), es decir, que la *realidad* es fundamentalmente *poder*.

El poder no se reduce a fuerza o a violencia, sino que constituye el fenómeno en el que experimentamos la realidad; es un fenómeno dinámico y comunicativo. El concepto del poder proporciona otro modo de pensar la realidad, que se separa de la concepción habitual del ser, de la naturaleza, del espíritu; con él emerge para el pensamiento un mundo, con su propio dinamismo, y al que le es propia una estructura comunicativa.

Esto tiene consecuencias decisivas para la moral, el derecho y la política. El pensamiento de la realidad habrá de contar con la estructura dinámica y comunicativa del poder. El sentido factual de la realidad (su facticidad) se concibe ahora intrínsecamente unido a su dinamicidad y comunicatividad. Lo importante no es ya su «*en sí*» o su «*objetividad*» (su sentido de *ob-jectum*), sino su *relación* con nuestra comprensión experiencial, con nuestras capacidades y expectativas (su contribución a la experiencia sentida e interpretada). El poder es realidad dinámica, que nunca puede fijarse definitivamente, que tiene que ver con un *equilibrio de fuerzas* en relación siempre cambiante; constituye un potencial energético, que se rebasa constantemente a sí mismo, pero siempre en relación comunicativa (de reconocimiento y entendimiento recíproco) a partir de sus pretensiones.

A mi juicio, el poder en la hermenéutica genealógica de Nietzsche se expresa en el sentido radical de la transvaloración. La transvaloración es la nueva interpretación (en la que se da la trabazón de acontecer y comprensión), capaz de instaurar un nuevo orden de valor y una nueva perspectiva de sentido. Es ésta otra modalidad de pensamiento hermenéutico, en la que el momento de realidad está presente (operante) en el poder.

El dinamismo del poder destruye o construye con efectividad, no consiste en un ámbito meramente ideal (conceptual, lógico). El poder es fuerza real penetrada de razón, no fuerza bruta, *fuerza inteligente y comunicativa* a partir de sus pretensiones. El poder está preñado de posibilidades, capacidades (*dynamis, potentia*); se refiere a la *realidad dinámica*, a la realidad en su realización y temporalización, en su devenir.

De ahí que la experiencia de la realidad como poder nos abra expectativas y lo vivamos como el horizonte de lo que nos cabe esperar, lo experienciemos como fuerza, energía, efectividad, en relación con nuestros propósitos y expectativas. Es una realidad que acontece en la comprensión y que se apodera de nosotros, tiene fuerza coercitiva y vinculante, vigor e incluso un dominio efectivo que se impone por sí mismo.

La experiencia del poder abre una nueva relación con la realidad: se experiencia la realidad de otra manera (ni como ser, ni como objeto, ni como «en sí»): en el poder se experiencia la *realidad como libertad*, como apertura real de posibilidades, como acontecer real (efectivo), dinámico y expansivo.

El poder incorpora en el ámbito de la realidad lo que tradicionalmente ha constituido el *momento de la idealidad* y que casi siempre se ha entendido como lo contrapuesto a la realidad. El poder es el modo como puede entenderse la realidad en su dinamicidad y el ámbito donde lo que era idealidad (en sentido contrapuesto) puede entrar en juego efectivo y operante. La desconexión radical entre realidad e idealidad puede resolverse a través del espacio abierto por la concepción de la realidad como poder, ya que de este modo la realidad pierde su carácter de facticidad fija y se convierte en dinámica comunicativa, dentro de la cual ha de ejercer su función efectiva aquello que tradicionalmente se consideraba ideal (en el sentido de separado radicalmente de la realidad). Porque lo que se considera ideal constituye el ámbito de la autointerpretación del poder en sus pretensiones de validez; pero éstas no están desconectadas del fenómeno primordial del poder: son un modo de expresión del mismo en su dinámica de acrecentamiento y autosuperación, son también un acontecer en la comprensión experiencial.

Y todo ello se debe a que Nietzsche entiende el poder desde lo que él llama «voluntad de poder». El «poder» no se puede aislar de la «voluntad», si quiere interpretarse adecuadamente. De lo contrario se cae en una mera interpretación dentro del esquema tradicional de la filosofía, mientras que con la introducción de la «voluntad de poder» cambia la estructura misma del pensamiento de la realidad. El pensamiento se convierte en hermenéutico, sin que en él quede fuera la realidad, pues ésta sólo puede entenderse a través de lo que signifique la voluntad de poder.

Heidegger supone un paso en esta interpretación: «la esencia del poder es *voluntad de* poder, y la esencia de la voluntad es voluntad *de poder*» [115]; y desde esa vinculación adquiere sentido hablar de poder como «realidad de la voluntad» [116]. Aprovechando la exégesis heideggeriana, podemos percatarnos de la peculiar dinamicidad del poder: «a la esencia del poder pertenece el predominio (*Übermächtigung*) de sí mismo» [117]. Aquí se revela una estructura reflexiva: el poder está «siempre en camino "hacia" él mismo»; la voluntad de poder puede entenderse como «poder de poder», que Heidegger aclara mediante la expresión: «potestad de predominio» (*Ermächtigung zur Übermächtigung*). Es patente el doble sentido del término «poder»: 1) como «prepotencia» o «predominio» (*Übermächtigung*) tiene la cualidad de crecimiento de poder y de pretensión de superarse a sí mismo en busca de más poder; 2) como «poderío» o «potestad» (*Ermächtigung*) otorga a la realización del crecimiento la legitimación y le quita el carácter de brutalidad, destacando la legitimidad interna del poder (de la voluntad como mandato) [118].

Pero Heidegger saca consecuencias de esta concepción del poder en la voluntad de poder, que acaban en una interpretación difícil de compartir. Da la sensación de que se aprovecha de los impulsos innovadores del pensamiento nietzscheano para su propia cosecha, practicando un cierto «vampirismo» filosófico, y luego lo sitúa dentro de una esquematización muy forzada de la historia de la filosofía, que implica a su vez una crítica sociocultural. Heidegger constata, por un lado, el origen metafísico del concepto de poder en la filosofía aristotélica (*dynamis, energeia, entelecheia*) y lo incorpora a su historia del olvido del ser (en la «permanencia de la presencia») [119]; y, por otro, mediante su ficción etimológica de la cercanía entre «poder» (*Macht*) y «hacer» (*machen*), mezcla la interpretación metafísica de la voluntad de poder con una crítica sociocultural, en la que se atri-

---

[115] M. Heidegger, *Nietzsche* II, 265.
[116] Ibíd., I, p. 76.
[117] Ibíd., II, 266.
[118] Ibíd., pp. 266 ss.; cfr. «La frase de Nietzsche: "Dios ha muerto"», en *Sendas perdidas,* Losada, Buenos Aires, 1960, pp. 174 ss.
[119] Ibíd., I, 648 ss.; I, 76-77.

buye al mundo moderno el total olvido del ser a través de la «desenfrenada capacidad de hacer», imperante en todos los órdenes de la vida [120].

Sin embargo, siguiendo a V. Gerhardt, parece más acertado buscar el origen de la experiencia del poder en el sujeto humano que vive la tensión de la realidad; es aquí donde encontraríamos el germen de la noción hermenéutica de la realidad como poder. Lo cual invalidaría la interpretación que hace Heidegger de la noción del poder en Nietzsche, como si se tratara de un paso más en el pensamiento metafísico que ha olvidado el ser; olvido agravado por la pretensión (científico-técnica) de dominio, propia de la modernidad. Para Heidegger, en la voluntad de poder de Nietzsche culminaría el olvido del ser propio de la metafísica y el de la ciencia-técnica moderna.

¿Por qué Nietzsche recurre a la noción de poder (en la voluntad de poder), y no le bastan las nociones de «fuerza», «acción» (*Tat*), «espíritu» y «vida»? Porque con dicha noción alude a una «*relación de fuerzas*», cuya estructura habrá de entenderse por analogía con una «voluntad que manda» en un contexto de «resistencias», y cuya experiencia se vive como *apertura eficaz de lo posible* (donde virtualidad y actualidad se confunden). El «poder» proporciona un modo de entender la realidad en su dinamicidad; ésta abre contextos de influencias y repercusiones, en los que no se trata de meros «efectos» sino de auténticas influencias —relaciones valorativas— sobre la comprensión. El poder construye una estructura de expectativas a través de esos plexos de influencias y repercusiones. En el poder está ya siempre reflejado —aun cuando implícitamente— el punto de partida humano de la vivencia. El «poder» concibe la realidad como «contexto dinámico de expectativas de repercusiones e influencias», en cuya encrucijada se encuentra el hombre (un poder entre los poderes). Este *origen experiencial-vital de la noción del poder* muestra que el poder guarda relación con «fuerzas vivas», a las que se añade un componente hermenéutico, por el que el poder deja de ser una fuerza bruta y se convierte en «el grado de razón [inteligencia] contenido en la fuerza» [121].

Ese grado de razón hermenéutica es el que posibilita que el poder

---

[120] V. GERHARDT, «Macht und Metaphysik, Nietzsches Machtbegriff im Wandel der Interpretation», *Nietzsche-Studien,* 10/11 (1981-1982), pp. 193-221.
[121] *Aurora* 548, p. 198.

tenga una fuerza (función) *transvaloradora* y una fuerza (función) (auto)-(hetero)-*legitimadora*. No es fuerza bruta sino fuerza viva inteligente: transvaloradora y legitimadora.

Este grado de razón (o inteligencia) contenido en la fuerza tiene el carácter de la *interpretación* y de la *libertad*, puesto que la voluntad de poder «interpreta» y se equipara a la «libertad».

La voluntad de poder constituye un intento de «interpretación» de todo acontecer. Todo sentido posible proviene de la voluntad de poder, ya que todo acontecer tiene carácter interpretativo y las cosas son lo que son, únicamente en la medida en que nos importan y nos afectan. No hay cosas «en sí», sino en relación, en juego significativo: interpretación valorativa. La voluntad de poder será «*transvaloración*» (*Unwertung*), capacidad de transvalorar.

Con nuestras interpretaciones no sólo valoramos la vida y el mundo, sino que a través de ellas la voluntad de poder se adueña de algo, superando otras interpretaciones. Porque «no hay hechos», sino fuerza inteligente de interpretación transvaloradora. Y ese impulso radical del hombre por el poder se ha denominado «libertad»; de modo que la voluntad de poder posibilita comprender de nuevo —pero de modo nuevo— la realidad y la libertad en un contexto hermenéutico: el de la dinamicidad intrínseca de las interpretaciones como transvaloraciones, mediante las que acontece la «realidad de la voluntad» desde la voluntad de poder.

Este nuevo camino para no perder el sentido de la realidad que encontramos en Nietzsche podría proseguirse en algunas formas del pensamiento contemporáneo, como las de N. Luhmann, M. Foucault y X. Zubiri, por indicar algunos puntos de referencia significativos. En todos ellos la realidad no se entiende como un «en sí», sino como algún modo peculiar de «*relación*» y «*poder*», aunque se utilice terminología diferente. Tanto el aspecto dinámico como el comunicativo, además del relacional, siguen estando presentes en estas otras formas de pensamiento de la realidad. La hermenéutica del *poder* permite, pues, incorporar el momento de la *realidad* —no sólo el *sentido* y el *valor*— en el acontecer interpretativo y transvalorador de la voluntad de poder.

9.5. Genealogía de la experiencia libre

La contribución nietzscheana al pensamiento hermenéutico alcanza, a mi juicio, todavía otro nivel complementario de los anteriores. Podríamos denominarlo el momento radicalmente experiencial de su hermenéutica del sentido, del valor y del poder. Porque ¿qué es lo que decide sobre la jerarquía de valores en la interpretación? La experiencia libre. *Desde* la experiencia surgen las valoraciones y las interpretaciones; las valoraciones delatan las condiciones de vida y las necesidades algo nos indican de la «estructura» vital. Lo que decide el sentido de las valoraciones proviene de «los grupos de sensaciones que se despiertan más rápidamente dentro de un alma», «que toman la palabra, que dan órdenes»[122].

El momento experiencial de la hermenéutica nietzscheana nos conduce a su pensamiento abismal, que es un pensamiento experiencial del enigma y el misterio[123], referente al pensamiento del eterno retorno, a la revelación, a la inspiración y el éxtasis, a la tormenta de sentimiento de libertad, de poder, de divinidad. En esta experiencia radical de la inspiración se vive el momento de la involuntariedad de la imagen, del símbolo. Aquí se vive lo «dionisíaco» como «acción suprema», por la que se «ha visto más», se «ha querido más», se «ha *podido* más», porque en ella experienciamos el «espíritu afirmativo», la «revelación», el retorno del lenguaje a la naturaleza de la figuración[124].

Esta radicalización experiencial de la hermenéutica genealógica de Nietzsche le acerca a la *mística* y a la *dinamicidad* de la interpretación *de los símbolos* (frente a las fijaciones de la ontología y de la moral). Algunos autores han destacado este aspecto místico del pensamiento nietzscheano y creen encontrar en él un camino para un «redescubrimiento» de Dios en Nietzsche[125]. Aquí lo fundamental sería la experiencia de lo divino y sus huellas; en Nietzsche cabría encontrar una mística encubierta, un pensamiento místico de lo sagrado, que se refleja en la superación de los parámetros del pensamiento racional convencional y que Heidegger supo aprovechar en sus reflexiones sobre un pensamiento que se ha quedado sin Dios (de «dioses huidos»), un pensar ante la retirada (la sustracción) de lo divino, que adviene y se nos escapa.

Este sentido experiencial radical puede entenderse también

---

[122] *MBM* 268, p. 236.
[123] *EH,* respecto a *Za.,* pp. 93, 97, 98.
[124] Ibíd., 101-102.
[125] R. MARGREITER, «Die Verwindung der Wahrheit und der Entzug des Göttlichen. Zur Rekonstruktion der Gottesbegriffe Nietzsches», *Nietzsche-Studien,* 20 (1991), pp. 48-67.

como «experiencia agonal de la vida»: la vida es lucha (dolor, placer, derrota y victoria, fuerzas fuertes y débiles); y desde esta experiencia radical surge la distinción para la transvaloración de los valores, la distinción entre la voluntad *fuerte* y la voluntad *débil*[126], porque «en la vida real no hay más que voluntad *fuerte* y voluntad *débil*». Ambas quieren poder. La voluntad débil elige el camino de la obediencia, el sometimiento, la adaptación y busca imponerse por el gran número. Es el sistema de la moral de esclavos, con el que se tiraniza a las masas y se construyen rebaños. Aquí se revela el odio a la vida, la enemistad contra la realidad, porque el «centro de gravedad» de la vida no se pone en la vida, sino en un «más allá», en la «nada»[127].

La voluntad fuerte, en cambio, dice sí a la vida; practica la justicia por su fuerza y está ligada a sus promesas. Es la moral del poder, la que acrecienta el poder de la vida, pero sin falsas esperanzas. Domina las pasiones por libertad, sin someterse a unos principios establecidos; más bien, sigue la dinámica de la «superación» (frente a la mera «adaptación» y al mero «rechazo» ineficaz). En la voluntad fuerte están unidos el principio de la realidad y el principio del placer: la fuerza creativa permite unir «poder y moral», de manera que la moral no quedaría fuera de la realidad[128].

La moral del poder es la moral de la superación, no de la conservación y de la adaptación; refleja la voluntad de poder por autosuperación creadora. Ésa es la experiencia radical: la experiencia del poder de lo real en su dinamicidad expansiva.

Otro modo de entender el fondo experiencial sería el estético, lo cual no debe confundirse con ninguna posición esteticista. Porque la *experiencia abismal* en Nietzsche encuentra su expresión más radical en otras formas como la *mística* y la *agonal*. Las tres son propiamente nietzscheanas, aunque, a mi juicio, es la última la que ofrece el fondo más propio del abismo experiencial en el que nos sumerge Nietzsche. Pues incluso en las experiencias mística y estética late en el fondo el sentido agonal de la existencia.

Sólo el camino de la experiencia nos permite «profundizar en la

---

[126] *MBM* 21, cita de p. 43; «La voluntad de poder», 863, cfr. para lo que sigue V. GERHARDT, «Macht und Moral. Zum Ansatz einer "Umwertung der Werte" bei Nietzsche», en J. S. KLEHR (Hrsg.), *Dem Nichts entkommen,* Stuttgart, 1982.

[127] *AC* 27, pp. 42-43.

[128] V. GERHARDT, «Macht und Moral. Zum Ansatz einer "Umwertung der Werte" bei Nietzsche».

realidad, para extraer alguna vez de ella [...] la *redención* de la misma, su redención de la maldición que el ideal existente hasta ahora ha lanzado sobre ella»[129]. Por eso, Nietzsche respeta la «redención» en las grandes religiones, dado que éstas nos abren al *orden experiencial de la «gracia»*, en el que se ha autosuperado la justicia. En la experiencia de la redención y de la gracia rebasamos las meras relaciones jurídicas y sentimos el «privilegio del más poderoso», que consiste en estar *más allá del derecho*. Esta suprema experiencia de la redención es la que vive el hombre *redentor*, el hombre del gran amor y del gran desprecio, el *espíritu creador*. Pues «lo que justifica al hombre es su realidad», no el hombre ideal, sino el hombre real forjado en y por la experiencia más profunda.

Y la apuesta por la radical profundización en la experiencia empuja a Nietzsche hacia una *mística agonal de la vida*, que es la que expresa el símbolo trágico de «Dioniso»: una «voluntad de vida», de «vida *eterna*», que arranca del instinto más profundo de la vida, el de la eternidad de la vida, y que es sentida como «*vía sagrada*» en la experiencia de los «misterios dionisíacos».

10. TRAS LA HERMENÉUTICA: NIETZSCHE Y ZUBIRI

Hasta aquí hemos intentado situar el pensamiento de Nietzsche en el ámbito de la hermenéutica contemporánea. Es momento de ir *más allá* y relacionar su pensamiento con un filósofo como X. Zubiri, que también ha intentado ofrecer una alternativa radical. Esto no sólo servirá para localizar lo más adecuadamente posible el pensamiento de Nietzsche en el debate actual, sino también para mostrar la actualidad de Zubiri.

Es éste un modo de aceptar la constante invitación de José Luis Aranguren, quien ya desde su *Ética*[130] inauguró un estilo revitalizador del pensamiento de Zubiri, que ha contado también con otras aportaciones de primer orden, provenientes bien del ámbito científico, como las de *Pedro Laín Entralgo* y *Diego Gracia*, bien de la filosofía de la liberación, como *Ignacio Ellacuría*.

Pero, a pesar de su fructífera influencia, sigue siendo verdad que, para comprender a Zubiri a la altura de nuestro tiempo, se requiere

---

[129] *GM,* pp. 109-110, 83, 106, 134-135, 155.
[130] J. L. ARANGUREN, *Ética,* Ed. Revista de Occidente, Madrid, 1958.

una adecuada contextualización de su pensamiento[131], porque más de uno se ha desanimado y ha abandonado la ardua tarea de leer sus libros, al no contar con los puntos de referencia precisos, o bien al haber tenido la sensación de enfrentarse a una filosofía encerrada en sí misma.

Hoy en día es ya un logro bien reconocido el de Antonio Pintor Ramos, que ha situado la filosofía de Zubiri en el contexto de la fenomenología[132]. Sin embargo, aun cuando haya que proseguir en esta línea (a todas luces imprescindible), convendría ampliarla en un sentido no exclusivamente historiográfico; porque lo importante no es sólo *de dónde* viene una filosofía como la de Zubiri, sino *a dónde* va. Se necesita ampliar la contextualización de su pensamiento, reinterpretándolo no únicamente desde el *texto* sino desde la *realidad vital*, por tanto, repensarlo —recrearlo— con el propósito de descubrir sus virtualidades para responder a los envites del mundo en que vivimos.

En este sentido creo que, para contextualizar hoy en día a Zubiri, es muy relevante su relación con Nietzsche. Y, aunque algunos la consideren extravagante, debo aclarar que esta conexión Nietzsche-Zubiri se estableció por sí sola al ir leyendo a ambos autores por separado: en cada uno de ellos me resonaba el otro. No fue algo premeditado o una hipótesis de trabajo ficticia, sino una asociación espontánea que surgía continuamente en el curso del pensamiento.

Pero esta conexión entre Nietzsche y Zubiri empezó a tomar cuerpo de modo más sistemático cuando afronté el problema fundamental que planteaba la crítica a la metafísica, proveniente de la genealogía nietzscheana. La metafísica contemporánea tenía que responder al radical reto nietzscheano: si realmente en una época reconocida públicamente como «postmetafísica» el saber metafísico ha quedado definitivamente arrumbado o si, por el contrario, su permanencia es insoslayable[133].

La experiencia actual de abismo apunta a la sospecha de que todo en el fondo es contingente y caótico, de que sólo contamos con un orden funcional y convencional, de modo que escepticismo y nihilismo resultan inevitables. Pero, precisamente por eso, tal vez recupera

---

[131] Vid., por ejemplo, J. MUGUERZA, «El lugar de Zubiri en la filosofía española contemporánea», en *Del sentido a la realidad,* Trotta, Madrid, 1995, pp. 19-31.

[132] A. PINTOR-RAMOS, «Zubiri y la fenomenología», *Realitas,* III-IV (1979), pp. 389-565.

[133] J. CONILL, *El crepúsculo de la metafísica,* Introducción.

su sentido aquel esfuerzo intelectual que surgió para orientarse en el mundo, para saber *estar* en la realidad, al que se denominó metafísica; y me parece que fue lúcido O. Külpe al anunciar a comienzos de siglo que en el umbral de la filosofía del futuro se encontraba el *problema de la realidad*. Nietzsche recogió con tono trágico el problema de la realidad, que se venía arrastrando desde la teoría del conocimiento de Kant y que subsiste como tema de su tiempo en gran parte de la filosofía del XIX y comienzos del XX.

Curiosamente el problema de la realidad es el motor de la preocupación filosófica en el primer escrito de M. Heidegger[134] —otro de los maestros de Zubiri, junto a Ortega y Husserl—, donde se lamenta de la trayectoria postkantiana de la filosofía, debido a que ésta se ha alejado cada vez más del problema de la realidad. Heidegger se acoge en este momento a las posibilidades que ofrece el realismo crítico de Külpe, de enorme importancia para la transformación realista del criticismo transcendental kantiano en el Racionalismo crítico de K. Popper y H. Albert[135].

A este problema latente en toda la filosofía moderna y contemporánea, agigantado y llevado al extremo por Nietzsche, es decir, al de la aparente difuminación de la realidad, responde la filosofía de Zubiri.

A partir de Zubiri puede surgir una metafísica postnietzscheana, capaz de contribuir a que nos vayamos recuperando de la merecida crisis de la razón moderna, ya que la crítica de Nietzsche a la metafísica no alcanza a la metafísica zubiriana o, al menos, habría que reformularla de un modo preciso; pero en tal caso se descubrirían *aspectos comunes* entre ambas filosofías, que provocan la sospecha de si Zubiri, con intención o sin ella, de un modo más o menos consciente, no pudo estar movido por el interés de ofrecer un camino filosófico a la altura del reto nietzscheano.

Por lo menos, en lo concerniente al grave problema de la realidad, las referencias a Külpe y Heidegger abogarían en favor de esta hipótesis. Pero hay otros aspectos de las filosofías de Nietzsche y Zubiri que revelan una posible conexión muy fructífera, como por ejemplo, el *modo de entender la razón, el lenguaje* y *lo moral*[136].

---

[134] «Das Realitätsproblem in der modernen Philosophie» de 1912.
[135] Cfr. J. CONILL, *El crepúsculo de la metafísica*, cap. 3, y *El enigma del animal fantástico*, cap. 3.
[136] En este sentido resultan muy fecundas las aportaciones de José Antonio MARI-

Comenzaré con una reflexión sobre el horizonte filosófico en que se sitúan Nietzsche y Zubiri, porque sus obras han parecido a muchos «intempestivas» o «extemporáneas». Y es que no resulta fácil entenderlos, si no se rebasan las presentaciones panfletarias —como ha sido habitual en la divulgación de Nietzsche— o los deformados estereotipos, en el caso de Zubiri.

10.1. HORIZONTE DEL PENSAMIENTO: ¿SUPERACIÓN DEL NIHILISMO?

Un aspecto común a Nietzsche y Zubiri fue sin duda la admiración que sintieron por los griegos, especialmente los presocráticos. Pero a pesar de sentirse cerca de su pensamiento, inmerso en el ámbito de la *physis*, y recurrir a él en muchas ocasiones, no es ese el horizonte filosófico en que se encuentran.

Tampoco se sitúan ya sin más en el horizonte del criticismo moderno, que todavía confía en la *conciencia* y en la *lógica*, sino que, más bien, intentarán superar el subjetivismo en que quedó atrapado y el idealismo en que desembocó.

Por otra parte, Nietzsche y Zubiri coinciden en atribuir una importancia epocal a la *desfundamentación* y al *ateísmo*, así como al *desarraigo* característico de nuestra situación intelectual.

Por lo que respecta al ateísmo, Zubiri llega a afirmar que «hay un ateísmo de la historia»; y añade a continuación: «el tiempo actual es tiempo de ateísmo, es una época soberbia de su propio éxito. El ateísmo afecta hoy, *primo et per se*, a nuestro tiempo y a nuestro mundo»[137].

No resulta difícil comparar este ateísmo epocal con el sentido nietzscheano del anuncio de la «muerte de Dios». Porque se trata en ambos casos de un acontecimiento histórico experienciado, de una verdad histórica vivida, que caracteriza el mundo en que estamos inmersos.

Por otra parte, Zubiri se percata también del estado de desfundamentación en que vivimos: «Nuestra época es rica en ese tipo de vidas [...] ante las cuales surge siempre un último reparo: "Bueno, ¿y

---

NA a la noción de inteligencia creadora, afectiva y valerosa (*Teoría de la inteligencia creadora,* Anagrama, Barcelona, 1993, y *El laberinto sentimental,* Anagrama, Barcelona, 1996).

[137] X. ZUBIRI, *Naturaleza Historia Dios* (= *NHD*), Alianza, Madrid, 1987 (9.ª ed.), pp. 394-395.

qué?..." [...] Como época, nuestra época es época de desligación y de desfundamentación».

Además, esta desligación y desfundamentación produce un desarraigo vital, que tiene importantes repercusiones para la configuración del sujeto humano: «no podemos olvidar que es también la época de la crisis de la intimidad». Este «desarraigo», según Zubiri, es «el problema más hondo de la existencia». Así que «sólo lo que vuelva a hacer arraigar nuevamente la existencia en su primigenia raíz puede restablecer con plenitud el noble ejercicio de la vida intelectual»[138].

Nietzsche y Zubiri coincidirán en detectar que el ámbito en que se viven y resuelven (en su caso) este tipo de problemas no es el de los razonamientos y las estructuras lógicas, sino un nivel más profundo: el de la *experiencia*. Sólo el camino de la experiencia nos sitúa donde se vive el sentido del ateísmo, según Zubiri (en la posibilidad de sentirse religado o desligado), y de la «muerte de Dios», según Nietzsche.

De ahí que Zubiri escribiera lo siguiente: «es necesario *apurar aún más la experiencia*»[139]. Lo mismo que Nietzsche con el nihilismo, apuesta Zubiri por ir al fondo de la experiencia humana, aunque sean diferentes los sabores que al final nos ofrezcan.

Así, Zubiri confía en que, apurando la experiencia, «llegará seguramente la hora en que el hombre, en su íntimo y radical fracaso, despierte como de un sueño encontrándose en Dios y cayendo en la cuenta de que en su ateísmo no ha hecho sino estar en Dios. Entonces se encontrará religado a Él, no precisamente para huir del mundo, de los demás y de sí mismo, sino al revés, para poder aguantar y sostenerse en el ser»[140].

Sin embargo, Nietzsche sólo pone su esperanza en la superación del nihilismo reactivo (pasivo), si somos capaces de crear un nuevo «sentido de la tierra» a través de lo que se expresa mediante la metáfora del «superhombre»[141].

Pero ninguno de ellos consideraría el nihilismo como una propuesta teórica, sino como un acontecimiento histórico experiencial y vital, un «destino», que cambia la orientación del pensamiento y de la vida humana. Tanto Nietzsche como Zubiri se debaten dentro de un horizonte que ya no es ni antiguo (premoderno) ni moderno, sino

---

[138] Ibíd., p. 25.
[139] Cursiva nuestra.
[140] Ibíd., pp. 395-396.
[141] J. CONILL, *El enigma del animal fantástico*, cap. 8.

posgriego y poscristiano, y que Antonio Pintor ha intentado sintetizar con la fórmula «*horizonte de la intramundanidad*»[142].

Por mi parte, añadiría que la intramundanidad, que ya hizo su aparición como tal en el enfoque moderno, tiene ahora rasgos propios, como la desfundamentación y el desarraigo; y sobre todo adquiere un nuevo carácter experiencial, cuyo resultado configura otro modo de estar en el mundo, que cada vez confía menos en los esquemas racionalizadores —presuntamente liberadores—, propios de la conciencia moderna.

Así pues, conscientes del fracaso del idealismo de la razón moderna, se sitúan ambos en un horizonte de *pensamiento experiencial*, al que cabe considerar, por tanto como un pensamiento, de condición posmoderna, postconceptista y postidealista; y en el caso de Zubiri, a su vez, postnietzcheana[143], ya que sólo desde el *abismo* y el *enigma* —a que nos abre la experiencia vital— será «quizás» posible superar el nihilismo.

10.2. Más allá del criticismo e idealismo modernos

Nietzsche y Zubiri pretenden ofrecer una alternativa al criticismo moderno, basado en la autoconciencia psicológica o lógica del sujeto, rebasando el enfoque epistemológico[144], puesto que los conceptos y las ideas producidos por las diversas modalidades de filosofía de la conciencia ni cuentan con ningún punto de apoyo firme, ni se han percatado del proceso y trasfondo del que realmente surgen.

Ni la lógica, ni la epistemología han llegado al fondo de la cuestión; tal vez una «genealogía» (Nietzsche) o una «noología» (Zubiri) alcancen las *infraestructuras de la razón*. Por eso, la búsqueda nietzscheana y zubiriana de un ámbito previo a lógica, a la conciencia, al lenguaje gramaticalizado, a los conceptos y a la relación sujeto/objeto, constituye una común preocupación, que tiene por objeto superar el «ideísmo» moderno, en terminología de Zubiri, y las deformaciones (ocultaciones e incluso «mentiras», según Nietzsche), producidas por la conciencia moderna.

---

[142] A. Pintor-Ramos, *Realidad y sentido,* Universidad Pontificia, Salamanca, 1993, p. 303.

[143] D. Gracia, *Voluntad de verdad,* Labor, Barcelona, 1986, p. 15.

[144] «Cartesianismo epistemológico», en terminología de H.-G. Gadamer, *Verdad y método*.

Así, mediante la genealogía Nietzsche descubre, por ejemplo, que la conciencia lógica «no es más ni menos que el comentario fantástico de un texto desconocido, quizá incognoscible, pero *sentido*»[145]. Algo parecido podría decirse del ulterior desarrollo que las reactualizaciones del logos y de la razón llevan a cabo, según Zubiri, a partir de *lo sentido* en la «aprehensión primordial». El logos y la razón aportarían asimismo el comentario libre de lo que de modo inefable estamos sintiendo.

Y esto vale igualmente para el lenguaje, porque no debe olvidarse que, para Nietzsche, conciencia y lenguaje van de la mano[146]; de ahí que resulte ridículo oír tantas veces en nuestros días —sin más reflexión autocrítica— que mediante el presunto cambio de paradigma desde la conciencia al lenguaje se llega a un pensamiento postmetafísico.

Por tanto, lo que hace falta para superar realmente la filosofía moderna es un nuevo hilo conductor, que no nos aleje de la realidad por odio a los sentidos, ni construya mundos ideales como los de la epistemología y la ontología moral[147]. Nietzsche lo encuentra en el *cuerpo* y Zubiri en el análisis del *sentir*; en ambos casos se desemboca en una razón experiencial: corporal como la «gran razón» en el caso de Nietzsche y «razón sentiente» en el de Zubiri. De esta manera se espera superar la «logificación de la inteligencia», denunciada por ambos, y desbaratar así todo dualismo (antiguo o moderno), a partir del «instinto de realidad» (Nietzsche) o de la «impresión de realidad» (Zubiri).

Esto supone un cambio profundo en el modo de entender la realidad, la razón, el lenguaje y la vida moral. Pero a estos cambios subyace un nuevo método, el único que es capaz de superar el idealismo y que podríamos denominar «*physikós*». Este método nos ofrece una nueva vía de acceso originario —físico— a lo real a través del cuerpo y del sentir, por tanto, sin dejar de lado ni menospreciar la animalidad humana, sino incorporándola en el proceso intelectivo y en todos los ámbitos de la vida.

Nietzsche y Zubiri se oponen a la tendencia idealista a fabricar el ser a la medida del logos[148]. Con lo cual el posible «fundamento»

---

[145] *Aurora*, pp. 74-75.
[146] *GS*, § 354.
[147] J. Conill, *El crepúsculo de la metafísica*, cap. 6.
[148] J. Ortega y Gasset, «La idea de principio en Leibniz», *Obras completas*, vol. VIII, Ed. Revista de Occidente, Madrid.

(*Grund*) tendrá aquí un carácter abierto a la experiencia, de la que tampoco está fuera el abismo (*Ab-grund*) y el caos, puesto que la filosofía no tiene ya como matriz el orden lógico. Antes bien, el valor de la lógica se determina desde instancias no-lógicas, previas a la conciencia y al lenguaje gramaticalizado, donde *sentimos* la fuerza de las impresiones y *vivimos* el poder de lo real.

10.3. La realidad como poder

La primera novedad que introduce la noción zubiriana de realidad, y que la asemeja a la de Nietzsche, consiste en que no alude a la realidad «allende» toda aprehensión sensible, ni a la realidad «en sí» de una cosa real en un mundo independiente de mi percepción, pues no hace falta salir de la aprehensión para sentir la realidad. Antes bien, «realidad» designa una relación o, en terminología zubiriana, una «*formalidad* en impresión» (el «de suyo» de lo sentido), desde donde es preciso rectificar toda la historia de la metafísica, ya que ésta se ha dedicado a *entificar* y *objetualizar* la realidad.

Con esta nueva idea de la realidad va unido inseparablemente un nuevo modo de entender la inteligencia, que permite seguir descubriendo semejanzas entre ambos filósofos. Porque se trata de una inteligencia, cuya primera función es estrictamente biológica, de manera que la realidad tendrá que tomarse también primordialmente como formalidad, pero no de carácter lógico, gramatical o lingüístico, sino dependiente de una *habitud* o modo de habérselas con las cosas, que está en relación con las estructuras del cerebro, entendido como «órgano de hiperformalización».

Estas ideas zubirianas confluyen con la radical crítica nietzscheana de los dualismos idealistas, antiguos y modernos, que se basan en la escisión entre dos mundos, en la separación entre lo fáctico y lo ideal normativo, en el recurso a «trasmundanos» por desprecio del mundo real y en la necesidad de fingir un mundo «en sí».

Y algo parecido ocurre con la idea de la «verdad real» zubiriana, que se asemeja a lo que algunos (Granier, Stegmaier, Vermal) vislumbran como «verdad originaria» o «modo de habérnoslas» con el mundo, y que consiste en una verdad antepredicativa, prejudicativa, en un contacto originario con lo real, todavía no deformado por las instancias que se dedican a ordenar lógica y moralmente el caos de las impresiones originarias.

Otra importante novedad de la noción zubiriana de realidad, que converge con las posiciones nietzscheanas, es su tratamiento de la realidad como *poder*. Zubiri ha prestado cada vez más atención al problema de la experiencia del poder de lo real y su filosofía de la realidad se ha ido perfilando como filosofía del poder.

El análisis zubiriano —que no estaría lejos del nietzscheano— detecta que en el fondo de la experiencia de la realidad el hombre hace probación física de lo que es el poder de lo real, experienciando que éste se apodera de nosotros; y como este apoderamiento acontece ligándonos al poder de lo real, al «hecho» de este apoderamiento le da Zubiri el nombre de «religación».

Además, en esta experiencia de la religación se manifiesta el carácter enigmático del poder de lo real y el problematismo de nuestra vida. Y, como lo enigmático nos inquieta, la experiencia del enigma del poder de lo real nos mueve hasta sentirnos lanzados a buscar el fundamento. «La voluntad de verdad se radicaliza hasta convertirse en voluntad de fundamentalidad»[149].

En cambio, Nietzsche abandona la exigencia de fundamentación, porque no quiere perpetuar el «error del fundamento», requerido por los esquemas lingüístico-gramaticales de la razón lógica y la conciencia. El dinamismo vital y la metaforicidad del lenguaje exigen renunciar al pensamiento fundamentador. «El valor para la *vida* decide en último término». ¿Y qué es la vida? Vida es voluntad de poder, contrapuesta a la voluntad de verdad.

Se impone la comparación con Zubiri, para quien el dinamismo dirigido hacia el fundamento no surge de la razón concipiente y logificada, sino de la fuerza misma con que la realidad se actualiza en la «razón sentiente». Entonces, ¿quién tiene más «razón» en la cuestión del fundamento, Nietzsche o Zubiri? ¿No tiene sentido abrirse al fundamento desde una razón sentiente, en cuyo ámbito experimentamos el enigma y el abismo del poder de lo real, como en el caso de Nietzsche?

A mi juicio, en la perspectiva zubiriana no habría ruptura entre voluntad de poder y voluntad de verdad, porque ambas brotan de una *voluntad de realidad*, de donde surge, a su vez, la voluntad de razón, estructurada por la libertad.

Por eso, aunque, según Zubiri, la experiencia del poder de lo real nos abre el ámbito de la fundamentalidad, el hombre puede optar libremente por suspender tal fundamentalidad, reduciendo la reali-

---

[149] Diego GRACIA, *Voluntad de verdad,* p. 250.

dad-fundamento a una realidad-objeto. Aquí lo decisivo es la respuesta que se dé (tras la probación e interpretación) al enigma de la experiencia de la realidad como poder: *factualidad* o *fundamentalidad* se nos presentan como dos posibles experiencias del poder de lo real y su carácter enigmático.

El análisis zubiriano de la religación y el nietzscheano del poder apuntan a un fenómeno común, que se resuelve de modo diferente, tanto intelectiva como opcionalmente, porque se «hacen» dos experiencias de realidad diferentes. Una conduce al problema de Dios; la otra, al ateísmo y al nihilismo: no hay fundamento del poder de lo real. Basta su facticidad.

Pero debe quedar claro que no es por exigencia lógica y meros conceptos, sino por *experiencia* (probación física) del poder de lo real y su carácter enigmático, como llega Nietzsche a una interpretación y opción favorable a la facticidad del poder de lo real. Como Nietzsche, Zubiri ha seguido también el camino de la *experiencia* y ha asumido el reto que supone la opción por la *factualidad* del poder de lo real en el horizonte de la intramundanidad, una experiencia decisiva en la vida contemporánea, marcada por el nihilismo.

A mi juicio, esta renuncia contemporánea al fundamento nos sumerge en una facticidad horadada de nada, de la que vivimos en nuestro horizonte cultural, y cuyo resultado es el imperante pragmatismo nihilista; dicho de otro modo: somos fenoménicamente pragmáticos y nouménicamente nihilistas. Por eso, constituye un mérito de Zubiri haber intentado mostrar que la marcha (el dinamismo) de la razón experiencial no conduce necesariamente al nihilismo, sino que como razón sentiente se abre a la *fundamentalidad* desde su estructura libre, a partir de la primigenia impresión de realidad[150].

Esta concepción de la realidad como poder no sólo es la clave para entender el fondo de la experiencia (como hemos visto), sino también el punto de conexión entre la *realidad* y el *sentido*.

Según Zubiri, no podemos abrirnos al sentido (y, en su caso, al valor), sin pasar por una consideración del poder. «Porque lo que es el sentido de todos los sentidos, el constructo de todos los constructos y la condición de todas las condiciones, el poder de todos los poderes es justamente el poder de lo real en tanto que real»[151].

Aunque Zubiri considera que el carácter primario de las cosas

---

[150] Cfr. J. CONILL, *El enigma del animal fantástico,* pp. 193-197.
[151] X. ZUBIRI, *Estructura dinámica de la realidad,* Alianza, Madrid, 1989, p. 235.

con las que el hombre tiene que habérselas es la realidad, el *sentido* de esa realidad aparece cuando se la mira desde el punto de vista de lo que el hombre quiere hacer, por tanto, en la medida en que abre *posibilidades* de las que pueda apropiarse para acondicionar su vida.

De un modo análogo, también para Nietzsche, el sentido depende de la realidad, puesto que «la voluntad de poder es el *factum* último a que descendemos» y «la voluntad de poder *interpreta*». El proceso en que consiste este interpretar pone en marcha un dinamismo de apropiación de posibilidades: «en realidad *la interpretación es ella misma un medio para enseñorearse de algo*».

La interpretación es una actividad simplificadora a partir de una originaria «fuerza *creadora*», que genera «nuestras *posibilidades*», nuestras formas de vida y actividades, por consiguiente, los más diversos sentidos y valoraciones en dependencia de unos impulsos que son reductibles a la *voluntad de poder*.

Así pues, también la voluntad de poder funciona en la línea de las posibilidades, estableciéndose una relación entre la realidad como poder y el sentido a través de las posibilidades y apropiaciones, por las que acondicionamos nuestra vida. Tanto en la filosofía de Zubiri como en la de Nietzsche se ponen en juego dinamismos de posibilitación, apropiación y acondicionamiento, de lo que es buen ejemplo el fenómeno de la técnica [152].

Ahora bien, la *distancia entre sentido y realidad*, propuesta por Zubiri, permite una *crítica* del sentido a la luz de la realidad: evaluar en toda *apropiación* la solidez del sentido, a ver si nos enriquece o empobrece, desde el punto de vista de la realidad. Porque los «recursos» pueden convertirse en obstáculos y las posibilidades, en amenazas. Hay que estar en guardia frente a tales abusos: por ejemplo, ante el ambivalente progreso técnico; o bien, según Nietzsche, ante la degeneración de los instintos a través de determinadas configuraciones de sentido, como las del judaísmo y el mundo moderno.

10.4. LA «GRAN RAZÓN» DEL CUERPO Y LA INTELIGENCIA SENTIENTE

Frente a la hegemonía moderna de la *conciencia* Nietzsche aporta un nuevo comienzo (¿equivalente a otro «discurso del método»?): «partir del *cuerpo* y utilizarlo como hilo conductor», dando como

---

[152] J. ORTEGA, *Meditación de la técnica*, en *Obras completas*, vol. V; vid. J. CONILL, *El enigma del animal fantástico*, cap. 5.

resultado, a mi juicio, una filosofía del cuerpo[153], una alternativa a las —hasta ahora— prevalentes filosofías del *ser*, de la *conciencia* y del *lenguaje*.

En definitiva, somos cuerpo y en él encontramos la auténtica razón, ya que «el cuerpo es una gran razón»: la razón en el cuerpo (*Vernunft im Leibe*) y en la vida (*Vernunft im Leben*); todo lo demás son «instrumentos» del cuerpo.

Tanto este seguimiento del hilo conductor del cuerpo en Nietzsche como el análisis de la intelección sentiente en Zubiri constituyen una *crítica de la razón lógica* como vía de acceso a la realidad.

Según Nietzsche, no hay ninguna exigencia objetiva para pensar lógicamente, dado que las regularidades y el orden de las cosas proviene de una coerción subjetiva práctica. Las categorías lógicas no tienen valor cognoscitivo; sólo consisten en *esquemas* ficticios o en *imperativos prácticos* para arreglarnos un mundo a nuestro servicio.

La lógica es útil, pero es una falsificación de la realidad, una «mentira», que es inaceptable como «medida de la vida». La lógica no es lo originario y primordial, sino que tiene profundas raíces en la vida orgánica. Es un invento de «animales inteligentes» en su lucha por la existencia. Pero hubo animales inteligentes antes de que hubiera razón lógica.

Por consiguiente, tal vez sólo una *formalidad biológica* al estilo zubiriano podría hacer frente a esta crítica nietscheana de la razón presuntamente autónoma y pura, basada en la formalidad lógica. Porque en la base de lo lógico encontramos un acto no-lógico: «Antes de que se haya "pensado" (*gedacht*), se tiene que haber "inventado" (*gedichtet*), el sentido formador es más originario que el "pensante"».

La fuerza que mueve a logificar (por ejemplo, a igualar) es la «voluntad de poder». Pero no podría haber igualación judicativa, si primero dentro de las sensaciones no hubiera actuado una cierta igualación: tiene que haberse realizado un «proceso de *asimilación*», «una actividad intelectual» originaria, que todavía no cae dentro de la conciencia.

Estas consideraciones nietzscheanas de la lógica son comparables con los aspectos biológico y pragmático del «inteleccionismo»

---

[153] Para una filosofía del cuerpo en línea zubiriana, cfr. P. LAÍN ENTRALGO, *El cuerpo humano*, Espasa-Calpe, Madrid, 1989; *Cuerpo y alma*, Espasa-Calpe, Madrid, 1991; *Cuerpo, alma, persona*, Círculo de Lectores/Galaxia Gutenberg, Barcelona, 1995.

zubiriano, del que debería resaltarse con más rotundidad su «sensismo»[154], y, a mi juicio, además su sensismo práctico. Al igual que hemos visto que, para Nietzsche y Zubiri, no todo lo real es (de estructura) racional, tampoco la razón misma es primariamente algo lógico, sino que la razón inteligere la realidad con la *fuerza coercitiva* propia de cuerpo y del sentir. Así lo muestran sus respectivas *genealogía y noología de la experiencia*.

La «genealogía de la experiencia libre» de Nietzsche nos hace retroceder al mundo primitivo de las impresiones, intuiciones y metáforas, al que se contrapone otro mundo construido de conceptos, como instancia reguladora que impone un orden, y bajo el que queda sepultado el fogoso torrente primordial, compuesto por una masa de imágenes, «que surgen de la capacidad originaria de la fantasía humana», ya que el hombre es un «animal fantástico».

También Zubiri da enorme importancia al «pensar fantástico»: «Es absolutamente imposible eliminar los esquemas de pensamiento que yo llamaría fantásticos». «Junto a él [pensar fantástico] está el otro pensar raciocinante en forma de lógica, del que se cree que piensa nada más que con conceptos abstractos, cuando en realidad el pensar fantástico y el pensar raciocinante son pura y simplemente dos vertientes de una sola realidad que es el pensamiento humano»[155].

En último término, la genealogía nietzscheana descubre que el origen de la experiencia está en las *impresiones* y en el *impulso hacia la construcción de metáforas*, es decir, en vivencias originarias, que son el trasfondo de la *libre creación*. De ahí que los «estados de conciencia» sean estados «de quinto orden comparados con el valor de los instintos».

Zubiri parece conciliar en su noología lo que en la genealogía nietzscheana se presenta en clave de conflicto. Armoniza intuición y razón, de cuya contraposición se sirve Nietzsche para distinguir dos tipos humanos, el hombre intuitivo y el racional.

Tampoco hay oposición entre intuición y concepto, sino que simplemente son dos formas de intelección; pues, antes de ser dos fuentes de conocimiento, son dos modos de actualización de lo real, en la que lo decisivo no es el contenido, sino la unidad proporcionada por la formalidad de realidad (proveniente de la impresión de realidad).

Asimismo, para Zubiri, hay continuidad entre impresiones y con-

---

[154] A. PINTOR-RAMOS, *Realidad y sentido*, pp. 45, 314.
[155] X. ZUBIRI, *El problema filosófico de la historia de las religiones*, Alianza, Madrid, 1993, p. 128.

ceptos, entre el mundo sensible y el inteligible, basándose en la impresión de realidad. Y, si Nietzsche optó por seguir el hilo conductor del cuerpo para regenerar la razón, también Zubiri descubre la radicación de la razón en el orden sentiente, que constituye el origen estructural de la intelección racional, capacitada para desarrollarse como razón poética [156], donde las metáforas son un modo de *dar razón*, porque tampoco hay ruptura alguna entre impresiones, metáforas y razón. Las metáforas tienen, según Zubiri, tanto de racional como los conceptos, pues los unos y las otras se mueven en el espacio de la *libre creación experiencial* de la realidad.

Así pues, la noología zubiriana puede considerarse en bastantes aspectos como una armonización de elementos de la experiencia humana, que en la genealogía de Nietzsche se presentaban dislocados y trágicamente enfrentados.

10.5. Genealogía y noología del lenguaje

La *genealogía* nietzscheana conduce hasta las raíces metalógicas y metalingüísticas: a un instinto fundamental del hombre, al impulso constructor de metáforas. Esta concepción genealógica —como ya hemos visto— se comprende mejor, si se la resitúa en el contexto de la tradición neokantiana, tanto gnoseológico-fisiológica (F. A. Lange), como crítico-lingüística (especialmente G. Gerber), aun cuando esta última haya pasado más desapercibida [157].

Porque es precisamente a partir de esa tradición de donde recibe la influencia en los aspectos más destacables; ante todo, el carácter metafórico del lenguaje, que explica, según Nietzsche, el fracaso de todas las pretensiones de alcanzar la verdad, entendida como expresión adecuada de la realidad. Pero incorpora también de esta tradición la convicción de que la función del lenguaje no es reproducir la realidad en sí, sino que constituye una forma de arte, que surge del instinto artístico del hombre y que goza en su proceso de producción de un cierto margen de libertad, ya que las palabras son tropos y las proposiciones, figuras. De ahí la defensa de la retórica como prosecución de los recursos artísticos ínsitos en el lenguaje.

---

[156] G. Marquínez, «Las ideas estéticas de Zubiri y el realismo fantástico latinoamericano», *Estudios Filosóficos,* 105 (1988), pp. 297-316.

[157] Cfr. cap. 3 (especialmente apartado 3.1).

Avanzando en esa línea, Nietzsche critica la gramática[158], porque nos fuerza a pensar bajo la forma del juicio y nos somete a la estructura sujeto-predicado; critica la fe en los «esquemas» lingüístico-gramaticales, porque no garantizan la relación del lenguaje con la realidad, ni la verdad. Antes bien, con la fijación gramaticalizada se pierde la vida y la experiencia primordial del lenguaje, su carácter energético (Humboldt).

Nietzsche quiere ir «más allá de la gramática», penetrando en el dinamismo de la vida y de los sentidos. También en este punto cabe una comparación, por ejemplo, con la crítica zubiriana del esquema lógico-lingüístico de la predicación y con su defensa del «estado constructo» a partir del logos sentiente (vía *physikós*).

Ahora bien, el problema de la relación entre el pensamiento y el lenguaje se complica enormemente en Nietzsche. Porque hace sospechar que la determinación lingüística del pensamiento desfigura la realidad e incapacita para lograr la verdad. Éste es el problema que se plantea en el fondo, si se radicaliza de modo relativizador (negativo) la consideración del lenguaje como concepción del mundo. El lenguaje ya no es mera imagen o figura (*Bild*) del mundo sino imagen engañosa (*Trugbild*), es decir, una quimera lingüística. Porque, debido a la coerción lingüística, el hombre se ve sometido a la necesidad de desfigurar la realidad y no tiene más remedio que engendrar una esfera de engaño, fraude y mentira. Y la razón de Nietzsche es conocida: «los medios de expresión del lenguaje no se prestan para expresar el devenir».

Lo que ofrecen los medios de expresión es, a lo sumo, «una relación»: «las relaciones de las cosas con los hombres»[159]. Así, por ejemplo, la dureza de una piedra nos es conocida sólo en forma de contacto: se *nota* dura. El predicado «duro» expresa sólo una relación. Y esto vale para cualquier medio de expresión: en todos ellos se expresa sólo cómo *es* algo *para* el que hace tal experiencia.

Por tanto el lenguaje actualiza las cosas, no como son, sino en una perspectiva extraña a ellas. Pero, ¿no pasa Nietzsche demasiado rápidamente del carácter metafórico del lenguaje a su crítica (hiperbólica) como «ilusión», «engaño» y «mentira»? ¿No haría juego con la posición nietzscheana alguna otra noción de realidad, como la que ofrece Zubiri?

---

[158] J. SIMON, «Grammatik und Wahrheit», *Nietzsche-Studien,* 1 (1972), pp. 1-26; «Sprache und Sprachkritik bei nietzsche», en M. LUTZ-BACHMANN (Hrsg.), *Über Nietzsche,* Knecht, Francfort, 1985, pp. 63-97.

[159] F. NIETZSCHE, *VM,* p. 7.

Por ejemplo, la noología de Zubiri nos muestra la *realidad* de las cualidades sensibles [160]. Para Zubiri las cualidades sensibles son reales y no meramente subjetivas, dado que su noción de realidad incorpora la «relación» a que hacía referencia Nietzsche y, por tanto, el «*de suyo*» zubiriano tiene un carácter relacional: no es un «en sí», sino una peculiar «realidad para mí» [161].

Y en lo concerniente al lenguaje, Zubiri está más cerca de la tradición en que se sitúa Nietzsche que de los habituales formalismos. Ya en su etapa fenomenológica fue consciente de los límites del formalismo lingüístico, defendiendo una radicación experiencial del lenguaje en el mundo vital y destacando su carácter instrumental y pragmático. Pero el lenguaje no se encuentra en el orden de la aprehensión primordial de realidad, a la que considera «inefable», sino en el proceso intelectivo del logos y de la razón, caracterizado por la *libre creación*. El lenguaje es resultado de la capacidad para crear nuevas formas de actualizar lo real. La expresividad lingüística, ganada en la distancia y en la libertad, tiene la fuerza creativa y transformadora de las metáforas, desarrollando un fondo potencial que enriquece nuestra experiencia de lo real.

En esa línea cabe entender afirmaciones zubirianas como las siguientes: «El lenguaje mismo no es, para los efectos de la intelección, algo meramente representativo [...] [sino que] tiene además una función diferente. [...] no se trata de *constatar* la realización de representaciones, sino de *experienciar* una dirección» [162]. Lejos de toda logificación lingüística de la intelección, aquí se destaca el carácter *experienciador* del lenguaje y se muestra su capacidad para ampliar creativamente la experiencia de la realidad.

El aprecio zubiriano del carácter metafórico del lenguaje en la razón sentiente conecta con la posición de Nietzsche, para quien el lenguaje es originariamente metafórico y está ligado a un impulso corporal a la creación de ritmos, formas y figuras. Ahora bien, desde la perspectiva zubiriana tampoco habría ruptura entre lingüisticidad y realidad, sino que el lenguaje serviría para potenciar la creatividad.

---

[160] X. ZUBIRI, *Inteligencia sentiente*, Alianza, Madrid, 1980, pp. 171 ss. (Apéndice 5).

[161] También para Ortega y Gasset el «para mí» es un «carácter indiscutible de la realidad» (*¿Qué es conocimiento?*, Ed. Revista de Occidente/Alianza, Madrid, 1984, pp. 53-54); vid., al respecto, J. CONILL, «La transformación de la fenomenología en Ortega y Zubiri», en *Ortega y la fenomenología*, ed. de J. San Martín, UNED, Madrid, 1992, pp. 297-312.

[162] X. ZUBIRI, *Inteligencia y razón*, Alianza, Madrid, 1983, p. 215.

10.6. La vida moral

Es habitual presentar a Nietzsche como crítico radical de la moral, y una de sus expresiones es la que toma la forma de *crítica de la ontología moral*, debido a que, según Nietzsche, la vida, la naturaleza y la historia son «amorales». De ahí la mentira del orden moral del mundo, que proviene de los instintos cobardes, del miedo a enfrentarse a la realidad «tal cual ella es», y que genera el idealismo, que conduce a poner el centro de gravedad más allá de la vida y a perder el contacto con la realidad.

La crítica nietzscheana se contrapone al idealismo moral, expresado sobre todo a través de deberes que van en contra de las exigencias vitales; en definitiva, se critica la moral como una instancia contraria a la vida[163].

Sin embargo, la concepción zubiriana de lo moral, proseguida magistralmente por José Luis Aranguren, aporta una respuesta en el nivel en que se sitúa la crítica nietzscheana y, por tanto, capaz de enfrentarse al reto de la experiencia nihilista. Porque en la visión de Zubiri y Aranguren lo que habitualmente se considera el «punto de vista moral», de carácter normativo, deja paso al estudio de la moralidad en un estrato previo, más básico y fundamental, sin el cual no tendría sentido hablar de la dimensión normativa de la moralidad.

Se trata de comprender la realidad humana en su constitución o estructura moral, es decir, lo moral de la realidad humana. Esta *moral como estructura* o *protomoral* estudia la dimensión previa a los bienes, valores y deberes, que son los temas en que se ha centrado la ética.

Igual que en el caso de la metafísica, en la ética zubiriana se percibe su carácter postnietzscheano: no desemboca en el nihilismo. Las críticas nietzscheanas no afectan a esta nueva ética, que ya no está reñida con el mundo sensible y corporal, ya que las sensaciones y tendencias forman parte del ámbito moral; ni éste cae bajo la crítica de los «ideales ascéticos», que —según Nietzsche— surgen del miedo y la impotencia ante la realidad; ni tampoco se funda lo moral en la conciencia o en la razón, sino que su análisis profundiza hasta las infraestructuras *noérgicas,* es decir, hasta las fuerzas que operan más allá del bien y del mal moral de carácter racional[164].

---

[163] O, en la versión de F. Savater, contraria a la auténtica autonomía humana (cfr. *La tarea del héroe,* Taurus, Madrid, 1981).

[164] Tempranamente se percató Aranguren de la importancia del carácter no sólo «ejecutivo» (como en Ortega), sino *«físico»* y *«noérgico»* de la versión de la inteligen-

Por tanto, desde la nueva perspectiva de una *física de lo moral*, podría afrontarse de otro modo el nihilismo axiológico contemporáneo, porque, por un lado, lo moral encuentra *arraigo* en la estructura de la realidad humana y, por otro, se llega al fondo de la experiencia moral, a la raíz de la obligación moral en la religación: estamos *obligados* porque previamente estamos *religados* al poder que nos hace ser.

A mi juicio, no sólo la radicación noológica (sentiente y experiencial) desde el nivel antropológico-biológico de lo moral en la estructura de la realidad humana, sino también algunos componentes de la vida moral, como el dinamismo de la *apropiación* y la *fruición*, permiten de nuevo una comparación fructífera con Nietzsche.

En primer lugar, lo moral es una peculiar exigencia biológica, a que nos abre la inteligencia sentiente y posidente, por la necesidad de ajustarse y resolver la viabilidad vital de un modo no prefijado, sino precisamente creador de vida moral. Por otro lado, la fruición, aun cuando ligada al sentimiento[165], nunca quedaría al margen de la volición y, por tanto, habría que vincularla a la *apropiación de posibilidades*.

Así pues, la vida moral no estaría basada primordialmente en deberes, sino en aquella forma de estar en la realidad que se denomina *fruición* (comparable en alguna medida con la actitud dionisíaca) y que es propia de una realidad moral capaz de apropiarse las mejores posibilidades para *acondicionar* (perfeccionar) su vida creando *valores*, pero ateniéndose a la realidad[166].

Aquí opera un cierto principio de *optimización* a partir de las posibilidades de la realidad, como en la constante exigencia nietzscheana de «autosuperación», de dar lo mejor de sí: «llega a ser el que eres» (sé tú mismo, realízate en tus mejores posibilidades).

Aquí la primacía no la tiene el deber sino la *vida moral*; Nietzsche criticó con gran visión de futuro la «juridificación» del pensamiento moral, por la que se sienten las obligaciones como coacciones externas. Pero, si se reconstruye la vida moral a través del proceso de posibilitación y apropiación, se encuentra un lugar donde radicar las

---

cia a la realidad, es decir, del acto de estar en la realidad [cfr. *El protestantismo y la moral* (1954), en *Obras completas*, Trotta, Madrid, 1994, vol. 2]. (Agradezco a Diego Gracia sus indicaciones al respecto.)

[165] Cfr. A. PINTOR-RAMOS, *Realidad y sentido*, cap. II.

[166] D. GRACIA, *Fundamentos de bioética*, Ariel, Barcelona, 1997, cap. 5; A CORTINA, *El mundo de los valores*, El Búho, Santafé de Bogotá, 1997.

exigencias morales sintiéndolas como propias y como optimizadoras de la propia vida.

En este contexto pueden compaginarse una vez más los enfoques de Nietzsche y Zubiri, dado que la vida moral constituiría un modo de vida abierta a un campo de sentido entendido como posibilidades apropiables, que ya no simplemente «emergen», sino que constituyen una auténtica *apropiación* creativa, configuradora de un estilo de vida innovador.

A mi juicio, ésta es la plataforma para caracterizar la figura del *superhombre* como aquel que es capaz de abrir nuevos horizontes de sentido vital, apropiándose de las mejores —óptimas— posibilidades, más allá de los tipos de vida decadentes y nihilistas, puesto que sabe «estar en la realidad» con pleno sentido creador.

III. HACIA LA «GRAN POLÍTICA»

En esta tercera parte nos interesa destacar las contribuciones de Nietzsche a la racionalidad «política».

Puede sorprender, al menos a primera vista, que nos dirijamos a Nietzsche para encontrar algo que ilumine y oriente la actual acción política. ¿No ha llevado a cabo Nietzsche una crítica radical de la modernidad y sus fundamentos? ¿Y no se siguen moviendo nuestras políticas bajo los auspicios de las instituciones modernas, como el mercado, el estado, el derecho natural (y/o racional), el parlamentarismo y la opinión pública? ¿No siguen siendo el liberalismo y el socialismo las ideologías que sostienen las fuerzas políticas en nuestra sociedad? ¿Qué racionalidad política puede ofrecer hoy quien ha criticado todas y cada una de estas instituciones modernas, y ha pretendido situarse más allá de la democracia y de los derechos humanos?

A continuación quisiera mostrar que, a pesar de todo, Nietzsche contribuye a radicalizar y profundizar el pensamiento político actual, al introducir ciertas perspectivas que suelen quedar relegadas, no sé si por miedo, cobardía o hipocresía. ¿Tal vez, por el poder de la mentira institucionalizada y hecha vida?

11. «FISIOLOGÍA DEL PODER»: EL GIRO POLÍTICO

La hermenéutica genealógica ha puesto de manifiesto una racionalidad a partir del cuerpo, que tiene la virtualidad de incorporar las interpretaciones, las valoraciones, el sufrimiento y la realidad, en una experiencia agonal de la vida.

Normalmente se recurre a un modelo estético para iluminar la comprensión de tal racionalidad, y en alguna ocasión el propio Nietzsche ha utilizado la expresión «fisiología de la estética»[1] y ha indicado que en el estado estético se produce una transfiguración de la sensibilidad-sensualidad.

Pero ya hemos observado que lo decisivo no es el carácter estéti-

---

[1] *GM,* III, 8, p. 130.

co en un sentido restringido, sino el carácter experiencial, corporal, vital, sentiente («*aisthético*»), de la racionalidad. Esta modalidad hermenéutica de la racionalidad sirve para descubrir lo otro de lo ideal, el inframundo de la razón, que una «fisiología» ha de poner de manifiesto: una fisiología de la razón impura (una crítica hermenéutica-genealógica), de lo otro de la razón pura ideal.

Pues bien, esta hermenéutica genealógica de la razón ha descubierto la fuerza de donde emerge la actividad fundamental. Esa fuerza emergente proviene de la voluntad de poder y consiste en un *interpretar transvalorizador*.

En esta transvaloración de la voluntad de poder va inscrito un momento de *dominio,* que queda patente en el giro «político» de la última fase del pensamiento nietzscheano. Porque aquellos que puedan dar un sentido superior a la existencia tendrán que dominar en virtud de su transvaloración, es decir, de su poder hermenéutico.

De este modo lo que era una «fisiología de la estética» (del estado estético) pasa ahora en un nuevo momento de la filosofía nietzscheana a convertirse en una *«fisiología del poder»*; al final, más que una «estética», encontramos una «política»: «[...] la *gran* política convierte a la fisiología en señora de todas las otras cuestiones». La razón estética ha de convertirse en *razón política,* ya que no basta el bello ideal de la soledad del espíritu libre, la tolerancia y una especie de vida contemplativa, retirada y marginal. Hace falta incorporar también la capacidad de dominio (*Herrschaft*), la soberanía dominadora[2].

Cierto que hay textos donde se rechaza o parece rechazarse el momento del dominio y de la imposición, de los que puede servir de ejemplo el siguiente: «¿Dominar? ¿Imponer mi tipo a otros? ¡Horrible! ¿No es mi felicidad contemplar a muchos *otros*?»[3]. Sin embargo, el pensamiento abismal tendrá que fortalecerse y endurecerse, tendrá que impulsar al dominio y a la transvaloración del sentido de la existencia: «Zaratustra 3: el *tránsito* del *espíritu libre* y solitario al tener que *dominar* (*Herrschen*-Müssen) [...]»[4].

No basta con ser «espíritu libre»; hay que dar un paso más. También «se podría llamar a Jesús un "espíritu libre"»[5], pero ni «*genio*»

---

[2] *KGW* VIII 3, 25(1), p. 452; VIII 1, 2 (76) y 2 (82); para lo que sigue, cfr. el valioso estudio de H. OTTMANN, *Philosophie und Politik bei Nietzsche,* W. de Gruyter, Berlín, 1987.
[3] *KGW* VII/1, p. 555.
[4] *KGW* VII/1, otoño de 1883, p. 542 (citado y comentado por OTTMANN).
[5] *AC,* pp. 58 y 59.

ni «*héroe*», sino «*idiota*». Porque fue incapaz de comprender la realidad y de luchar, no desarrolló los «instintos varoniles» (lucha, orgullo, heroísmo); antes bien, fue la «antítesis de toda pugna» y fue incapaz de «oponer resistencia» («no resistáis al mal»). En la «paz interior» de la «bienaventuranza» se vive el amor sin sustracción ni exclusión, sin distancia, pues todo hombre es hijo de Dios y el amor es como la «*última* posibilidad de vida». En ella se excluye toda enemistad y se prescinde de la «espada». La práctica de esta vida es la única realidad: la vivencia, la experiencia íntima, la luz interior, un estado del corazón, que vive el amor sin oponer resistencia ni al enemigo, con libertad frente al resentimiento y capaz de morir en la cruz (sin oponer resistencia por amor).

A juicio de Nietzsche, aquí falta la fuerza de la resistencia por miedo a la realidad. Por eso afirma: «el miedo al dolor [...] no *puede* acabar de otro modo que en una *religión del amor*». Es incapaz de enfrentarse a la realidad y se retira a la vida interior, a la bienaventuranza de la vivencia de la reconciliación universal. Aquí falta, según Nietzsche, «la libre imaginación del poder-valorar-de-otro-modo» y del «poder-querer-de-otro-modo»[6].

Ese paso más que falta al «espíritu libre» consiste en haber «llegado a ser libre»: «sólo nosotros, nosotros los espíritus que hemos llegado a ser libres», «hemos restablecido esa antítesis de valores» (la de los cristianos y los aristocráticos) y sólo el espíritu que se ha hecho libre se enfrenta a la realidad y transforma la práctica y la valoración en «*acción*»[7].

Por eso todos los intentos de eliminar las nociones de fuerza y dominio en la voluntad de poder, como si pudiera evitarse la dinámica de la lucha, de la dominación o de la violencia, no son más que interpretaciones esteticistas con carácter idealista y romántico, que, por consiguiente, se incapacitan para traspasar los límites de tal idealismo esteticista y para crear otro mundo que no sea un ámbito marginal, privado, íntimo, de vivencias marginales, sin ninguna relevancia pública y política[8].

Normalmente el esteticismo idealista proyectado sobre Nietzsche se alimenta de una definición esencialista y fija del arte; una concep-

---

[6] *AC,* 58-59, 62-65, 68 y póstumos citados por Andrés SÁNCHEZ PASCUAL en notas de pp. 132, 134-137.

[7] *AC,* pp. 65 y 68.

[8] Por ejemplo, vid. M. BARRIOS, *La voluntad de poder como amor,* Serbal, Barcelona, 1990.

ción, pues, esteticista acrítica, que confía en un presunto «modelo estético» para interpretar a Nietzsche. Como si desde ahí pudiera surgir algo más que las vivencias estéticas en un mundo paralelo, ideal, marginal, pero carente de fuerza para transformar y crear eficazmente una nueva donación de sentido y una nueva acción sobre la tierra. El sentido esteticista sólo puede proponer una práctica de la vida en privado, en la intimidad, en un reducto marginal, impotente para enfrentarse a la realidad y promover una acción eficaz.

En cambio, el giro político del pensamiento de Nietzsche propicia otro estilo, irreductible al esteticismo idealista (encerrado en un mundo marginal). La voluntad de poder no sólo se desarrolla mediante procesos de «sublimación», sino también de «realización»[9]. Las «interpretaciones del mundo» (artística, científica, religiosa y moral) subliman de diversa manera los impulsos; pero «lo que es *común*» a todas estas interpretaciones es que son «síntoma de un impulso dominante», es decir, que «los impulsos dominantes» tienen pretensiones, «quieren *ser considerados* [...] como las *instancias valorativas más altas en general,* más aún, como *poderes creativos y gobernantes*». Y, por eso, estos impulsos «o se enemistan mutuamente, o se someten el uno al otro [...], o se alternan en el dominio», pero no puede dejarse de lado «su profundo antagonismo»[10].

Hay una serie de textos donde queda claro el nuevo sentido que toma la filosofía política de Nietzsche. Hace falta la acción, una interpretación activa y eficaz, transvaloradora y transformadora. «¡No basta con ofrecer una doctrina: también se tiene que *cambiar a la fuerza* a los hombres para que la acepten! De esto se dio cuenta al final Zaratustra»[11].

«Plan para Zaratustra III. Zaratustra 3: el *tránsito* del *espíritu libre* y solitario al tener-que-*dominar*: el regalar se transforma —del dar surgió la voluntad de ejercer coerción para-coger. *¡La tiranía del artista primero como autodominio y autoendurecimiento!* (¡El deseo de *amigos se metamorfosea* en deseo de *herramientas del artista!*)»[12].

El dinamismo de la voluntad de poder impele a la superación; los procesos de valoración son también procesos de superación, que

---

[9] G.-G. GRAU, «Sublimierter oder realisierter Wille zur Macht?», *Nietzsche-Studien,* 10/11 (1981-1982), pp. 222 ss.
[10] *KGW* VIII/1, 7 (3).
[11] *KGW* VII/1, 16 (60), p. 545.
[12] *KGW* VII/2, 16 (51), p. 542.

emergen de la voluntad de poder: «lo que hace que él domine y venza y brille [...] eso es para él lo elevado, lo primero, la medida, el sentido de todas las cosas». La valoración es el camino de la superación: «valorar es crear» y el «cambio de los valores - es cambio de los creadores»; pero para crear hace falta «aniquilar» y «dominar»[13].

Y lo que impulsa e induce a todo ello es la voluntad de poder como fuente de vida, es decir, de autosuperación. En la estructura de «mandar»-«obedecer», operante en todo lo vivo, se experimenta el «ensayo» y el «riesgo» por «amor al poder». La vida es lucha permanente por amor al poder. El proceso de valoración autosuperadora no se produce sin riesgo, sin lucha, ni siquiera sin «violencia»: «con vuestros valores y vuestras palabras del bien y del mal ejercéis violencia, valoradores: y ése es vuestro oculto amor»; «y quien tiene que ser un creador [...] tiene que ser antes un aniquilador y quebrantar valores»[14]. La conclusión que se saca es, pues, la siguiente: «Por eso el mal sumo forma parte de la bondad suma: mas ésta es la bondad creadora»[15].

La superación creadora ha de ser dominadora. Por la voluntad de poder se descubre la fuerza que puede superar la impotencia del deseo moral (ideal) de otro mundo. En la voluntad de poder se descubre la potencia para realizar el impulso por dominar el mundo. ¡Que el deseo de otro mundo no se resuelva en la nada, sino en un efectivo dominio!

Ése es el sentido también del último aforismo de *La genealogía de la moral*: «el hombre prefiere querer *la nada* a *no querer*»; predomina «*una voluntad de la nada*» en el sentido moral de la existencia, en el ideal ascético. No ha habido otro *sentido* capaz de llenar el vacío de la vida humana y justificar el sufrimiento, darle sentido. No ha habido otra *meta* que la ofrecida por los «ideales ascéticos». Ha faltado otra interpretación del «para qué» del hombre: una salvación de la voluntad, que no esté fundada en la nada, «la *voluntad* de hombre y tierra». Para lo cual el carácter *hermenéutico* de la voluntad de poder deviene *político*: «la lucha por el dominio de la tierra», «una nueva casta que dominase sobre Europa», «la *coacción* a hacer una política grande»[16].

---

[13] *Za.*, I, pp. 95 ss.
[14] Andrés Sánchez Pascual advierte que en *Ecce Homo,* al referirse a este momento del *Zaratustra,* introduce Nietzsche una pequeña, pero significativa, variante: «quien quiera ser un creador [...]».
[15] *Za.*, II, pp. 168 ss.
[16] *MBM* 208, p. 150.

Nietzsche se ve forzado a sacar las *consecuencias políticas* de su hermenéutica genealógica, porque ha descubierto los procesos de valoración que han infectado la política moderna. El cambio del centro de gravedad de la vida, en favor de las valoraciones antiaristocráticas que rigen (envenenan) y socavan los presupuestos de toda posible «elevación», «crecimiento» y «altura», se ha introducido fatalmente en la política como una enfermedad, que hace «vivir *de tal modo* que ya no tenga *sentido* vivir» [17].

Se requiere el paso a la «gran política» como consecuencia y prolongación de la transvaloración, ya que ésta exige superación soberana y dominadora. Se necesita un sentido real de la voluntad de poder y no el sentido de los ideales ascéticos. En vez de voluntad de nada, voluntad de poder: voluntad de realidad y realidad de la voluntad. El sentido de la tierra, «la *única* meta».

Esta complementariedad o vinculación entre *hermenéutica y política* en la obra de Nietzsche está atestiguada de modo especial en su último período: en él se encuentra un programa hermenéutico de *transvaloración* y, a la vez, intrínsecamente conectada con él, la insistencia en el aspecto «político» de su pensamiento. La relación entre hermenéutica y política a través de la transvaloración es patente en su último tramo. Esta preocupación política puede contribuir a remover desde sus cimientos la oficializada y maltrecha «racionalidad política» contemporánea.

11.1. Nihilismo de la acción

La hermenéutica genealógica sirve de base para una nueva *Ilustración hermenéutica,* ya que mediante la genealogía se efectúa una crítica valorativa —transvaloradora— que tiene, además, un sentido positivo, propositivo, afirmativo. Esta conversión de la transvaloración en *acción* constituye el sentido de la «gran política».

Pero ésta no tendría sentido si la hermenéutica nietzscheana no fuera genealógica, es decir, desenmascaradora del inframundo de las transvaloraciones que se producen en los ámbitos político, jurídico y cultural. En ellos se detecta una forma de valorar imperante, que tiene un «origen», una raíz, desde la que se calibra su rango. El análisis nietzscheano descubre un proceso de degeneración de los instin-

---

[17] *AC* 43, pp. 74-75.

tos, que conduce al nihilismo, a la crisis de sentido, a la situación crítica (peligrosa), en que ha desembocado la vida europea.

Si la *genealogía* representa el método crítico (negativo), la *transvaloración* supone el impulso constructivo, positivo, creativo, que tiene que ser también activo, «político». De la crisis nihilista, a través de la transvaloración, surge la necesidad de una «gran política», a fin de generar un nuevo tipo de hombre, capaz de instaurar el sentido y el dominio sobre la Tierra. Surge un nuevo sentido de la política mediante la política del sentido de la tierra y del «superhombre». Tras el gobierno de Dios y de la moral (es decir, de la nada en forma de ideal), irrumpe un nuevo sentido, un nuevo dominio, un nuevo señor de la tierra. «La *gran* política hace [convierte] a la fisiología en señora sobre todas las otras cuestiones [...]».

Ante el peligro del nihilismo, «la *falta de sentido* de todo acontecer», Nietzsche trae una «nueva interpretación», que significa una «transvaloración de los valores», pero este programa de transvaloración incluye, además de presentar la lógica del nihilismo y la crítica de los valores, el momento legislativo, creador y activo: «¿*Cómo* tienen que estar constituidos los hombres que valoran de forma inversa? Hombres que poseen todas las propiedades del alma moderna pero que son lo suficientemente fuertes para transmutarlas en pura salud»[18].

Nietzsche revela el destino de la humanidad, la «crisis» radical, que su sensibilidad percibe; ante la crisis nihilista del «nada tiene sentido», propone una «transvaloración de todos los valores» para un «*nihilismo activo*» o «*nihilismo de la acción*»[19].

¿En qué consiste radicalmente esta crisis del nihilismo? El nihilismo consiste principalmente en una «*interpretación totalmente determinada*», «en la interpretación cristiano-moral», que ha llegado a su ocaso y «despierta la sospecha de si no serán falsas *todas* las interpretaciones del mundo»: «todo carece de sentido». El nihilismo consiste, pues, primordialmente en una *interpretación,* la del «orden moral del mundo». ¿Es posible librarse de esta «enraizada necesidad de interpretar moralmente»?

Nos movemos entre interpretaciones, que contienen valores y metas, que ofrecen «sentido». Pero la interpretación moral del

---

[18] *KGW* VIII/1, 2 (100), pp. 107-108. Vid. J. A. Estrada, *Dios en las tradiciones filosóficas,* Trotta, Madrid, 1996, pp. 177-199; G. Amengual, *Presencia elusiva*, Madrid, PPC, 1997.

[19] *KGW* 5 (71), Lenzer Heide; 9 (35); 14 (9).

mundo ha producido la experiencia nihilista, porque había ofrecido un *valor* absoluto frente al devenir, un *sentido* «a pesar del sufrimiento y del mal», una protección del que sufre y del oprimido, un orden de valor para soportar las incertidumbres y azares de la vida.

Sin embargo, esta interpretación del mundo ha producido «el desengaño sobre una supuesta *finalidad del devenir*», porque la interpretación moral ha proyectado unos valores y un sentido, una finalidad, una unidad, una verdad, ha buscado un «sentido» en el acontecer, cuando «no existe nada que se haya de alcanzar» y «no hay una gran unidad que reine detrás de todo devenir», ni tampoco «es lícito interpretar el carácter total de la existencia» con semejantes categorías. «Con el devenir *nada* se consigue, *nada* se alcanza [...]».

A causa de este desengaño surge el «nihilismo»: se desconfía del «sentido» de la existencia. Al haber sucumbido la interpretación moral, «parece como si no hubiese ningún sentido en la existencia», «como si todo fuese *en vano*». «*El mundo ya no tiene ningún sentido*».

Pero el fenómeno del nihilismo es «ambiguo». Es una «*crisis*», en la que hay que «recapacitar», pero cuyo desenlace se ignora. Por una parte, se produce un declive moral, pero también es cierto que en esta crisis se puede transformar «el valor gracias al cual soportamos vivir». El nihilismo se produce en una situación en que la incertidumbre y el azar vitales se han reducido y, por tanto, puede atemperarse también el carácter extremo de la interpretación moral que contribuía a la crianza del hombre. La fuerza de la carga moral hizo falta en situaciones difíciles: «"Dios", "moral", "entrega" fueron remedios en estados terribles y profundos de miseria»; pero «en condiciones relativamente mucho más favorables» y de «relativo bienestar» puede sentirse la moral «como algo superado».

En estas circunstancias esto supone «un grado apreciable de cultural espiritual» y prepara el suelo para un «*nihilismo activo*». Esta ambigüedad crítica se resolverá atendiendo a la «fuerza». El hombre se da cuenta de que los «valores» son «medios de seducción con los que se prolonga la comedia»; de ahí que se viva, por un lado, el sentido «paralizante» del nihilismo: el nihilismo pasivo. Éste es el signo de la «debilidad», en él se expresa el agotamiento y descrédito de los valores y metas hasta ahora prevalentes. «Se comprende que se está siendo burlado y, sin embargo, no se tiene poder para no permitirlo».

Ahora bien, si el hombre «recapacita sobre sí mismo», podrá reponerse de esta profunda *crisis* nihilista: «es una cuestión que atañe a su fuerza». En este sentido, la interpretación nihilista puede ser también «signo del *poder incrementado del espíritu*: en cuanto *nihilismo activo*»[20]. Pues toda «creencia» (valoración e interpretación) expresa «condiciones de existencia». La pregunta nihilista del «*¿para qué?*» surge de aquella interpretación que acostumbraba a suponer que la meta de la existencia estaba dada por una «*autoridad sobrehumana*», por la «autoridad de la *conciencia*», «la autoridad de la *razón*», «el *instinto social*», la «*historia*», o bien «*la felicidad de la mayoría*». En todos estos casos persiste la interpretación nihilista; según Nietzsche, en todos ellos se elude «el riesgo de darse a sí mismo una finalidad» y cargar con «la responsabilidad».

Por eso Nietzsche propone una «transvaloración» y se pregunta «cómo tendrán que estar constituidos los hombres que emprendan en sí mismos esta transvaloración». Éste será «el *mayor* combate». Habrá que introducir un «*poner* creativo», «formar, configurar, dominar, *querer*», aprestarse a la «tarea» de «*introducir un sentido*», «*poner-el-fin* y dar forma a lo fáctico con base en ello», a lo que Nietzsche denomina «*interpretación del acto*», a diferencia de las meras constataciones y recomposiciones conceptuales. Esta tarea esencial de la *filosofía,* consistente en la transvaloración e interpretación activa, desemboca en «un *contramovimiento*» para hacer frente al nihilismo pasivo y promover un «*nihilismo de la acción*». La actitud es ahora activa y la crisis sirve para purificar y restablecer el orden sano de la jerarquía de poder[21].

El carácter de la transvaloración va adquiriendo cada vez más importancia para comprender el propósito final de Nietzsche y va adoptando paulatinamente un sentido «político». Nietzsche interpreta la *genealogía* como trabajo preliminar para una *transvaloración* de todos los valores. El subtítulo de la obra que tuvo el propósito de escribir con el título *La voluntad de poder* (hasta el 26 de agosto de 1888) era *Ensayo de una transvaloración de todos los valores*[22]; y al abandonar este propósito Nietzsche tiene la intención de redactar una obra titulada *Transvaloración de todos los valores,* parte de cuyo programa publica en el *Crepúsculo de los ídolos,* al que considera «una especie de iniciación [...] para mi *Transvaloración de los valores*»[23]. Al final del *Crepúsculo* reinterpreta incluso su obra *El nacimiento de*

---

[20] *KGW* 9 (35); 9 (43).
[21] *KGW* 2 (131); 9 (48); 11 (123); 11 (411), n.º 4; 14 (9).
[22] Cfr. Introducciones de Andrés SÁNCHEZ PASCUAL en *CI* y *AC.*
[23] Carta a Gast del 12 de septiembre de 1888 (cfr. Andrés SÁNCHEZ PASCUAL, Introducción a *AC,* p. 14).

la tragedia como su «primera transvaloración de todos los valores»[24].

El 30 de septiembre de 1888 Nietzsche termina *El Anticristo,* que dentro de su plan en ese momento constituye el primer libro de la *Transvaloración.* Y escribe a G. Brandes a principios de diciembre diciéndole: «Dentro de tres semanas daré orden de que se imprima mi manuscrito *El Anticristo. Transvaloración de todos los valores*; permanecerá completamente escondido; me servirá de edición para la agitación»[25].

Nietzsche convierte su *transvaloración* en lo que podríamos llamar su última *filosofía política*. Pero la transvaloración como tal se remonta a su obra de juventud, en cuanto allí pone en marcha una hermenéutica transvaloradora, que se convierte paulatinamente en acción: en acto transvalorador y dominador, capaz de imponerse y dominar. Su transvaloración es un sentido para la agitación: *sentido como acción*. Porque de lo que en último término se trata es del dominio del mundo: «después de que el viejo Dios ha sido eliminado, yo estoy dispuesto a *gobernar el mundo*»[26].

La transvaloración, tal como se presenta en *El Anticristo,* es la versión política de su sentido hermenéutico: otra interpretación de la vida, que tiene *poder* para cambiar los resortes del sentido y del dominio sobre la tierra. De hecho, este sentido activo, combativo y *político* de su transvaloración en la versión de *El Anticristo* fue percibido por Franz Overbeck, quien recogió el manuscrito e hizo el siguiente comentario de la obra en carta a Peter Gast: «la concepción que Nietzsche tiene del cristianismo me parece demasiado política»[27].

El sentido, pues, de la transvaloración es *hermenéutico* y *político*. Por una parte, la transvaloración es la «fórmula para designar un acto de suprema autognosis de la humanidad»; esta reflexión hermenéutica nos permite «recapacitar» y descubrir las fuentes de energía que todavía le restan al hombre. Hay que descubrir la «mentira como mentira» y percatarse de si todavía existe esperanza alguna.

Pero, por otra parte, esta hermenéutica que transvalora todos los valores —llegando al fondo desde donde se establecen las valoraciones— promueve una «guerra» de *valores,* de *sentidos,* de *poder*; y

---

[24] *CI,* p. 136.
[25] Carta a Georg Brandes (citado por A. SÁNCHEZ PASCUAL, Introducción a *AC,* p. 15).
[26] Ibíd., pp. 15-16 [*KGW* VIII/3, 25 (19), p. 460].
[27] Ibíd., p. 10.

éste es el sentido político: «el concepto de política queda entonces totalmente absorbido en una guerra de los espíritus, todas las formaciones de poder de la vieja sociedad saltan por el aire —todas ellas se basan en la mentira: habrá guerras como jamás las ha habido en la tierra. Sólo a partir de mí existe en la tierra la *gran política*»[28].

La hermenéutica genealógica transvaloradora acaba en una política del sentido como acción eficaz y dominadora de la tierra. Es una filosofía para la acción política en el orden del sentido y el valor de la vida, pues es desde ahí desde donde se determina la interpretación que nos permite vivir de una determinada manera. Éste sería el sentido de *El Anticristo,* es decir, de la Filosofía del Anticristo. Otra *interpretación,* otra *valoración,* otro *sentido*: otra hermenéutica vital para la acción en el mundo. La hermenéutica de la transvaloración deviene filosofía política y tiene su expresión culminante (última, radical, afirmativa) en *El Anticristo.*

11.2. La filosofía política de *El Anticristo*

Hemos de agradecer a la investigación de Montinari que nos haya aclarado el tránsito de la *transvaloración* al *Anticristo*: en una carta de Nietzsche a Deussen de 26 de noviembre de 1888 dice: «Mi *transmutación de todos los valores* con el título "*el Anticristo*" está acabada». El contenido de esta carta, no publicada por el Archivo-Nietzsche, concuerda con el proceso seguido efectivamente por el propio Nietzsche: el primer libro del proyecto de la transmutación se convierte al final en su última versión.

La filosofía del Anticristo ha sido estudiada especialmente por J. Salaquarda[29] y en lo que sigue nos atenemos básicamente a sus resultados.

Lo primero que conviene destacar es que, a pesar de las apariencias, la actitud nietzscheana no es primordialmente antirreligiosa, sino «antimoral»: «la filosofía moderna [es] *anticristiana*: aunque en modo alguno sea antirreligiosa»[30].

El *Cristianismo* es para Nietzsche esencialmente *un sistema moral.* Por eso, lo «anticristiano» es para Nietzsche «anti*moral*»,

---

[28] *EH,* p. 124; cfr. también VIII/3, 25 (6), p. 454 (diciembre de 1888-junio de 1889).
[29] J. Salaquarda, «Der Antichrist», *Nietzsche-Studien,* 2 (1973), pp. 91-136.
[30] *MBM* 54, p. 80.

entendiendo «moral» como «moral de rebaño». El cristianismo pasa a ser considerado como moral y en eso radica el gran descubrimiento: «haber *descubierto* la moral cristiana». «La ceguera respecto al cristianismo es el *crimen par excellence,* el crimen *contra la vida*»; porque «el cristianismo ha sido hasta ahora el "ser moral"»[31]. La cuestión de la «verdad» del cristianismo es una cuestión secundaria. Lo decisivo es «la cuestión del valor de la moral cristiana»[32]. Aquí es donde está el «*crimen-capital contra la vida*». Éste es «el *descubrimiento* [...] que no tiene igual», «un destino», que «divide en dos partes la historia de la humanidad».

La importancia de este descubrimiento radica, para Nietzsche, en que la moral cristiana es «auténtica Circe de la humanidad», «lo que la ha *corrompido*» y ha instaurado «la *antinaturaleza* misma» «como moral», «como ley, como imperativo categórico». Por su influencia se ha despreciado el cuerpo y sus «instintos primerísimos de vida», se ha buscado «el principio del mal en la más honda necesidad de desarrollarse, en el egoísmo *riguroso*»; se ha considerado «*valor en sí*» lo «desinteresado», «la pérdida del centro de gravedad», «la "despersonalización" y "amor al prójimo" (¡*vicio* del prójimo!)». En definitiva se han instaurado como valores superiores los «valores de *décadence*», que niegan la vida «en su último fundamento», puesto que «la moral de la renuncia a sí mismo es la moral de decadencia». Esta moral ha transvalorado todos los valores en algo hostil a la vida. Con esta moral la especie sacerdotal de hombre ha determinado el valor de la humanidad y así ha llegado al *poder*. Pero, para Nietzsche, esta moral se define como «la idiosincrasia de *décadents,* con la intención oculta de *vengarse de la vida*»[33].

Este descubrimiento de la «moral» significa descubrir el «no-valor» de sus valores antitéticos a la vida y que «desvalorizan» el único mundo que existe, su «realidad», «razón» y «meta», al despreciar «las cosas que merecen seriedad en la vida»: «alimentación, vivienda, dieta espiritual, tratamiento de los enfermos, limpieza, clima», es decir, la «salud».

La moral extravía los instintos al convertir en signos del valor lo «desinteresado» («negador de sí mismo»), el «ser-*incapaz*-ya-de-encontrar-el-propio-provecho», «la destrucción de sí mismo», el «hombre *bueno*», «la defensa de todo lo débil, enfermo, mal consti-

---

[31] *EH*, p. 129.
[32] *KGW* VIII/3: 15 (19), p. 211 (primavera de 1888).
[33] *EH*, p. 130.

tuido, sufriente a causa de sí mismo, de todo aquello *que debe perecer*». Porque la moral ha invertido la «ley de la *selección*». De ahí que Nietzsche busque un término que se entienda como un «reto» contra la *moral* cristiana (el cristianismo como moral de la decadencia): «*Dioniso contra el Crucificado*»[34] y *El Anticristo*.

«El Anticristo» va a ser la «fórmula» para luchar contra la moral de rebaño del cristianismo. Pero la «filosofía de *El Anticristo*» tiene el carácter positivo de una hermenéutica transvaloradora para la acción[35].

En primer lugar, esta hermenéutica permite ver «por detrás» de la «degeneración fisiológica» de la moral cristiana; éste es el sentido crítico anticristiano (negativo) de la hermenéutica genealógica[36].

En segundo lugar, esta filosofía del Anticristo ofrece una transvaloración positiva: «*contra* la moral, pues, se levantó entonces [...] mi instinto, como un instinto defensor de la vida, y se inventó una doctrina y una valoración radicalmente opuestas de la vida, una doctrina y una valoración puramente artísticas, *anticristianas*. ¿Cómo denominarlas? En cuanto filólogo [...] las bauticé, no sin cierta libertad —pues ¿quién conocería el verdadero nombre del Anticristo?— con el nombre de un dios griego: las llamé *dionisíacas*»[37].

Un componente esencial de la filosofía del Anticristo será para Nietzsche su capacidad para superar el nihilismo mediante la redención de la «*gran salud*»: «Alguna vez [...] tiene que venir a nosotros el hombre *redentor*», «el espíritu creador», con fuerza suficiente para «profundizar *en* la realidad, para extraer alguna vez de ella [...] la *redención* de la misma, su redención de la maldición que el ideal existente hasta ahora ha lanzado sobre ella. Ese hombre del futuro, que nos liberará del ideal existente hasta ahora [...], de la gran náusea, de la voluntad de nada, del nihilismo [...], que de nuevo libera la voluntad, que devuelve a la tierra su meta y al hombre su esperanza, ese anticristo y antinihilista, ese vencedor de Dios y de la nada - *alguna vez tiene que llegar* [...]»[38].

Todas las expresiones donde aparecen los términos concernientes a «el Anticristo» revelan una actitud *positiva,* una propuesta de regeneración de la humanidad; lo que ocurre es que la fuerza de la afir-

---

[34] Ibíd., pp. 131-132.
[35] *KGW* VIII/3, 24 (1), p. 434; *MBM* 256, p. 216.
[36] *AC* 47.
[37] *NT,* Ensayo de autocrítica 5, p. 33.
[38] *GM* 24, pp. 109-110.

mación lleva consigo la negación aniquiladora del *poder* de la interpretación moral (cristiana) del mundo. «El sí oculto en vosotros es más fuerte que todos los no o acasos [...] os fuerza a ello [...] una *fe* [...]» [39].

La filosofía del Anticristo tiene un carácter «afirmativo»: «el *pathos afirmativo par excellence,* llamado por mí el *pathos* trágico», que (1.º) incorpora hasta el sufrimiento («si ya no te queda ninguna felicidad que darme, ¡bien! *aún tienes tu sufrimiento* [...]») [40] y (2.º) se convierte en «*acción suprema*». La nueva posición, expresada con la fórmula del Anticristo, realiza la *transvaloración* de todos los valores: la afirmación «*inmoral*» de la vida.

Este uso del término «Anticristo» como título de la posición inmoral, que transmuta los valores morales, según el riguroso estudio de J. Salaquarda, está determinado por la definición en Schopenhauer del «Anticristo»:

> Que el mundo tiene meramente un significado físico, no moral, es el error fundamental, el más grande, el más funesto, la auténtica *perversidad* de la intención (*Gesinnung*), y es en el fondo también aquello que la fe ha personificado como el Anticristo [41].

Al parecer, este pasaje determinó la comprensión nietzscheana del término «Anticristo». De ahí que la relación entre Schopenhauer y Nietzsche en este punto sea también de gran interés. El aspecto crucial de esta relación respecto a la interpretación del Anticristo consiste en la función que tiene el *cristianismo como moral* para determinar el valor de la vida. Ante todo, pues, destaca la tendencia en Schopenhauer y Nietzsche —lo mismo que en Kant— a considerar la moral como lo esencial de la religión.

El Anticristo niega ese núcleo esencial del cristianismo en forma de moral: el Anticristo niega todo significado moral del mundo y concibe éste como un acontecer exclusivamente físico. Esto equivale para Schopenhauer al nihilismo. Pues, según Schopenhauer, «las verdades físicas pueden tener mucha significancia exterior», «pero les falta la [significancia] interior. Ésta es el privilegio de las verdades intelectuales y morales» [42].

---

[39] *GS* 377.
[40] *EH,* pp. 93-94, 101 ss.
[41] A. Schopenhauer, *Parerga* II, § 109, Gesamtausgabe (A. Hübscher), VI, 214 (citado por J. Salaquarda, p. 110).
[42] Ibíd.

En otro lugar dice Schopenhauer algo que coincide con lo anterior, aunque sin mencionar expresamente la palabra «Anticristo»:

> La hoy en día tan oída expresión «el mundo es fin en sí» deja sin decidir si se lo explica por panteísmo o por mero fatalismo, pero en cualquier caso sólo permite un significado físico del mismo, ninguno moral, en cuanto que aceptando este último el mundo se representa siempre como *medio* para un fin superior. Pero justamente aquel pensamiento de que el mundo tiene meramente un significado físico, ninguno moral, es el error más funesto, surgido de la suprema perversidad del espíritu.

Así pues, en relación con Schopenhauer hay que destacar la interpretación moral del cristianismo y su relevancia para determinar el significado —el valor— del mundo y de la vida.

Aunque Nietzsche no cita nunca por entero el pasaje del «Anticristo» de Schopenhauer, Salaquarda nos recuerda que utiliza expresiones que se encuentran en él: «perversidad [de la intención]» y «significado moral». El pasaje que lo confirma más convincentemente se encuentra en el prólogo a *El origen de la tragedia* («Ensayo de autocrítica»), en el que Nietzsche usa ambas expresiones y también la palabra «Anticristo».

Nietzsche asume la tarea que, para Schopenhauer, cabe calificar de *perversidad y maldición* mediante la fórmula del «*el* Anticristo»: «tengo sobre mí el desprecio de Pascal y la maldición de Schopenhauer»[43]. Esta tarea es la de la *transvaloración* del *valor* de la moral: una nueva *interpretación inmoral* del mundo, una transvaloración del *sentido de la existencia* y del *valor de la vida*[44].

Nietzsche lleva a cabo la *transvaloración del significado moral* y, por consiguiente, de la comprensión del «Anticristo» de Schopenhauer: «*Cada cosa tiene su tiempo.* [...] el hombre ha atribuido a todo lo que existe relaciones con la moral, echando sobre los hombres del mundo la capa de una *significación ética*. Esto tendrá algún día el mismo valor que hoy concedemos a la creencia en el sexo del sol»[45].

> ¡Cuantos hay que sacan todavía esta conclusión: «la vida sería insoportable si no hubiera Dios» (o, como se dice entre los idealistas: «la vida sería insoportable si no tuviese una significación ética) —por consiguiente *es necesario* que haya un Dios (o que haya una significación ética de la existencia)».

---

[43] *KGW* VIII 1, 7 (191); *KGW* V/1, 686 (citado por J. SALAQUARDA).
[44] *GM*, prólogo 5: *NT*, Ensayo de autocrítica 5; *KGW* V/1: 1 (120), p. 361; *GS* 357, pp. 256-257.
[45] *Aurora* 3 y 90.

La transvaloración cuenta con una hermenéutica genealógica: porque nos hemos acostumbrado a vivir con esas ideas, nos parecen necesarias; pero Nietzsche plantea la contra-hipótesis: «qué pasa si otros sintieran lo contrario», «si se negasen a vivir bajo las condiciones de esos dos artículos de fe». Porque es la costumbre la que ha producido que los necesitemos para nuestra conservación: «porque si se está acostumbrado a creer en Dios o en la significación ética de la existencia, se presume que "el hombre" los necesita, como si no pudiera vivir sin ellos»[46].

Con su transvaloración Nietzsche quiere «*despertar del sueño*» moral a los que todavía «creen en el "significado ético de la existencia"» y que tendrán que despertar, porque «con la interpretación *moral* es el mundo insoportable» y nos ha conducido al nihilismo de la *falta de sentido* de todo acontecer[47]. Con la afirmación o negación del «*significado moral*» del mundo y de la vida se está tomando la decisión fundamental.

Nietzsche realiza la *transvaloración* decisiva interpretando el mundo como un mero acontecer físico. Esto lo cambia todo: desde aquí se transvaloran todos los valores en la perspectiva del Anticristo, donde el aparente sentido negativo «anti» tiene el sentido positivo de la *interpretación dionisíaca* del mundo y de la existencia. La negación es primordialmente afirmación. Una afirmación transvaloradora que Nietzsche atribuye ya a *El nacimiento de la tragedia*: «mi primera transvaloración de todos los valores»[48].

La filosofía del Anticristo surge del instinto que aboga por la vida. Su transvaloración es una exigencia de la razón *vital* y *perspectivista,* de una «razón de la vida» y para la vida. Y ha sido posible gracias al «ejercicio» y a la «experiencia» que el propio Nietzsche confiesa que tenía de cambiar de perspectivas. En esa tarea se considera un auténtico maestro. Precisamente en esa capacidad magistral para cambiar de perspectivas radicó el impulso para que fuera posible una transvaloración de los valores. Es el resultado del ejercicio y la experiencia de una razón valorativa y perspectivista, la «gran razón» del cuerpo y de la vida, tal como funciona realmente en la vida. La filosofía de la transvaloración surge de una «voluntad de salud», de una «voluntad de vida».

---

[46] *KGW* VIII 1, 4 (57); V/1, 443.
[47] *Aurora* § 100.
[48] *CI,* «Lo que debo a los antiguos» 5, pp. 135-136; cfr. *NT,* Ensayo de autocrítica 5, pp. 31 ss.

12. TRANSVALORACIÓN CON SENTIDO POLÍTICO

La filosofía nietzscheana es una de las pocas que se ha centrado en la cuestión del valor y, por tanto, en la jerarquía de valores. Pero, además, lo curioso es que el carácter transvalorador de su crítica hermenéutica se encuentra ligado a lo que Nietzsche denomina «fisiología».

Recordemos que en cierto momento de su vida y, posteriormente, hasta el final, Nietzsche se dio cuenta de la decisiva importancia de la «fisiología» para liberarse del idealismo. Su hermenéutica genealógica cuenta con esta vertiente fisiológica, mediante la cual puede descubrir el «*inframundo* del ideal». Y esta reflexión le abrió un mundo de «realidades»: «a partir de ese momento no he cultivado de hecho más que fisiología [...]»[49].

En diversas ocasiones encontramos su propósito de realizar una «fisiología de la estética», de «fisiología del arte» y de «fisiología del poder». Y es que la transvaloración nietzscheana es una forma de hermenéutica, cuya interpretación se rige por parámetros suministrados desde una *fisiología que tiene relevancia política*; de ahí que la transvaloración sea fisiológica y tenga carácter político (constituya también una empresa política), porque tiene como resultado la transformación de las estructuras de poder y las formas de existencia[50].

La peculiar *transvaloración* nietzscheana se convierte en una empresa *política*. Y no olvidemos que el componente fisiológico de la transvaloración sigue presente hasta el final en la filosofía política de Nietzsche: «la *gran* política convierte a la fisiología en señora de todas las otras cuestiones»[51].

No obstante, debemos advertir que la actitud de Nietzsche ante la política varía a lo largo de su producción. En su primera época destaca la supremacía concedida a la cultura por encima de la economía y la política. El economismo y politicismo, tanto de burgueses capitalistas como de socialistas, están basados en el optimismo, en el eudemonismo (incluso hedonismo), y se rigen por los ideales de la seguridad y el bienestar. Frente a este modelo Nietzsche siente la «necesidad de vivir libre de la política» y suspira por curarse de

---

[49] *EH*, p. 82.
[50] T. STRONG, *F. Nietzsche and the Politics of Transfiguration*, University of California Press., Berkeley, 1975, p. 187 (cfr. W. T. BLUHM, *¿Fuerza o libertad?*, Labor, Barcelona, 1985, pp. 212 ss.).
[51] *KGW* VIII/3: 25 (1), p. 452.

ella[52]: «Tiene que haber círculos como fueron las órdenes monásticas, con un contenido más amplio». Nietzsche desarrolla una filosofía suprapolítica, con un sentido de «antimodernidad moderna» (políticamente antimoderno, estéticamente moderno).

Nietzsche adopta un modelo diferente al moderno: recurre a la cultura «agonal», aristocrática y heroica, frente a las ideas burguesas y socialistas. En esta forma de entender la vida, ofrecida por la cultura antigua, el sentido de la lucha (*agóon*) y de la disputa (*eris*) es el de la competición, por el cual se genera y crece el nivel cultural. Las ideas que rigen el modo de vida no son la seguridad y el bienestar. Se cuenta con otro ideal de vida y de humanidad: la del crecimiento, la del juego y la divinización o elevación del hombre. A esta época corresponderá una metafísica de artistas y un regreso al mito trágico, que es de donde hay que partir para entender la clave de la política en esta etapa de su pensamiento.

En *El nacimiento de la tragedia* se presenta una justificación de la existencia y una pretensión de «redención» diferente a la que ofrecen las políticas burguesa y socialista. El punto de referencia nietzscheano se encuentra en la *tragedia*. Ni el eudemonismo, ni el hedonismo, defienden acertadamente la vida; ésta se encuentra en los «misterios». Ni el capitalismo ni el socialismo pueden redimir el sufrimiento universal. La justificación de la existencia, la auténtica valoración de la vida se encuentra en la tragedia, que se convierte en una «patodicea», porque en la tensión agonal se experimenta la vida y se aboga por ella.

A mitad de los años setenta se produce un cambio significativo. Nietzsche se inclina hacia el modelo de un «espíritu libre», hacia una forma de Ilustración peculiar, en la que se valora la independencia, la autonomía soberana, una forma de emancipación, que no se confundirá con las de la modernidad democrática. Sin embargo, cuenta ya con la permanencia irresistible de la «indetenible» democratización y lo que plantea en ocasiones es la manera de aprovechar la democracia para superarla.

Porque el verdadero poder de la época, el de la economía, según Nietzsche, deforma el desarrollo de la vida auténtica y no es capaz de garantizar los valores vitales, no es capaz de garantizar un sano mundo vital. El poder de la economía (el secreto de la política), para el capitalismo y el socialismo, vincula a la humanidad alrededor de

---

[52] *KGW* III/4, p. 390 (cfr. Ottmann, *op. cit.*, p. 48 y *pássim* para lo que sigue).

la *seguridad* y el *bienestar*, ya sea a través del mercado o del Estado (en realidad por medio de ambos). Pero en ningún caso se puede garantizar el mundo de los valores vitales y los presupuestos radicales de la cultura[53].

En esta época encontramos en la obra de Nietzsche una crítica de las instituciones modernas, como el Estado, y sus formas democráticas, especialmente porque en las ideas modernas detecta un «plebeyismo» y una despersonalización[54], que destruyen las fuentes de energía vital en función de la nivelación, la igualación, la seguridad y el bienestar.

En cambio, Nietzsche quiere rescatar el sentido vital del «ensayo», del experimento y la tentación, propio del «espíritu libre», porque al margen del capitalismo y el socialismo, a los que considera hermanos, lo que hace realmente falta es una transformación del «sentido», que promueva una forma postcapitalista y postsocialista de vida, más allá de las organizaciones políticas típicamente modernas[55]. Porque el utilitarismo y el darwinismo social se basan en un concepto de «adaptación» que va contra el sentido del «espíritu libre»; y lo mismo ocurre con las ideas socialistas, que contribuyen a destruir al individuo autónomo y a consolidar el despotismo.

La transformación del sentido vital es la tarea del «espíritu libre» (postcapitalista y postsocialista), que rescata la raíz de las formas de vida, que las instituciones modernas amenazan erradicar en nombre de la libertad y de la justicia igualitaria, pero en realidad están regidas por la seguridad y el bienestar de una cierta mayoría. Se trata de las ideologías del «rebaño *autónomo*»[56], que el «espíritu libre» rebasará por su afán de radicalizar la autonomía individual.

Esta peculiar Ilustración plantea de nuevo «el problema de la civilización» y conecta expresamente con la controversia entre Rousseau y Voltaire[57]. El «regreso a la naturaleza» nietzscheano no significa un «retroceso», sino una «elevación»; la renaturalización de la vida no es un regreso, sino una reconciliación entre *natura* y *cultura*. Una nueva Ilustración que no desgarre al hombre sino que arranque

---

[53] Cfr. H. OTTMANN, *op. cit.*, pp. 106-108, 111, 123.
[54] *MBM* 253; *Aurora* 206.
[55] *HDH* I, 452 y 473; *Aurora* 149 y 164; OTTMANN, *op. cit.*, pp. 130 ss.
[56] *MBM* 202.
[57] *KGW* VIII/2: 9 (185), p. 113 (otoño de 1887); VIII/2: 9 (116), p. 66; cfr. H. OTTMANN, *op. cit.*, p. 162, y la edición de Alicia VILLAR, *Voltaire-Rousseau. En torno al mal y la desdicha*, Alianza, Madrid, 1995.

desde su fondo vital: Ilustración vital y hermenéutica, no meramente racional.

Esta Ilustración prolonga y profundiza la Ilustración antigua y moderna; ya no sólo nos libera del miedo, sino también de la culpa. En esta Ilustración se conecta el *fatum* (claramente diferenciado de la necesidad) con la libertad: el fatum es la condición del obrar libre realista. El *fatum* no conduce a la resignación pasiva, al «fatalismo turco»[58], porque la libertad codetermina el desarrollo del destino.

Hace falta, pues, un nuevo planteamiento del lugar del individuo en relación con el destino, a fin de que dicho individuo sea capaz de codeterminar el destino en virtud de su capacidad de autosuperación y autodominio. Pues no hay que olvidar que «cada hombre mismo es un fragmento de *fatum*» y que «todo es *heimarméne*, incluso el hombre individual».

A partir de esta vinculación de *natura* y *cultura*, por la que el individuo es dueño de sí mismo, se comprenderá el paso que Nietzsche quiere dar más allá del planteamiento kantiano. El legislador kantiano no era dueño de sí mismo, sino siervo de su ley moral universal, en la que la razón universal se sobrepone (¡tiraniza!) a la sensibilidad. Para Nietzsche, «la ley moral en mí» no puede formularse ya en el sentido de Kant como *universal* y como «ley de la naturaleza» o asunto de la humanidad; se convierte en la ley que cada cual se da a sí mismo y sólo a sí mismo. Por eso Zaratustra pregunta: «¿Puedes prescribirte a ti mismo tu bien y tu mal, y suspender tu voluntad por encima de ti como una ley?»[59]. Ésta es una «moral» hipermoderna: «sé lo que tú eres»: «queremos ser quienes somos [...] los-que-hacen-sus-propias-leyes, los-que-se-hacen-a-sí-mismos»[60]. Aquí no enfocamos la Ilustración desde una *autolegislación universalizadora*, sino que se instaura una *autolegislación sin universalización*.

Esta disolución de las pretensiones de universalización se expresa como inmoralismo; pero no debe entenderse como un «amoralismo», sino como *in-moralismo*, en el sentido de una radicalización de la autonomía moderna (hipermoderna)[61]. Este inmoralismo consiste en una «moral» autónoma individual: una autolegislación sin universalización, que se rige por las propias fuerzas y capacidades, ya que la

---

[58] «El viajero y su sombra» 61 (trad. de *Obras completas,* I, Aguilar, Buenos Aires, 1966); cfr. H. OTTMANN, *op. cit.,* pp. 210 ss).
[59] *Za.,* p. 102.
[60] *GS* 335.
[61] OTTMANN, pp. 204 ss. y 213 ss.

universalización conduce al «rebaño» y, por tanto, a la disolución de la *autonomía soberana*. En esta forma de Ilustración funciona otra noción de humanidad, que se aparta de los peligros del animal de rebaño. Aquí se da prioridad al «individuo autónomo». ¿Dónde encuentra, pues, la autolegislación de la autonomía soberana su contenido? No en la universalidad de la voluntad, no en las instituciones, tampoco en la presunta normatividad de la naturaleza y menos todavía en Dios. ¿Qué significa, pues, libertad del individuo soberano? El inmoralismo del «espíritu libre» consiste en que por mor de su radical soberanía rebasa los límites de la autolegislación racional basada en la universalidad. Este enfoque intensifica el sentido de la *responsabilidad*, pero con un nuevo sentido: el de la *libertad trágica*.

> Mi filosofía se convierte en tragedia. La verdad se convierte en enemiga de la vida, de lo mejor. La cuestión permanece: si se *puede* seguir estando conscientemente en la no verdad. Porque un deber no existe. La moral está tan aniquilada como la religión [...]. La entera vida humana está sumergida profundamente en la no verdad: no se la puede sacar [...]. Preparación para una filosofía trágica sería el nombre [...][62].

La Ilustración de la autonomía radical del individuo autónomo y soberano, que no está sometido a nada, nos conduce a la cuestión del *poder*, pues la *libertad* se funda en el *poder*. Hay que poder, para ser libre, independiente, autónomo, soberano. Soberanía es poderío. La autolegislación del individuo autónomo y soberano permite un autodominio de sí mismo y de las circunstancias, de la naturaleza: ha de ser fuerte frente al «destino» («poder sobre sí y sobre el destino»); y por eso tendrá el «privilegio de la responsabilidad» y la capacidad para tener «su *medida del valor*» desde sí mismo. Este poder del individuo soberano radica en él como «instinto dominante»: su libertad radica en su poder sobre sí y sobre el destino[63].

El fondo último de la libertad es una fuerza interior, que puede resistir contra toda influencia exterior del ambiente: la «fuerza interior es infinitamente *superior*». Esta posición nietzscheana contra la doctrina del influjo del ambiente y de las causas externas defiende un fondo interior como fuerza predominante, ya que «mucho de lo que parece influencia externa es sólo adaptación a partir de lo interior.

---

[62] *KGW* IV/4, p. 174 (cfr. OTTMANN, p. 216).
[63] *GM* II, 2.

Precisamente los mismos ambientes pueden ser interpretados y aprovechados de modo opuesto, contrapuesto: no hay hechos»[64]. Hay una *fuerza interior* irresistible como última potencia, la forma más básica del poder, para ser dueño de sí mismo y del destino. Ésta es la base de la nueva Ilustración, que llega al fondo de la capacidad autolegisladora, que no consiste en una razón universalizadora, sino en la capacidad de dominio, de valorar y de poder desde sí mismo frente a todas las resistencias. Soberanía es poder y sin poder no hay libertad, sino la aparente libertad del «rebaño autónomo», algo típico de la vida moderna. En cambio, la nueva Ilustración nietzscheana nos conduce a una filosofía trágica y a una filosofía del poder, desde donde se forja la nueva filosofía política.

Este *inmoralismo* del *individuo autónomo y soberano* no es el *ethos* antiguo ni tampoco la *autonomía* de la voluntad racional moderna. Por eso Ottmann se pregunta si es acaso posible unir el *ethos* antiguo de la cultura agonal y la autonomía hipermoderna[65]. A mi juicio, una vía de salida de esta aporía presentada por el estudio de Ottmann puede encontrarse en el «*pathos* de la distancia». Entre eticidad y autonomía, entre *ethos* antiguo y autonomía hipermoderna, se encuentra la vía media del *pathos* de la distancia. El *pathos* es o sería un *ethos* no ético y, por tanto, compatible con «autónomo» (soberano), pues ya sabemos que «"autónomo" y "ético" se excluyen». Así pues, un *ethos* autónomo y soberano es lo que se refleja en un *pathos*.

Además, el carácter de poder (de la voluntad de poder) queda incluido en el pathos del individuo soberano, *porque* la voluntad de poder es un pathos, según el propio Nietzsche. El ansia más fundamental del hombre, su impulso en busca de poder, se llama «*libertad*»: la voluntad de poder como *pathos* se expresa, a mi juicio, en el *pathos* de la distancia, que constituye la expresión viva de la libertad: la libertad de «la gran pasión».

13. EL *PATHOS* DE LA DISTANCIA

En el *pathos* de la distancia se encuentra, a mi juicio, el nuevo modo de entender la *autonomía soberana* en la filosofía de Nietzsche. Ni *ethos* ni *autonomía* abstracta, sino *pathos*, porque en él van

---

[64] *KGW* VIII/1, 2 (175), p. 152.
[65] *GM*, p. 31; cfr. *MBM* 257, pp. 219 ss.

juntos libertad y poder para valorar desde sí mismo. Sin necesidad de recurrir a Dios, a la naturaleza, a las instituciones, ni a la voluntad racional por ser universal. Aquí la autolegislación del individuo soberano goza de la independencia de su «ley individual» a partir de su «instinto» soberano y dominante. El individuo se manda y obedece a sí mismo sin otra mediación que su propio deber.

Este *pathos* constituye una autonomía soberana, que ofrece un nuevo sentido a la existencia. El *pathos* soberano instituye el sentido y el valor por encima del *ethos* y del vacío de la razón abstracta (universal), que acaba en la dependencia del rebaño. Para autolegislarse hace falta libertad como poder, voluntad de poder como *pathos*. Y el *pathos* de la soberanía es el de la distancia.

Toda elevación del tipo «hombre» ha sido posible por este tipo de *pathos*, la actitud que reconoce la jerarquía y la diferencia de valor entre los hombres. Sin él no podría surgir el deseo de la elevación del tipo «hombre», la necesidad de su «autosuperación». Ha sido el «sentimiento» y la valoración de sí mismo lo que ha producido un modo de valorar diferente a la utilidad.

El *pathos* que tratamos origina una *medida* de valor y una *fuente* de valor, diferente a la de la utilidad. El punto de vista de la utilidad resulta inadecuado cuando se cuenta con este nuevo «manantial» de los juicios de valor, pues es en este *pathos* donde radica el origen de la antítesis «bueno» y «malo»; y a este origen se debe que la palabra «bueno» no esté ligada necesariamente a acciones «no egoístas». Sólo cuando los juicios aristocráticos de valor declinan, se impone la antítesis «egoísta»/no-egoísta en la conciencia moral. Pero en esta forma de conciencia ha entrado ya el «instinto de rebaño», el predominio del prejuicio (la «idea fija»), que considera «moral», «no egoísta» y «desinteresado» como equivalentes.

El *pathos* de la distancia es un nuevo punto de vista sobre la tierra: «¡lo superior no *debe* degradarse a ser el instrumento de lo inferior [...]!»[66]. Desde este punto de vista se ha de mantener la separación entre la salud y la enfermedad, a fin de no caer en la «compasión». Nietzsche advierte del presunto progreso moral moderno, que en el fondo revela una «incapacidad» y debilidad.

La época moderna le parece a Nietzsche *decadente*, porque ha decrecido la *«vitalidad»*, se han suavizado las costumbres y nos hemos aferrado a una moral de la *«compasión»*. En cambio, el *pat-*

---

[66] *GM,* p. 145.

hos de que hablamos, propio de culturas «*aristocráticas*» y de las épocas fuertes, confía en el «sí-mismo», que no puede rebajarse a las formas decadentes del igualitarismo democrático. El «sentimiento de sí», «la voluntad de ser uno mismo, de destacarse», el *pathos* de la distancia, son condiciones de la «aristocracia» y de la «autosuperación» del hombre [67]. Este *pathos* de la distancia (expresión que aparece en *Más allá del bien y del mal*) introduce otra valoración de la vida, una perspectiva aristocrática, que está basada en la fuerza «psíquica» de «hombres *más enteros*».

Lo esencial de estos aristócratas buenos y sanos es que se sientan a sí mismos como *sentido* [68] y con capacidad para «establecer valores por sí mismos», pues «el auténtico *derecho señorial* es el de crear valores»; la sociedad sólo ha de servir como «infraestructura y andamiaje» para que sea posible «elevarse» hacia un modo de «*ser* superior».

El *pathos* que tratamos no puede conciliarse con la formación de rebaños y la tiranía de las masas, porque lo que pretende es la *autosuperación* del hombre [69]; éste es el secreto de la vida: vivir es apreciar, valorar, interpretar, ensayar y arriesgar; lucha y *creación*. En esa voluntad de vida y de autosuperación late la voluntad de poder. Nos referimos, pues, a un *pathos* propio de la forma más elevada de vida desde la voluntad de poder. En cambio, la pretensión de «igualdad» expresa la impotencia y la debilidad. La perspectiva del *pathos* de la distancia introduce una perspectiva axiológica diferente, en la que no es la igualdad la que expresa la justicia, sino que ésta tendrá que atenerse al proceso de superación de la vida, a la guerra por el poder y la preponderancia. Pues la *vida* es esencialmente apropiación, ofensa, avasallamiento de lo débil, opresión, dureza, imposición de formas propias, anexión y explotación; la vida es voluntad de poder (éste es el hecho primordial) y la «explotación» forma parte de la esencia de lo vivo [70].

El *pathos* aristocrático nos ofrece restituir el «centro de gravedad de la vida» en la vida misma y, por tanto, vivir de tal modo que sí tenga sentido vivir. Permite superar el veneno moral cristiano, que ha infectado la política moderna, el de la «doctrina "idénticos derechos para todos"» [71]. Esta doctrina arruina el «sentimiento de respeto y de

---

[67] *CI*, pp. 111-113 y nota de A. SÁNCHEZ PASCUAL, p. 165.
[68] *MBM*, pp. 221 y 227.
[69] *Za.*, pp. 169-173, 152-154.
[70] *MBM*, pp. 221-222.
[71] *AC* 43 (pp. 74-75).

distancia entre los hombres, es decir, el *presupuesto* de toda elevación, de todo crecimiento de la cultura»; porque en ella habita el «resentimiento» contra el sentido aristocrático (jovial y generoso), contra el sentido de la tierra.

En ese sentimiento experimentamos una de las consecuencias más importantes de la «muerte de Dios» para la convivencia: cambia de raíz el sentido de la relación entre los hombres. Puesto que no somos iguales, ya no tenemos por qué vernos como iguales: ni como hermanos, ni como camaradas, ni porque trabajamos por la misma meta o porque tenemos el mismo sentido vital. Pues ni la naturaleza ni la historia nos ha hecho iguales, ni hay una garantía «más allá» (en Dios, en la «inmortalidad»), que permita igualarnos. Éste es el momento en que se pone de manifiesto la abismal «distancia» entre los hombres.

A mi juicio, éste es el sentido profundo del *«pathos de la distancia»*. Más allá de la «muerte de Dios» y del «rebaño», del rebaño religioso o político, sentimos y vivimos la distancia. La *política del rebaño* cuenta con Dios o sus sombras, y se aprovecha de ellas explícita o implícitamente; pero ¿qué ocurre, cuando se reconoce la *mentira* que todo esto representa y, por tanto, cada cual siente su radical *soledad* en el mundo? Pues se experimenta que entre los hombres no hay igualdad de hermandad, porque ha desaparecido el padre común; no hay igualdad de camaradería, porque no compartimos ningún proyecto de bien común, ni metas comunes, ni la vida tiene un sentido compartido. Vivimos la distancia y la soledad. La voluntad de poder como *pathos* nos sitúa en la dura realidad de la *distancia de las relaciones de poder*, en otra perspectiva para el sentido vital.

Desde esta perspectiva la *autonomía* se vive en las *relaciones de poder*. La libertad no se sitúa a nivel transcendental ni se confía al derecho, sino que se intenta situar en un nivel más fundamental que la conciencia moral. Este nivel podría consistir en una convicción e intención (*Gesinnung*) in-moral[72], capaz de crear valores frente a las coerciones de la eticidad y de la conciencia moral. Este fondo creador de valores no podría reducirse al yo-conciencia, sino que sería una «estructura de dominio» (dentro del cuerpo), desde la que surge un «afecto de mando» y una «regencia», que orienta y valora, rige y manda, quiere y organiza. No se trata de ninguna medida absoluta,

---

[72] *MBM* 19; «La voluntad de poder» 294, 281; cfr. H. KERGER, *Autorität und Recht im Denken Nietzsches,* Duncker & Humboldt, Berlín, 1988, pp. 72, 103 ss., 162 ss.

sino de un sistema vital de autorregulación, una estructura de dominio inteligente, dentro de un plexo de relaciones de poder.
Lo importante aquí es resaltar la nueva perspectiva de la libertad y de la autonomía. Ahora nos movemos en un contexto de *«relaciones» de poder*. De ahí que esta nueva concepción nietzscheana de la autonomía se haya comparado con la concepción de *«autopoiesis»* de N. Luhmann.
Ciertamente la libertad del individuo autónomo y soberano cabría, a mi juicio, interpretarla en sentido «autopoiético», propio de los sistemas en relación con un medio en la teoría de los sistemas de Luhmann. La autorreferencia aquí es autopoiética: la autorreferencia es la condición de la elevación y del crecimiento, de la autosuperación. La vida quiere autosuperarse, quiere más poder, para ser más. El pensamiento de la autopoiesis consiste en que en todas las relaciones hay una referencia a la autoconstitución. La unidad surge de las relaciones de poder, del proceso complejo del acontecer a partir de la estructura de dominio básica que está rigiendo y operando [73]. Se trataría de *autonomía autopoiética*.
Este modelo de autonomía rebasa los límites del modelo jurídico moderno, ya que se sitúa en el nivel de las *relaciones de poder*, previo a su conversión en relaciones jurídicas. La «relación de poder» es más básica que la relación jurídica, y esto supone un cambio también en la concepción del sujeto o del individuo autónomo y soberano. Es el poder el que es productivo, productor del sujeto mismo. El modelo jurídico es incapaz de comprender cómo opera el poder, vive de la *farsa legal*.
Nietzsche sitúa, pues, la autonomía en el nivel de las relaciones de poder y dominación, de las relaciones de fuerza realmente operantes. Su noción del individuo rebasa la noción jurídica y alumbra otro modelo de subjetividad, de libertad y de autonomía. En la noción de soberanía entra ahora no sólo el autodominio como autolegislación de la voluntad, sino como *autoejecución* del poder: *legislación y ejecución, voluntad y poder.*
Así Nietzsche parece superar la concepción kantiana de la autonomía, en la que se pone el énfasis en la *intención*, no en la realización y consecuencias de la acción [74]; con lo cual mantiene una noción

---

[73] H. KERGER, «Die Institutionalistische Bedeutung der Relation bei Nietzsche und Luhmann», *Nietzsche-Studien,* 20 (1991), pp. 284-308.

[74] K. ANSELL-PEARSON, «The Significance of M. Foucault's Reading of Nietzsche», *Nietzsche-Studien,* 20 (1991), pp. 266-283; cfr. *Za.,* I, 101 ss.; II, 169 ss.; *GS* 290.

de autonomía soberana y de libertad, aunque en un modelo no-jurídico: la de una estructura de *poder creativo*.

14. PODER Y DESJURIDIFICACIÓN

La concepción nietzscheana de la autonomía y de la libertad es —a diferencia de la de Kant— la de un *inmoralista* que nos sitúa ante la *realidad del poder*, pues es el poder lo que constituye la base de las relaciones jurídicas. Así que la filosofía de la libertad ha de prolongarse en una filosofía de las relaciones de poder, que son en definitiva el apoyo realista de las relaciones jurídicas.

Si el *pathos* de la distancia sustituye a la *autonomía racional moral* —en el sentido kantiano de la libertad interna—, el desarrollo de esa autonomía en forma de libertad externa (garantizada por la tradición y, según Kant, por el derecho) necesita ahora correlacionarse con —y comprenderse desde— las relaciones de poder, que están en el origen de las relaciones jurídicas. Al remitir Nietzsche la justicia y el derecho a relaciones de poder, está aportando una visión *desjuridificada* del pensamiento y de las relaciones humanas. El «orden» valorativo de la justicia y el derecho proviene de otras fuentes: las relaciones de poder.

Si, junto al *pathos* de la distancia, nos atenemos a esta perspectiva del poder para entender el sentido de la libertad en Nietzsche, se comprenderá su crítica de las instituciones modernas (políticas y económicas), que en último término dicen configurarse desde orientaciones morales y jurídicas, con pretensiones de legitimidad, de razón jurídica legitimadora.

Nietzsche cree descubrir fuerzas prejurídicas y premorales (prerracionales), que no se mueven en el ámbito de la validez o de la legitimación moral y jurídica, sino en un ámbito previo que ilumina (interpretando y valorando) el sentido genealógico que tienen las expresiones moral-jurídicas. Todas ellas revelan una fe en un *orden moral-jurídico* del mundo, que opera en el pensamiento desde antiguo y que se ha incrustado en él, pero de cuyos cánones nos quiere «liberar» la hermenéutica nietzscheana del poder.

Esta *hermenéutica del poder* nos quiere poner de relieve que el derecho y la justicia tienen «su origen en *poderes* casi *iguales*»[75]. Y no

---

[75] *HDH* I, 92.

sólo el derecho y la justicia, sino también la comunidad misma debe su origen al equilibrio del poder. «Para acabar la *lucha por la existencia* surge la comunidad. El *equilibrio* [es] su punto de vista»[76]. Esta perspectiva parece remitirnos a la conocida de Tucídides y los sofistas: el derecho sólo surge de la relación de fuerzas en virtud de la ley de la naturaleza, por la que el fuerte se impone sobre el débil. En un principio, parece que Nietzsche asume la filosofía del poder de Tucídides y de su trasfondo sofístico. Sin embargo, Nietzsche propone otro modelo de filosofía del poder. Un elemento de interés es que nos habla del «derecho del más débil», que ya el cálculo inteligente del poder tendrá que considerar[77]. El poder no es un *factum* de fuerza bruta, sino un *fenómeno comunicativo*: el poder es siempre un poder reconocido y necesitado de reconocimiento. Se tiene tanto derecho cuanto *poder acreditado*[78]. De tal manera que el cálculo inteligente del poder habrá de contar con el «derecho del débil».

Por consiguiente, según Ottmann, hay que considerar tres momentos en el fenómeno del poder: 1) el poder no puede ser «*total*»: conviene aprovechar el poder —débil— del contrario en beneficio propio mediante un cálculo inteligente, para sacar ganancia del contrario en vez de aniquilarlo; el poder se basa, pues, a pesar de la superioridad del más fuerte, en una cierta *reciprocidad*; 2) el poder contiene un elemento *comunicativo*, un poder persuasivo, mediante el cual se produce un fenómeno de aprecio recíproco y que desemboca en un poder «creído»; 3) la conexión entre equilibrio de poder y derecho sirve para explicar el surgimiento de formas primitivas de derecho y de socialización: «el carácter de *trueque* es el carácter inicial de la justicia»[79].

El modelo del *equilibrio de poder* es básico para entender las relaciones sociales y jurídicas. No hay ningún derecho sin poder. Pero esta consideración se completa en Nietzsche con un paso más: ningún derecho sin poder, porque el derecho carente de poder no posee ninguna validez. *Más allá de la justicia:* ¡*poder!*

Nietzsche hace depender la validez normativa del derecho del «grado» del poder. Los «derechos» son «grados de poder reconoci-

---

[76] *KGW* IV/3: 41 (42), p. 448.
[77] *HDH* I, 93.
[78] H. OTTMANN, *op. cit.,* pp. 222 ss.; sobre este aspecto ha insistido acertadamente V. GERHARDT, «Das "Prinzip des Gleichgewichts"», *Nietzsche-Studien,* 12 (1983), pp. 111-133.
[79] *HDH* I, 92; *GM,* II, 4.

dos y garantizados»[80]. Aquí permanece la estructura comunicativa, pero disolviéndose la fuerza «normativa» del derecho en los grados de poder.

> El derecho que se base en tratados entre iguales subsiste en tanto el poder de las partes contratantes sigue siendo el mismo o parecido; la razón ha creado el derecho para poner fin a las hostilidades y a las disipaciones «inútiles» entre fuerzas iguales. Pero esta razón de conveniencia cesa definitivamente cuando una de las partes se ha hecho sensiblemente más débil que la otra; entonces la sumisión reemplaza el derecho que «deja de existir» [...]. Las condiciones legales son, por consiguiente, medios pasajeros que aconseja la razón: no son fines[81].

Nietzsche ha *funcionalizado* el *derecho* y lo ha incluido como medio táctico en la lucha por el poder. El derecho surge de la «prudencia», es medio y no fin. «Las condiciones jurídicas son por tanto *medios* pasajeros, que la prudencia aconseja, no son fines». Por eso, «los *débiles* [...] tienden a *eternizar* el convenio hecho una vez», pero el *dinamismo del poder* es constante y el derecho y la justicia van surgiendo del cálculo inteligente de las relaciones de poder, siempre cambiantes.

Por consiguiente, «no hay derecho natural ni injusticia natural»; tras lo cual ya no sonará tan raro a nuestros encantados oídos el tajante aserto: «*no hay derechos humanos*»[82]. «Sólo cuando los representantes del orden futuro se enfrenten a los de los viejos órdenes y ambos poderes se encuentren igual o similarmente fuertes, entonces son posibles contratos, y en virtud de los contratos *surge* después una injusticia».

El derecho se explica, pues, según Nietzsche, como producto de un equilibrio entre poderes igualmente fuertes. Nietzsche dirime la vieja cuestión disputada entre poder y derecho *en favor del poder* (y por esta razón resulta difícil situar su doctrina del poder en el marco del derecho natural antiguo o moderno).

Nietzsche niega la posibilidad de una fundamentación iusnaturalista del derecho del más fuerte, pero también del derecho del débil. No hay una igualdad humana fundamentada en sentido iusnaturalista. El concepto de *poder* disuelve el concepto de *naturaleza* como concepto de fundamentación jurídica. Por tanto, la *dife-*

---

[80] *Aurora* 112.
[81] «El viajero y su sombra» 26, 39 y 31.
[82] *KGW* IV/2, 578 (otoño de 1877), cursiva nuestra.

rencia de los derechos no puede ser de principio (como la existente entre *physis* y *nomos*) sino sólo *gradual*. Los derechos del más fuerte o más débil no pertenecen a diferentes órdenes de fundamentación como naturaleza o ley, sino al *mundo del poder*. El poder es siempre, a la vez, fuerza y debilidad, y goza de una *estructura comunicativa* (sustentada en la pluralidad y dinamicidad de la «voluntad de poder»)[83].

Nietzsche acrecienta el *dinamismo del poder*. Su doctrina no está interesada en establecer de una vez para siempre un poder que garantice la paz y la autoconservación, mediante un contrato (un pacto) entre iguales o la institución de un poder soberano, como en los casos de Hobbes y Spinoza. Pues, aunque en algún momento la tesis de Nietzsche pueda confundirse con otras versiones del derecho natural moderno, no es así. El sentido del modelo nietzscheano del equilibrio no está ligado a la perspectiva de la igualdad. Antes bien, el punto de partida es el de la *desigualdad* de los hombres y de los poderes. Por eso, la estabilidad del equilibrio no puede estar asegurada por la mera concesión de un derecho igual para todos, ni por la creación de un poder soberano, ya que el interés por mantener el equilibrio lo tiene siempre el relativamente más débil, mientras que el potencialmente mas poderoso considera el equilibrio como un momento de tránsito, que habrá que rebasar para proseguir la lucha en otro nivel, desde otra perspectiva.

Por eso, en la doctrina dinámica del poder de Nietzsche los derechos nunca son fijados de una vez por todas. Su valor oscila según la cotización, según el poder que cuente para apoyarlos. La *dinámica del poder* (según Nietzsche) y el *enfoque de la igualdad* (propio de la modernidad) chocan y permanecen enfrentados de un modo irresoluble. La lógica de la auto-*conservación* del enfoque igualitarista moderno entra en colisión con la radical dinamicidad del poder, porque la lógica de la conservación depende de la premisa de la *igualdad* y el enfoque del equilibrio dinámico del poder parte de la *desigualdad*.

Nietzsche acentúa la diferencia entre ambos enfoques desde su interpretación antidarvinista de la vida: por un lado está la lucha por la existencia, la voluntad de conservación, y por otro su concepto dinámico del poder; a su juicio, la lucha no nace de la necesidad, ni termina con la supervivencia o la vida agradable. Nietzsche llega a

---

[83] H. OTTMANN, *op. cit.*, pp. 226-229.

decir que el «instinto de conservación» es «mitología»; puesto que «no la necesidad, no los apetitos, no, el amor al poder es el demonio de los hombres»[84].

En la perspectiva nietzscheana, el presunto derecho natural (*Naturrecht*) se convierte en un derecho de poder (*Macht-Recht*) y todas las *pretensiones jurídicas* se reducen a *pretensiones de poder*. Pero, entonces, por un lado, se disuelve el aspecto *normativo* del derecho; y, por otro, desde esta nueva perspectiva se interpretan también todos los movimientos políticos de la época: el socialismo no sería una cuestión de derecho, sino una «cuestión de poder»; el liberalismo, con sus exigencias de «derechos iguales», sería el intento de dar forma jurídica a una exigencia económica imposible de realizar. Ni el mercado ni el Estado podrán garantizar lo que jurídicamente proclamaban las ideologías modernas de la igualdad, porque en el fondo de las relacions jurídicas persiste el dinamismo del poder[85].

Esta hermenéutica del poder desvela «la razón en la *realidad*», la «razón en el acontecer»; ése es el valor de Tucídides para Nietzsche: que en él se expresa la «*cultura de los realistas*»[86]. La razón real tiene en cuenta la reciprocidad de las pretensiones y la estimación comprensiva de los poderes en juego; la razón se ejercita ponderando (evaluando) las relaciones de fuerza, a la manera de una cierta ponderación económica: el carácter de intercambio (de trueque) es la idea originaria, a partir de la cual surge la razón jurídica.

Sin la interpretación evaluativa de las relaciones de poder no se produciría el equilibrio dinámico, por el que se sostiene la razón que expresa el derecho: *la razón jurídica surge de una «moral de comerciante»*; hay un cierto *modelo económico de equilibrio de fuerzas* como punto de vista, en virtud del cual se desarrolla cierto orden social y jurídico. Pero el trasfondo del «estado de naturaleza» (la crueldad y la maldad) «no cesa», perdura, aunque bajo otro punto de vista: el del equilibrio, mediante el cálculo inteligente de las relaciones de poder y las correspondientes expectativas. Pues, en el fondo, «no salimos de la animalidad»[87].

---

[84] *KGW* V/I, 564; cfr. *Aurora* 262.
[85] *HDH* I, 446; *GS* 377.
[86] *CI*, «Lo que debo a los antiguos» 2, p. 131; *KWG* VIII/3: 24 (1); 23 (5).
[87] *Consideraciones intempestivas*, III: «Schopenhauer, educador» 5 (*SA* I, 322).

15. LA «GRAN POLÍTICA»

La «gran política» de Nietzsche revela una autoconciencia de *misión* universal: configurar un nuevo mundo ateniéndose a las exigencias de la transvaloración. Hay aquí una gran «tarea» por delante: la nueva transvaloración que superará el nihilismo como fenómeno histórico. Esta realidad mundial exige «fines ecuménicos»[88], si es que queremos crear las «condiciones» para la «elevación» del hombre. Esto indica que Nietzsche, a su modo, contribuye a profundizar en la «conciencia histórica», que se percata de la creciente interdependencia de todos los pueblos y de la *responsabilidad* ecuménica en la configuración del mundo. Tiene interés por una reflexión sobre las bases de la acción política, por una filosofía para la acción (¡y de la agitación!).

Ahora bien, el planteamiento «político» de Nietzsche no se circunscribe al modo habitual de entender la política. De hecho condena y ataca todas las alternativas políticas de su tiempo (liberalismo y socialismos). Critica la modernidad política y económica, el mercado y el Estado democrático, regidos por las ideas de la seguridad y el bienestar, porque al final van en detrimento de la «persona individual»[89].

Su máxima preocupación se centra en la «administración de la tierra» y en la «educación del hombre»[90]. La lucha por el dominio de la tierra consiste principalmente en una guerra hermenéutica (es decir, entre interpretaciones o universos simbólicos), que conducirá a determinar de nuevo cuáles son los valores superiores.

Lo que quiere Nietzsche es «forzar a la humanidad» a resolverse radicalmente sobre la *cuestión de los valores* que rigen las formas de vida. Esta tarea transvaloradora determinará la nueva configuración del mundo y la esperanzadora formación del hombre. Pero la nueva orientación de los valores implica revolucionar desde su raíz las ideologías (político-económicas) vigentes y la futura educación.

Nietzsche contribuye, pues, a ampliar el horizonte de la *racionalidad política,* porque plantea la cuestión de su sentido, con lo cual

---

[88] *HDH* I, 25: «Moral privada y moral mundial»; vid. K. ULMER, «Nietzsches Philosophie in ihrer Bedeutung für die Gestaltung der Weltgesellschaft» (editado por W. Stegmaier), *Nietzsche-Studien,* 12 (1983), pp. 51-79.
[89] *KGW* VIII/2: 10 (61), p. 159; cfr. *MBM* 44; *CI,* «Incursiones de un intempestivo», 38; *GS* 377; *HDH* I, 446; H. OTTMANN, *op. cit.,* pp. 293 ss.
[90] *KGW* VII/3, 306; «La voluntad de poder» 957 (*SA* III, 467-469).

transciende la «pequeña política» y nos sitúa en el *horizonte vital* de la cultura.

La «gran política» ofrece la versión política de su filosofía moral. Según Ottmann, el apoliticismo del «espíritu libre» cambia en la filosofía tardía de Nietzsche y se convierte en una preocupación «política» por el *dominio de la tierra* y la *formación* del hombre.

El punto de inflexión hacia la doctrina del dominio se puede situar en la 3.ª parte del *Zaratustra,* en la revelación de la doctrina del «Eterno Retorno». Este pensamiento remueve el romanticismo bucólico del «espíritu libre» en su soledad y retiro, porque es un pensamiento abismal y combativo, que quebrantará al débil y fortalecerá al fuerte. Es el pensamiento que proporciona la *medida del valorar* y ofrece un posible nuevo *sentido* para la existencia. Es el pensamiento que garantiza el «tránsito» del «espíritu libre» (solitario) al «tener-que-*dominar*»; el que distingue a los que tienen que dominar, a los que pueden *dar sentido* a la existencia, a los que no sólo subliman sino que realizan la voluntad de poder.

La «gran política» es un concepto para la política europea supranacional, un concepto que permite considerar la «grandeza» del hombre mismo, es decir, su voluntad de formación y elevación a la larga. Su tarea es el hombre mismo y la «guerra espiritual» consiguiente entre interpretaciones valorativas. En uno de sus últimos apuntes encontramos un texto con el título *La gran política*[91], en el que Nietzsche entiende que la gran política por él propuesta trae consigo la guerra, una guerra entre *voluntad de vida* y *venganza contra la vida*.

El primer principio de esta «gran política» es el siguiente: «la gran política quiere convertir a la fisiología en señora sobre todas las otras cuestiones; ella quiere crear un poder, suficientemente fuerte, para *criar* (*züchten*) la humanidad como un todo y algo superior [...]». El segundo principio consiste en: «guerra a muerte contra el vicio; viciosa es toda forma de contranaturaleza». El siguiente principio dice así: «crear un partido de la vida, suficientemente fuerte para la *gran* política: la *gran* política convierte a la fisiología en señora de todas las otras cuestiones —ella quiere *criar* la humanidad como un todo, ella mide el rango de las razas, de los pueblos, de los individuos por su [-] de futuro, por su garantía de vida, que lleva consigo». Y fina-

---

[91] *KGW* VIII/3, 25 (1), p. 451 (diciembre de 1888-comienzo de enero de 1889); cfr. también *MBM* 208 (p. 150), y H. OTTMANN, *op. cit.,* p. 243.

liza el apunte con otro principio, que dice así: «El resto se sigue de aquí».

En este texto queda patente que la gran política introduce una guerra entre la moral negadora de la vida y la afirmación de la vida, y que el «dominio de la tierra», al que tiende la gran política, ha de contar con la formación —la cría— de una humanidad capaz de llevar a cabo este modo de vida afirmador y dominador. Para lo cual hace falta una formación del hombre, que le capacite para su posible «grandeza». Los términos que utiliza Nietzsche son: «*cría*» y «*dominio de la tierra*». La gran política instaurará así al hombre como «señor de la tierra».

Aunque Ottmann vea en este aspecto de la filosofía de Nietzsche un cierto platonismo (al intentar lograr el «dominio» desde la cultura y la formación), la «gran política» de Nietzsche, sin embargo, está ligada intrínsecamente a lo que en reiteradas ocasiones denomina «fisiología»: «la *gran* política convierte a la fisiología en señora sobre todas las otras cuestiones». Porque la gran política es una guerra por la afirmación de la vida, por la defensa de la vida en su carácter más propio.

Pero ¿*qué es la vida*? Vida es voluntad de poder. La vida es *jerarquía,* estructura aristocrática, sensación de poder, en ella no hay solidaridad ni compasión; de sus procesos se encarga la fisiología (¡hermenéutica!) de Nietzsche, que detecta los procesos de interpretación, valoración y jerarquización, que constituyen la voluntad de poder[92].

Este recurso a la fisiología de la vida equivale, pues, a una «fisiología del poder». La gran política consiste en una hermenéutica fisiológica del poder (como filosofía política), que tiene la tarea de criar (formar) al hombre como dueño soberano de la tierra.

Con este lenguaje biológico, propio de su época (que también utilizan Galton, Gobineau, Strauss, Haeckel, Dühring, Wallace y el mismo Lange), Nietzsche quiere indicar la necesidad de *superar de raíz la decadencia y degeneración de la vida*. La confianza en una nueva humanidad se apoyaba en la biología y parecía contar con la confirmación, tanto de los darvinistas como de aquellos que —sería el caso de Nietzsche— se inclinaban por el «lamarckismo» (defensor

---

[92] *KGW* VIII/1: 2 (76), p. 94 («De la jerarquía: Parte I. Sobre la fisiología del poder»); VIII/3, 23 (10), pp. 421-422 («la suprema ley de la vida [...]»); cfr. 23 (1), p. 410 («la vida misma no reconoce ninguna solidaridad, ningún "derecho igual" [...] eso sería la más profunda inmoralidad, eso sería la contranaturaleza como moral»).

de la herencia de las cualidades o propiedades adquiridas)[93]. A partir de este lamarckismo podría explicarse por qué pudo confiar Nietzsche en que la «cría» de la «raza de señores» auguraba una política de «milenios», mediante la *incorporación de la doctrina del eterno retorno* y la *transvaloración del sentido de la vida* sobre la tierra.

Esta «cría» con sentido político es interpretada por Ottmann como una nueva «*paideia*», ligada a la fisiología, porque el motor del progreso cultural se creía haber encontrado en las razas. De ellas dependería el cambio y progreso cultural. La nueva *paideia* habría de criar a los futuros señores de la tierra, como una aristocracia, una clase superior de hombres, que podrían servirse hasta de la Europa democrática como instrumento para disponer del destino de la tierra[94]. La tendencia aristocrática y antidemocrática de la nueva *paideia* superaría la degeneración, decadencia y mediocridad del hombre moderno y abriría el horizonte de algo nuevo: «Yo os enseño al superhombre. El hombre es algo que debe ser superado»[95].

La nueva *paideia* —ligada a la fisiología— tiene la virtualidad de ofrecer una formación y educación del hombre, que ha recuperado el «centro de gravedad» y, por tanto, educa para la afirmación de la vida. Con lo cual se evita el «desgarro» que la moralización de la vida había producido. Es el momento de la *reconciliación entre natura y cultura*, pues se trata de una cría, pero no de una domesticación o doma represora de los instintos y valores vitales. Cultura de la *salud,* de la inocencia, de la virtud sin moralina[96], del despliegue de los afectos, de la «aristocracia en el cuerpo», una cultura en la que «el *animal* en el hombre se siente divinizado y *no* se desgarra a sí mismo»[97].

Con esta *paideia* busca Nietzsche llenar el vacío provocado por la «muerte de Dios» y el nihilismo pasivo. ¿Cómo? Invirtiendo el proceso fisiológico degenerativo que ha seguido la lógica moderna de la democratización, es decir, *transvalorando* los valores cristianos heredados por la modernidad. Pues ahora la tendencia se orienta hacia los «señores de la tierra»: «"Cada uno de nosotros desea ser señor en lo

---

[93] Cfr. J. Salaquarda, «Nietzsche und Lange», *Nietzsche-Studien,* 7 (1978), 236 ss.

[94] *KGW* VIII/1: 2 (57), pp. 85-86.

[95] *Za.,* Prólogo, n.os 3 y 4. Vid. C. Roser, «La Gran Política y la superación del nihilismo en Nietzsche», *Quaderns de Filosofia i Ciència,* 13/14 (1988), 41-52.

[96] Pero tal vez sí como «*moralita*» (cfr. Adela Cortina, *El quehacer ético,* Santillana, Madrid, 1996, pp. 19-22).

[97] *GM* II, 23.

posible de todos los hombres, preferiblemente *Dios"*. *Esta* actitud tiene que seguir existiendo»[98].

Nietzsche se percata de que incluso a través de la «democratización» subsiste la posibilidad de «criar *tiranos*»[99], siempre que así lo impulse el *pathos* de la distancia, el instinto de libertad radical, el de «la gran pasión». Pues lo que está en juego «detrás de todas las fachadas morales y políticas» («civilización», «humanización», «progreso», «movimiento *democrático*») es un «ingente proceso *fisiológico*»; un proceso que está abocado, o bien a reproducir un tipo mediocre de hombre, preparado para la *esclavitud* moderna, o bien a originar «hombres-excepción», peligrosísimos, atrayentes, «*tiranos*», por ser singulares, fuertes, señores, *soberanos*.

16. MÁS ALLÁ DE LA FELICIDAD: EL SUPERHOMBRE

El superhombre es una metáfora para expresar que no están definitivamente obturadas para los individuos las *posibilidades del ser humano*. El ideal nietzscheano es el de los individuos «grandes», la grandeza de los hombres en su persona concreta:

> ¿Qué tipo redimirá la humanidad? Pero esto es pura ideología-de-darvinistas [...]. Por lo que a mí respecta, éste es el problema de la jerarquía entre tipos humanos, que siempre [han] existido y siempre existirán.

Nietzsche distingue entre «un tipo de vida ascendente y otro de la decadencia, de la descomposición, de la debilidad» [...]. «Este tipo más fuerte ha existido ya bastante a menudo: pero como caso fortuito, como una excepción —nunca como *querido*—. Antes bien, él ha sido en el mejor caso combatido, *imposibilitado* —él tenía en contra suya el gran número, el instinto de toda clase de mediocridad, más todavía, él tenía en contra suya la astucia, la sutileza, el espíritu de los débiles y —por consiguiente— la "virtud"»[100].

Estos significativos textos tienen un tono diferente a los del *Zaratustra*. ¿Ha cambiado la actitud de Nietzsche, desde la esperanza a la desesperanza, del optimismo al pesimismo[101]? Por ejemplo,

---

[98] *KGW* VII/2, 25 (137); vid. H. OTTMANN, *op. cit.*, p. 265.
[99] *MBM* 242; *AC* 54.
[100] *KWG* VIII/3: 15 (129), p. 275 (primavera de 1888).
[101] Vid. H. OTTMANN, *op. cit.*, p. 269.

llama también la atención el hecho de que el concepto de «superhombre» se utilice preferentemente en la época del *Zaratustra*, pero que tras 1885 deje de ser frecuente. La doctrina tardía se torna ambivalente, mezcla el tono triunfalista con la incorporación del sufrimiento trágico.

El superhombre sonaba más a expresión de esperanza: era el símbolo del nuevo sentido que haría de la existencia una obra de arte. Tal vez el superhombre sea sólo una cara (una perspectiva) de la realidad, un lado del pensamiento abismal del eterno retorno; y el hombre «pequeño» o «último» conformaría inevitablemente la otra cara (otra perspectiva) y, por eso, la doctrina nietzscheana es ambivalente. La 1.ª parte del Zaratustra da pie a interpretaciones optimistas; pero hay que leerla en combinación con la 3.ª parte, que constituye la revelación decisiva: la doctrina del eterno retorno. Desde este pensamiento se plantea el reto de tomar la *decisión entre sentidos vitales* diferentes: el «último hombre» o el «superhombre».

Lo importante es darse cuenta de que «último hombre» y «superhombre» *no* están en *progresión* darvinista, sino que forman parte del *acontecer* en el que todo retorna (tanto uno como otro) [102]. El superhombre parece ser, pues, un posible sentido de la vida: «el superhombre, el transfigurador de la existencia» [103]. Por eso, aunque se hable de una «casta», de «nuevos señores de la tierra», el «tipo "superior"» de vida, en sus ricas y complejas formas, es siempre una forma singular, no una «especie» [104]. Se trata de grandes individuos, que saben y pueden dar sentido superior a la vida. Pero en el pensamiento abismal del eterno retorno va incluido también el acontecer del «último hombre», como otra posibilidad de sentido.

Lo que está claro es que los prototipos de la «gran política» están en contradicción con la política moderna del proceso democrático. Por eso Nietzsche recurre al Renacimiento: en él encuentra un estilo intermedio *entre modernidad y antigüedad,* aprovechable en su intento por regenerar al hombre. Es el estilo de la *virtù* sin moralina, de la salud y la fuerza más allá del bien y del mal morales. El individuo adquiere el máximo rango, todo es cuestión de cada cual, de

---

[102] Cfr. *Za.,* «El convaleciente», pp. 297 ss.
[103] *KGW* VII/e, 35 (73), p. 263; el transfigurador o glorificador de la existencia (*SA* III, 471).
[104] *KGW* VIII/3: 14 (133), pp. 107-109: «*Anti-Darwin*» (primavera de 1888).

cada persona individual: «el individuo superior se da a sí mismo todos los *derechos* que se permite el Estado»[105].

Ésta es la perspectiva desde la que se critica a la modernidad, por haber degenerado al hombre y haberle imposibilitado descubrir dónde está su *grandeza,* su posible *elevación.* En el democratismo desaparece la jerarquía natural en función del igualitarismo. Y a ello se debe que Nietzsche trate por igual a liberales, socialistas y anarquistas, cristianos y «demás demócratas». Todos ellos confían en la ficticia libertad democrática, en el igualitarismo, en la vida regida por la seguridad y el bienestar. Mercado, Estado y Derecho, ordenan un *modo de vida,* en el que el «parlamentarismo» y la «prensa» son los medios para convertir en señor al «animal de rebaño» y que, por tanto, va en detrimento de la «persona individual».

En el fondo, esta forma de vida confía en un derecho «en sí». Sin embargo, Nietzsche ha mostrado que esta suposición no tiene ningún sentido, ya que el derecho está sometido al dinamismo de las relaciones de poder: todas las exigencias normativas y jurídicas esconden pretensiones de poder.

Por ejemplo, «las instituciones liberales acaban de ser liberales tan pronto como son alcanzadas [...]»[106], porque al final acaban sometidas a la «*animalización gregaria*» y actúan contra la libertad. Pues se quiere la *libertad* mientras no se tiene todavía el poder, pero cuando se ha conseguido «se quiere más poder»; ahora bien, si no se tiene poder (si todavía se es demasiado débil), entonces se quiere «*justicia*», es decir, «*igual poder*»[107].

Las instituciones liberales «socavan la voluntad de poder», «vuelven cobardes, pequeños y ávidos de placeres a los hombres». El igualitarismo liberal y el socialista incapacitan y destruyen la persona individual (solitaria)[108]. Porque la animalización gregaria, liberal y socialista, va contra la libertad: «la guerra educa para la libertad», pues la *libertad* es «tener voluntad de autorresponsabilidad», «mantener la distancia que nos separa», estar dispuesto a sacrificarse, el dominio de los instintos fuertes sobre los de la «felicidad» y el bienestar, a fin de llegar a ser libres; pues «el hombre libre es un *guerrero*». Y este sentido de la libertad «es también políticamente verdadero», porque para llegar a valer algo hay que vivir en peligro, ya que

---

[105] *KGW* VII/2, 25 (261).
[106] *CI,* «Incursiones de un intempestivo» 38 (p. 114).
[107] *KGW* VIII/2, 10 (82), p. 170.
[108] *KGW* VIII/2, 10 (61), p. 159.

éste nos hace conocer nuestros recursos, nuestras virtudes, y nos hace merecer respeto [109].

El socialismo y el anarquismo son producto del «resentimiento» y prolongan el cristianismo: son fenómenos secularizadores de la moral cristiana. Quien rechaza el cristianismo también tendrá que rechazar sus productos; todos ellos son expresivos de la corrupción humana debida a la impotencia, pues la raíz del resentimiento es el no-poder, la impotencia. De ahí la necesidad de cambiar el rumbo de la política:

> *Dominio* de la humanidad con el fin de su *felicidad* [...]. Ante ello mi *contramovimiento: dominio de la humanidad* con el fin de su *superación* [110].

A mi juicio, Nietzsche sustituye la política del *bienestar* por la radicalización de la política de la *libertad* y del *sentido* vital. Por eso alerta contra las políticas que, en nombre de cierta libertad y del bienestar, atentan contra las raíces vitales y contra la autosuperación —la elevación— del hombre. *Más allá de la felicidad* está todavía el *poder* y el *sentido* del superhombre.

La «gran política» de Nietzsche actúa frente al nihilismo, frente a la *crisis de sentido,* que ninguna política moderna puede resolver [111]. La enfermedad del nihilismo desborda los límites de la pequeña política. El hombre ha perdido la fe en el valor de su vida; el mundo no tiene ni fin, ni unidad, ni hay consuelo alguno, ni totalidad que nos sostenga, pues toda fe es falsa, es falso todo tener por verdadero, ya que «no hay un *mundo verdadero»,* sino sólo una «apariencia perspectivista, cuyo origen está en nosotros» [112].

La terapia propuesta por Nietzsche para vencer esta enfermedad nihilista consiste en la *política de la transvaloración,* aquella a que nos conducen la filosofía del Anticristo, la gran política y el *superhombre.* Su contenido viene expresado por la figura del «hombre *redentor»,* anticristo y antinihilista, vencedor de Dios y de la nada. ¿Cómo lo logra? No huyendo *de* la realidad, sino profundizando *en* ella, para «extraer» de ella la *redención.* Es ésta la redención que nos

---

[109] *CI,* pp. 114-115.

[110] *KGW*/1, 7 (238), p. 323; cfr. *MBM* 202: «rebaño *autónomo».*

[111] Recuérdese, a título de significativo ejemplo, el reconocimiento de J. HABERMAS ya en *Problemas de legitimación en el capitalismo tardío* (Amorrortu, Buenos Aires, 1975), de que en nuestra sociedad sentimos la «falta de sentido» y vivimos «sin esperanza».

[112] *KGW* VIII/2, 9 (41), p. 18.

liberará de los ideales existentes hasta ahora y de su inevitable consecuencia, el nihilismo; es la que de nuevo liberará la voluntad y devolverá a la tierra su meta y al hombre su esperanza[113].

La historia del *concepto de superhombre* es larga y complicada[114]. Se remonta, según el estudio de E. Benz, al *hyperanthropos* helenístico, que servía para designar al héroe griego y al hombre-dios. Siguiendo a este autor, se podría afirmar que el concepto es una «acuñación genuinamente cristiana», que se remonta a tradiciones heréticas, las cuales apelan al salmo 81 («yo he dicho: vosotros sois dioses [...]») y confían en las fuerzas carismáticas por la venida del paráclito para hacer «grandes obras». Tal vez haya sido Montanus, considerado el primer hereje, quien usó el concepto de «superhombre», que para él equivalía a «el justo» y se situaba dentro de la interpretación de la *redención como elevación*. El concepto pasaría a las tradiciones gnósticas y desde ahí se habría conservado hasta la modernidad.

Si bien las nociones de «muerte de Dios» y «superhombre» (en relación con la «divinización del hombre») remiten a las tradiciones de los gnósticos parusísticos[115], sin embargo, tales nociones cobran en Nietzsche un sentido diferente al del gnosticismo, porque ni se huye del mundo ni se desprecia el cuerpo, antes bien sirven para afirmar la vida y el más acá, para afirmar el sentido vital desde la voluntad de poder.

El *significado político del superhombre* ha sido interpretado en forma de anarquismo, aristocratismo, «elite proletaria» (Mussolini cuando era socialista), «*pathos* de la distancia», etc. Pero el auténtico sentido político del superhombre tendría que orientarse primordialmente por lo que significa como *sentido vital* frente al «último hombre» y por sus virtualidades para comprendernos a nosotros mismos y revisar nuestras instituciones políticas modernas.

Recordemos que según Nietzsche el superhombre entra en escena tras la «muerte de Dios»: «*muertos están todos los dioses: ahora queremos que viva el superhombre*»[116]. Su nueva tarea autolegisladora será capaz de vencer a Dios y a la nada. El superhombre es el

---

[113] *GM* II, 24.
[114] Vid. H. Ottmann, *op. cit.,* pp. 382 ss. (que sigue el estudio de E. Benz, *Der Übermensch*); E. Jüngel, *Dios como misterio del mundo*, Sígueme, Salamanca, 1984; D. Sánchez Meca, *En torno al superhombre,* Anthropos, Barcelona, 1989.
[115] E. Voeglin, *Wissenschaft, Politik, Gnosis,* Múnich, 1959, pp. 65 ss., 72 ss.
[116] *Za.,* I, «De la virtud que hace regalos», p. 123.

«transfigurador» o glorificador de la existencia. Está más allá de la verdad, del bien y del mal, de la moral y del derecho, pues el privilegio que le otorga su poder le permite vivir en el reino de la *«gracia»*.

El superhombre es un híbrido: «el César romano con alma de Cristo» [117]; «unidad de creador, amante, conocedor en el poder»; «artista (creador), santo (amante) y filósofo (conocedor) en *una persona*: ¡mi fin práctico!» [118].

Este carácter híbrido ha provocado interpretaciones en que se resalta la oposición entre «fuerza» y «sabiduría». Incluso esta inevitable oposición ha sido aprovechada por algunos intérpretes (Heidegger, Adorno, Horkheimer) para situar a Nietzsche dentro de la racionalidad regida por el afán moderno de *dominación* [119]. No obstante, el *pathos* nietzscheano se aleja de la razón moderna como dominación, la forma *dionisíaca* de la razón se distancia de la razón «científica» y técnica [120]. En Nietzsche encontramos otro modo de entender la relación con la naturaleza (el «agradecimiento con la tierra y con la vida» [121]) y otro sentido de la «justicia» («la justicia que sea amor con ojos clarividentes» [122]).

De ahí que otros autores hayan aprovechado la figura del *artista* para interpretar el poder dentro de un modelo estético:

> La relación suprema sigue siendo la del *creador con su material*: ésta es la última forma de la alegría desbordante y de la preponderancia [123].

Sin embargo, no hay que olvidar nunca que, para Nietzsche, el *creador* ha de ser también *dominador* de la tierra.

Esta transvaloración de todos los valores tenía que ocuparse asimismo del problema del «legislador» transvalorador, es decir, de cómo crear hombres que fueran capaces de *valorar* y legislar de una manera completamente opuesta a la moral dominante y de cómo enfrentarse a su plasmación política moderna [124].

---

[117] *KGW* VII/2, 27 (60), p. 289.
[118] *KGW* VII/1, pp. 527 y 540.
[119] Cfr. el meritorio estudio de José A. ZAMORA, *Krise - Kritik - Erinnerung. Ein politisch-theologischer Versuch über das Denken Adornos im Horizont der Krise der Moderne*, LIT, Münster/Hamburgo, 1995.
[120] *GM* III, 9 y *GS* 373.
[121] *KGW* VIII/3, 14 (11), p. 15 (primavera de 1888).
[122] *Za.*, I, «De la picadura de la víbora», p. 109.
[123] *KGW* VII/1, 16 (32), p. 536.
[124] *KGW* VIII/1, 2 (100), pp. 107-108.

Las valoraciones vitales dependen de cada tipo de hombre y sus interpretaciones expresan las perspectivas valorativas con las que va dando sentido a su vida. Una «elevación del hombre» llevaría consigo la superación de interpretaciones estrechas, el cambio de las valoraciones y perspectivas vitales [125].

Ahora bien, la *elevación del hombre* no consiste en un «mejoramiento» sino en un «*fortalecimiento*» del tipo hombre, para que no huya ante el carácter inquietante y enigmático del mundo, ni quiera negarlo.

Porque, aunque el mundo mismo no es más que «arte», no se pueden evitar «violencias artísticas», ya que el mundo está compuesto de luchas, de interpretaciones, valoraciones y perspectivas. La apariencia es constitutiva del arte y del mundo en su carácter dinámico, interpretativo y perspectivista. Pues no hay hechos, sino sólo interpretaciones.

Esto es sumamente importante para descubrir dónde puede encontrarse la *fuerza radical que regenerará al hombre*: está en *su interior*. Desde ahí brota la fuerza para sobreponerse a los presuntos «hechos», ya que todo depende de las relaciones que se establezcan a partir de la fuerza interior. Los mismos hechos se pueden interpretar y aprovechar de modos muy diversos, así que no estarán tan «hechos», sino que dependen de la constelación de fuerzas de poder existentes. Es posible no plegarse a los hechos desde la fuerza interior: no por la idealidad sino por la *fuerza de la realidad,* por la profundización en ella, por la voluntad de vida, de salud y de poder, aquella que es capaz de instaurar un nuevo dominio sobre la tierra con una legislación dionisíaca.

El hombre no está aún agotado: del hombre podrían sacarse aún nuevas posibilidades, si se atreve a no seguir por los derroteros de la degeneración moderna del animal de rebaño [126]. «El superhombre es el sentido de la tierra»; «la grandeza del hombre está en ser un puente y no una meta: lo que en el hombre se puede amar es que es un *tránsito* y un *ocaso*». Nietzsche juega con las palabras «*Untergang-Übergang*», pues, como aclara Andrés Sánchez Pascual, el término «*Untergehen*» significa «hundirse en su ocaso»; pero lo que nos indica es que el hombre «pasa al otro lado», es decir, se supera a sí mismo en el superhombre. He aquí, pues, el sentido de la vida y del mundo: la superación y la *transfiguración de la existencia.*

---

[125] *KGW* VIII 1, 2 (108); cfr. 2 (117) y 2 (119).
[126] *MBM* 203 y *Za.,* Prólogo 3 y 4.

No en vano W. Kaufmann quiso hacer ver el lado más positivo del superhombre: «el hombre que frente a la desintegración universal [...] lleva a cabo su acto excepcional de autointegración, autocreación y autodominio». «Para Nietzsche, el superhombre no tiene el valor instrumental para el mantenimiento de la sociedad: es valioso en sí mismo porque encarna el estado del ser que todos ansiamos; posee el único valor definitivo que existe»; «la tiranía sobre los otros no es parte de la visión de Nietzsche» [127]. En esta línea, las doctrinas del nihilismo y de la transvaloración están dirigidas a la persona individual.

Sin embargo, hay otra serie de textos nietzscheanos que dan pie para pensar en otra dirección: la destrucción de las «tablas» de valores que prohíben el asesinato, la glorificación del comportamiento bárbaro y perverso, la jerarquización entre fuertes y débiles, etc.

Ambas perspectivas están presentes en los textos de Nietzsche y en su conjunto constituyen un programa de regeneración del tipo hombre y un nuevo sentido sobre la tierra. Habrá que *criar* y *querer* un nuevo tipo más valioso, más digno de vivir y con más garantías de futuro. Pues el hombre es «el *animal aún no fijado*» [128].

Hasta ahora se ha intentado «mejorar» al hombre mediante la «moral»; con ésta se ha domado al hombre, se lo ha enfermado y degenerado, se lo ha debilitado en sus instintos vitales más profundos. Pues todos los medios con los que se ha pretendido mejorar al hombre han sido «*inmorales*» [129]. A juicio de Nietzsche, hay que recuperar el «*orden natural*» y «el arte supremo de la vida»; pero «la ley suprema de la vida» es la «*jerarquía*», la naturaleza es la que separa, ya que «en su especie de ser tiene cada uno su privilegio», de manera que los que «dominan» lo hacen porque «*son*». La cultura conforme a la ley de la vida está regida por su jerarquía natural (vital) [130]. Cada uno ha de llegar a ser lo que es, según su cualidad de ser en plenitud.

El superhombre es el nuevo *sentido redentor* desde la realidad misma, que logra una transfiguración superadora de los instintos de venganza. Debido a esta superioridad instaura un modo de existencia dionisíaca con un *plus de sentido vital*: sentido de la realidad terrena, capaz de redimir hasta el sufrimiento mediante la creación. El super-

---

[127] *Nietzsche: Philosopher, Phychologist, Antichrist*, 3.ª ed., Nueva York, 1968, pp. 313-316.
[128] *MBM* 62.
[129] *CI*, «Los "mejoradores" de la humanidad».
[130] *AC* 56 y 57.

hombre ofrece la sabiduría creadora de sentidos y valores, descifra enigmas y redime del azar. Con esta invención de una *forma superior de vida* se alcanza un nuevo para qué, irreductible a la adaptación utilitaria. El cambio de valores requiere *cambio de creadores*. En la lucha de sentidos y perspectivas es donde se siente la fuerza y el poder de la *libre creación*[131].

Un presupuesto del superhombre es «la gran salud»[132], desde la que surge la posibilidad de «otro ideal», «seductor y peligroso», «el ideal de un espíritu que juega ingenuamente con todo [...] por rebosante plenitud y poder»; surge la «*gran seriedad*» de la «tragedia»: el sentido trágico de la vida.

Este nuevo sentido vital del superhombre constituye una radical transvaloración de todos los valores y un nuevo dominio sobre la tierra. Hay diversos momentos en que se percibe esta transvaloración, por ejemplo, cuando se establece la comparación del *superhombre* con el *demonio* y cuando se contrapone el *superhombre* al «*último*» *hombre*. En todos esos casos se nos brinda una perspectiva de sentido, desde la que se impone una *crítica cultural y política* de la situación actual, que sigue estando determinada por los mecanismos y valores de la modernidad.

El carácter demoníaco del superhombre está atestiguado reiteradamente. «¡Apuesto a que mi superhombre lo llamaríais ... demonio!». Porque, «¡tan extraños sois a lo grande en vuestra alma que el superhombre os resultará *temible en su bondad*!»[133]. En *Ecce Homo* comenta que Zaratustra «no oculta que su tipo de hombre, un tipo relativamente sobrehumano, [...] que los buenos y justos llamarán *demonio* a su superhombre [...]».

Con este sentido demoníaco del superhombre hace juego una serie de textos sobre la fuerza del mal y el valor de la perversidad. «El mal es la mejor fuerza del hombre. [...] Lo peor es necesario para lo mejor del superhombre». «Y quien tiene que ser un creador [...] ése tiene que ser antes un aniquilador y quebrantar valores. Por eso el mal sumo forma parte de la bondad suma: mas ésta es la bondad creadora».

Este carácter «*temible*» del superhombre, su carácter demoníaco,

---

[131] *Za.*, «De la visión y del enigma», pp. 223 ss.; «De la redención», pp. 202 ss.; «En las islas afortunadas», pp. 131 ss.; «De las tablas viejas y nuevas», pp. 273 ss.; «El convaleciente», pp. 297 ss.; «De las mil y de la única meta», pp. 95 ss.
[132] *GS* 382.
[133] *Za.*, pp. 211 y 210, 385 y 172; vid. *EH*, pp. 124 y 128.

se debe a que en él se produce la transvaloración y por ella se puede concebir «la realidad *tal como ella es*». El superhombre es la perspectiva de la realidad desde ella misma: «es *la realidad misma*, encierra todavía en sí todo lo terrible y problemático de ésta» y en ello radica la «*grandeza*» del hombre. La realidad es temible, tremenda, demoníaca, aniquiladora, quebrantadora, creación peligrosa, enmascara el bien y el mal. Es demoníaca, no divina. De ello da fe el superhombre, por su fortaleza vital y hermenéutica. La perspectiva del demonio concibe la realidad en su espesor.

Por eso, no me parece acertada la contraposición que hace Vattimo entre una filosofía del «ultrahombre» (superhombre) y una filosofía de la «máscara», prefiriendo la primera. A mi juicio, la máscara no tiene como raíz meramente la reducida relación entre ser y apariencia. La máscara nos conduce al núcleo nihilista de la voluntad de poder: las máscaras del demonio expresan el nivel de la «*perversidad*» del espíritu. Por consiguiente, la filosofía de la máscara no se ha de contraponer a la del superhombre, sino que coinciden en su sentido hermenéutico y transpolítico[134].

Con respecto a este asunto hay otros textos, donde encontramos expresiones como las siguientes: «sublime maldad [...] que forma parte de la *gran salud*»; «redención de la maldición que el ideal existente hasta ahora ha lanzado sobre ella [la realidad]»[135]. Ese «hombre *redentor*», «vencedor de Dios y de la nada», es denominado también «anticristo» en el mismo contexto. El ideal del mundo moral (por ejemplo, de Schopenhauer) ha lanzado sobre la realidad la maldición y demonización, que ahora Nietzsche transvalora y convierte en lo más valioso. Porque Dios está refutado, pero el demonio no. Lo que se ha maldecido desde el ideal y se ha equiparado al demonio y al anticristo, es ahora ensalzado y recogido mediante la metáfora antidivina —demoníaca— del superhombre. En él se encarna la transvaloración más radical (la del anticristo y del demonio).

Lo que desde el ideal moral es una maldición, representa la nueva *esperanza de sentido y dominio sobre la tierra*. Ya San Juan caracterizó al demonio como señor de este mundo. El superhombre abre la perspectiva del *dominio demoníaco* de la realidad. En esta perspectiva no se ha extirpado de la realidad (de la vida y de la historia) ni la violencia originaria, ni el sufrimiento, ni la perversidad. Son éstos

---

[134] Para la relación con la perversidad y el demonio en Schopenhauer, vid. J. SALAQUARDA, «Der Antichrist», *Nietzsche-Studien,* 2 (1973), pp. 91-136.

[135] *GM* II, 24, pp. 109-110.

factores constitutivos del devenir, que no desaparecen, por mucho que la ilusión moral tienda a velarlos [136].

Hay otro aspecto sumamente relevante de la filosofía del superhombre que es el que nos da la clave para interpretar la pugna entre la forma de valorar que su figura representa y la forma de valorar del «último hombre». La contraposición básica que ambos ilustran es la que existe entre *sentido* y *bienestar,* o también entre *libertad* y *bienestar.*

El superhombre representa la posibilidad de superar las valoraciones del «último hombre». Éste se entiende como el último, porque se ve a sí mismo como el final y la plenitud de la historia, ya que ha alcanzado la felicidad con el bienestar, al que ha convertido en el supremo bien factible.

La realidad del «último hombre» requiere la «gran política» y el correctivo que proporciona el superhombre. El mecanismo de los intereses económicos y la idealización moderna del bienestar (común al mundo capitalista y al socialista) constituyen, según Nietzsche, el peligro de que la humanidad se instale cómodamente en lo dado. El presunto «progreso» de la libertad, igualdad y fraternidad se paga con la instalación de la vida en el nivel que para los antiguos era el más bajo (una cierta esclavitud). Por eso, cuando Zaratustra anuncia el símbolo del «último hombre» esperando que se lo rechacen, porque da asco, se da cuenta de que la multitud anhela justamente este hombre y su felicidad, a pesar de que el último hombre «todo lo empequeñece. Su estirpe es indestructible».

> «Nosotros hemos inventado la felicidad», dicen los últimos hombres.
> Todos quieren lo mismo, todos son iguales.
> Ningún pastor y sólo un rebaño [137].

En el fondo, para Nietzsche, sólo hay dos «movimientos» políticos fundamentales, el uno va hacia el *«último hombre»* y el otro, hacia el *«superhombre»*. Esas dos tendencias sirven para interpretar las fuerzas más básicas que están en juego en la vida y que rigen las voluntades. El movimiento hacia el superhombre está ligado en Nietzsche a la doctrina del eterno retorno, una doctrina que se convierte en el *«punto de inflexión de la historia»* [138].

Lo que exige el superhombre es «jerarquía» y calidad, pero no

---

[136] *MBM* 259; *GM* II, 11 y 17.
[137] *Za.*, p. 39.
[138] *KGW* VII/1, 16 (49), pp. 540-541.

una moral individualista: «contra los dos movimientos, la moral individualista y la moral colectivista, porque tampoco la primera conoce la jerarquía», «mis pensamientos giran alrededor [...] del *grado de poder*», que debe ejercerse entre unos y otros, para producir un «tipo superior». De lo que se trata es de la «jerarquía como orden de poder» [139].

El *superhombre* frente al *último hombre* equivale a contraponer el *sentido* a la *felicidad* (al bienestar) como meta. «"¡Qué importa la felicidad [...], hace ya mucho tiempo que yo no aspiro a la felicidad, aspiro a mi obra"» —responde Zaratustra— [140]. El dolor pertenece a la vida y «el dolor por el hombre es el dolor más profundo» [141]. Recuérdese que Zaratustra había dicho: «Espíritu es la vida que se saja a sí mismo en vivo; con el propio tormento aumenta su propio saber [...]. Y la felicidad del espíritu es ésta: ser ungido y ser consagrado con lágrimas para víctima del sacrificio». «No sois águilas: por ello no habéis experimentado tampoco la felicidad que hay en el terror del espíritu». Ésta es la «sabiduría salvaje» del que creará la meta del futuro sentido, una sabiduría que cuesta sangre: «con mi propia sangre he aumentado mi propio saber». *Más allá de la felicidad,* el sufrimiento pertenece a la vida y forma parte de la sabiduría de la vida.

El «relativo bienestar» de que gozan las sociedades modernas no es la meta final, no es el sentido de la vida sobre la tierra. Ciertamente esta situación de relativo bienestar podría aprovecharse para impeler hacia una superioridad de sentido, como el que el superhombre significa. Pues «nosotros negamos que el hombre tienda a la felicidad, nosotros negamos que la virtud sea el camino hacia la felicidad, nosotros negamos que existan las acciones que hasta ahora se denominaron morales, las "desinteresadas" las "no-egoístas"» [142].

Con el superhombre nos situamos más allá de la moral y de la felicidad como bienestar. Y, aunque el «*nihilismo activo*» surgirá en «condiciones relativamente mucho más favorables», la superación de la moral constituye ya un paso, «un grado apreciable de cultura espiritual», pero el «cansancio espiritual» que representa expresa todavía una debilidad nihilista.

La evolución de la humanidad ha posibilitado una situación de

---

[139] *KGW* VIII/1, 7 (6), pp. 288-289, y 2 (131), p. 130.
[140] *Za.*, p. 321; «el ser humano no aspira a la felicidad; sólo el inglés hace eso» (*CI,* p. 31).
[141] *Za.*, pp. 225, 338, 158, 274, 338.
[142] *KGW* VIII/3, 23 (12), pp. 422-423.

bienestar, pero —para Nietzsche— no todo acaba aquí: ése sería el ideal del último hombre. La historia de la cultura muestra un proceso de disminución del miedo ante el azar y la incertidumbre; la cultura es un aprendizaje para calcular y prevenir, que va reduciendo el sufrimiento. Por eso llega un momento en que es posible admitir un mayor grado de azar e incertidumbre en la vida, en virtud de la seguridad adquirida.

> *Evolución de la humanidad.* 1) Conquistar poder sobre la naturaleza y con ello un cierto poder sobre sí. La moral ha sido necesaria *para* que el hombre se impusiera en su lucha con la naturaleza y con la «bestia salvaje». 2) Una vez alcanzado el poder sobre la naturaleza, el hombre puede emplear este poder para seguir configurándose libremente a *sí mismo*. Voluntad de poder como autoelevación y fortalecimiento[143].

Tras esta evolución de la humanidad el hombre puede centrarse en el *sí mismo* para encontrar el nuevo sentido de la vida. La voluntad de poder se expresa ahora como libertad desde sí mismo. Pero el sufrimiento no es eliminable tampoco en esta fase; primero, porque la disciplina del gran sufrimiento es la que ha creado las elevaciones del hombre y también la que representa el superhombre. *El punto de vista no es el bienestar.* «Hay problemas más altos» que los del placer y el sufrimiento[144]: según Nietzsche, «*nuestra* compasión» se dirige contra la compasión por la criatura, ya que en el hombre hay también un «creador» (inventiva, valentía, profundidad, misterio, máscara). Nietzsche prefiere la compasión para con el creador que hay en el hombre.

El bienestar y la felicidad no son la meta ni el sentido de la tierra, según Nietzsche. Hedonismo y utilitarismo miden el valor por el placer y el sufrimiento, pero esto es un modo superficial de pensar. El bienestar no es una meta sino un «final», una degeneración, que vuelve al hombre pequeño y ridículo. No se encuentra ahí la grandeza del hombre.

Hay que advertir del uso hedonista (¡domesticado!) que se ha hecho de Nietzsche, dentro de cierto pensamiento postmoderno; porque lo que se ha hecho es fomentar la tendencia *esteticista* de moda, en lugar de la propiamente nietzscheana, que es la *trágica*. Por eso, aunque Nietzsche suele asimilarse sin más a la primera, que ha sido

---

[143] *KGW* VIII/1, 5 (63), p. 212.
[144] *MBM* 255.

devorada por el espíritu mercantil, el sentido auténticamente nietzscheano es el trágico. Hay que precaverse de esta instrumentalización hedonista de Nietzsche, como en otros tiempos de la manipulación fascista o nacionalsocialista, para no caer en el habitual *uso planfletario* de su pensamiento.

La posición de Nietzsche se sitúa más allá de la felicidad e implica una revisión de las principales ideas políticas y de su raíz común: el *prejucio de la felicidad*[145]. Democracia, socialismo, estado del bienestar tienen raíces comunes en un cierto hedonismo, un prejuicio que contribuye a degenerar y empequeñecer al hombre, una enfermedad de la sociedad moderna. A la larga, esto lleva a la destrucción del individuo. Frente a este movimiento moderno que lleva al último hombre, Nietzsche propone la tarea «política» de una formación basada en las diferencias individuales: la nueva meta ilustrada no sería la madurez, sino la *diferenciación,* en virtud de la radical *desigualdad.* La idea nietzscheana de la formación se sustenta sobre su punto de partida: la desigualdad y la *jerarquía* como ley básica de la vida. Esto conduce a revisar todas las ideas políticas propias de la modernidad. Ilustración por diferenciación, puesto que no se parte de la igualdad sino de la desigualdad y la jerarquía naturales.

La lucha entre el sentido del último hombre y el superhombre es una lucha de sentidos vitales, entre el sentido darviniano, el cristiano, el dionisíaco... Un conflicto de interpretaciones, valoraciones y perspectivas, que pujan por expresar el sentido vital. Hay que decidirse entre el último hombre o el superhombre, entre el *bienestar* o el *sentido libre.*

Desde el superhombre hemos alcanzado una perspectiva para efectuar una *crítica cultural y política,* que no ha de confundirse con una mera visión sociológica, contra la que Nietzsche se expresó abiertamente. La lógica de la modernidad es decadente y degenerativa, porque impone la «mercantilización del juicio de valor»[146]. La cultura está impregnada de economicismo, juridicismo, igualitarismo, sentimientos de rebaño. A ello contribuyen especialmente los periodistas, los medios de comunicación de masas. La interpretación de la información masiva constituye un arma de la pequeña política.

---

[145] G. SCHMIDT, «Nietzsches Bildungskritik», en M. DJURIC y J. SIMON (Hrsg.), *Zur Aktualität Nietzsches,* Bd. II, K. & N., Wurzburgo, 1984, pp. 7-16.
[146] P. KLOSSOWSKI, *Nietzsche y el círculo vicioso,* Barral, Barcelona, 1972, pp. 220-221.

Así, la «imbecilidad parlamentaria» y el «periodismo» contribuyen a formar el clima moderno de la mediocridad imperante [147].

El poder de la información tiene el efecto de la simplificación, del arreglo de conveniencia. Los periodistas son los expertos de la simplificación informativa, que hace juego con la pequeña política. Esa lógica de la simplificación informativa va degenerando y empequeñeciendo la vida. La masa impone su tiranía. El resultado de todos estos procesos, según Nietzsche, es una *esclavitud espiritual,* porque cada cual ya no se atreve a ser él mismo.

> Lo que se desea ahora, lo que todo el mundo busca, es la comodidad, el *confort* que aporta la satisfacción de todos los sentidos. Por consiguiente, el mundo corre hacia una *esclavitud espiritual* como no la ha conocido nunca hasta ahora [148].

Desde esta perspectiva la crítica al Estado como nuevo ídolo desemboca en la advertencia de su crisis y ocaso, en virtud de los propios presupuestos modernos [149].

La instauración del Estado surge del afán por encontrar una solución terrestre a las aspiraciones de felicidad del mayor número [150]. Pero el deseo de acceder no sólo a momentos de felicidad sino a «estados» de felicidad revela una voluntad decadente y nihilista. Una vez más Nietzsche detecta entre el cristianismo y el socialismo una continuidad: la aspiración a un orden final de las cosas. Pero la realización efectiva de un Estado de bienestar terrestre extingue la energía del hombre para querer; y, por tanto, deja de ser creador. Constituye la victoria del nihilismo: la voluntad de no querer nada. La pretensión de fundar un «Estado perfecto» supone una visión finalista de la historia, presupone un todo que progresa hacia un fin cognoscible y alcanzable. Es la versión secularizada del Reino de Dios. Es así como el socialismo utiliza la codicia de las masas para introducir la idea de un Estado perfecto como meta de la humanidad.

La aspiración al Estado como meta de la humanidad lleva al *despotismo,* ya que el Estado moderno tiene que imponerse por la *coacción.* El despotismo democrático del Estado moderno impone un sis-

---

[147] *MBM,* p. 150.
[148] Cfr. P. Valadier, *Nietzsche y la crítica del cristianismo,* Cristiandad, Madrid, 1982, p. 162, n.º 203.
[149] Cfr. J. Conill, *El enigma del animal fantástico,* cap. 8.
[150] *GS* 377; *SA* III, 431.

tema que destruye las individualidades. El «prejuicio democrático» va contra la relación natural de la jerarquía.

Hay que preguntarse por el para qué de la democratización, porque ésta va contra el individuo. El Estado perderá su fuerza y se debilitará si tiene que comportarse como instrumento de las utilidades privadas, ya que esta forma de entenderlo y llevarlo a la práctica conduce a su desintegración. El principio de utilidad disuelve cada vez más el poder público del Estado, lo debilita, y al individuo lo achata dentro de una esclavitud espiritual nueva.

No obstante, Nietzsche plantea la cuestión de si no sería posible aprovechar la democracia, su imparable proceso, para construir algo nuevo y distinto. «La democratización de Europa es irresistible; el que quiere detenerla emplea medios que han sido puestos en manos del individuo por la misma idea democrática [...]»[151]. Ahora bien, se pregunta igualmente Nietzsche: «¿no sería tiempo hoy, cuando ya se desarrolla en Europa el tipo "animal de rebaño", de hacer la tentativa de una educación sistemática, artificial y consciente del tipo opuesto y de sus virtudes? ¿Y no sería para el mismo movimiento democrático una especie de meta, de solución y de justificación el que hubiese alguno que se sirviese de él, para que, finalmente, en su nueva y sublime configuración de la esclavitud (esto es lo que acabará por ser la democracia europea) encontrase la propia vía aquella especie superior de espíritus dominadores y cesáreos que se colocase sobre la democracia, se atuviese a ella, se elevase por medio de ella?»[152]. Puede surgir la idea de «educar una raza de dominadores, los futuros "señores de la tierra"; una nueva aristocracia [...]; una especie superior de hombres, que [...] se sirvan de la Europa democrática como de su más adecuado y flexible instrumento para poner la mano en los destinos de la tierra, para forjar de entre los artistas al "hombre" mismo. Basta; ha llegado el tiempo en que se cambie la doctrina sobre la política»[153].

> Las mismas condiciones nuevas bajo las cuales surgirán [...] una nivelación y una mediocrización del hombre —un hombre animal de rebaño útil, laborioso, utilizable [...]—, son idóneas en grado sumo para dar origen a hombres-excepción [...][154].

---

[151] Cfr. *El viajero y su sombra,* § 275.
[152] «La voluntad de poder» 953 (trad. en *Obras completas,* IV, Aguilar, Buenos Aires, 1967); VIII/1, 2 (13).
[153] «La voluntad de poder» 959.
[154] *MBM* 242 (p. 195). Con un sentido parecido: «Las mismas condiciones que

Mientras que la democratización de Europa está abocada a procrear un tipo preparado para la *esclavitud,* los casos singulares y excepcionales del hombre *fuerte* tendrán que resultar más fuertes y más ricos que acaso nunca hasta ahora. «La democratización de Europa es a la vez un organismo involuntario para criar *tiranos*».

Faltan hombres de gran poder creador, los verdaderos grandes hombres. La moral de animal de rebaño es un obstáculo: aspira a la seguridad, a la falta de peligros, al bienestar, a la facilidad de la vida. Sus doctrinas, «igualdad de derechos» y «compasión para todo el que sufre», son decadentes. Pues el crecimiento del hombre se ha producido en condiciones de peligrosidad, donde la fuerza inventiva y la voluntad de vida han de desarrollarse hasta una incondicionada voluntad de poder y predominio. Peligro, dureza, violencia, desigualdad de derechos —todo lo contrario de lo que desea el rebaño— son las condiciones necesarias para la elevación del tipo humano. Pues se trata de criar al hombre para ir más allá de la comodidad y la mediocridad: criar una casta de futuros «*señores de la tierra*».

Ortega vio con enorme lucidez lo que significaba el «superhombre» de Nietzsche. No es un futuro, en el sentido *ekstátiko* temporal, sino una capacidad, un germen, un impulso, un instinto de regeneración, una nueva perspectiva vital y una invitación: atrévete a ser lo que eres, «llega a ser el que eres», haz de tu vida una obra de arte.

La vida es azarosa aventura, drama y tragedia, ya que vivimos sin saber lo que nos va a pasar. Cada cual está continuamente en peligro de no ser *sí mismo,* de perder su individualidad personal. La condición humana es incertidumbre y riesgo[155]. En estas condiciones, el superhombre viene a ser el sentido: una intepretación y una metáfora del sentido vital sobre la tierra. Un modo de resolver el grave y persistente problema del vivir humano.

Nietzsche se percató de que el siglo XIX había creado una noción cuantitativa y extensiva de «humanidad»: lo social, lo común, lo general era lo que definía normativamente lo humano. Y el producto político de esta noción de humanidad ha sido el colectivismo: más vale los muchos que los pocos, la masa que lo exquisito y excepcional, la cantidad que la calidad.

---

fomentan el desarrollo del animal de rebaño (*Herdentier*), fomentan también el desarrollo del animal dirigente (*Führer-Tier*)» («La voluntad de poder» 955; *SA* III, 451).

[155] J. ORTEGA Y GASSET, *Obras completas* (= *OC*), V, 307. «El sobrehombre es el sentido del hombre porque es la mejora del hombre, y el hombre debe ser superado porque aún puede ser mejor» (J. ORTEGA, *OC,* I, 74).

A esta noción extensiva de humanidad se opuso Nietzsche, al no aceptar que la masa sea la norma axiológica y al defender una noción cualitativa del hombre, que fomente su «elevación».

Ortega se percató de que la noción nietzscheana del superhombre se oponía al movimiento social que ha conducido a la degeneración del «sentimiento democrático» en «plebeyismo»[156], un proceso que Nietzsche atribuye al «resentimiento», ese mecanismo que ha invertido el orden de los valores, devaluando lo superior y haciendo que en su lugar triunfe lo inferior.

En línea con lo que significa el superhombre nietzscheano, Ortega defiende un sentido radical de la *vida libre* frente al rebaño: «cada ser humano debe quedar franco para henchir su individual e intrasferible destino». Con el superhombre está abogando por este profundo «querer ser» y la *calidad de vida*[157].

Igual que Nietzsche, Ortega insiste en el carácter sólido de un *sí mismo* que hay que educar y cultivar, para que la vida tome la forma individual y se fomente cada vez más la individualidad como *unicidad*: «que al vivir, cada cual se [sienta] único. Único en el goce, como en el deber y en el dolor».

Pero, al advertir Ortega que existe una permanente tendencia a «desindividualizarse» y hacia la masificación, aprovecha la metáfora del superhombre para resaltar el valor excepcional del «afán de ser individuo, intransferible, incanjeable, único», de la «libertad para vivir por sí y para sí». Porque desde siempre el poder público ha querido determinar la totalidad de la existencia personal, impulsando a que «la divinidad abstracta de "lo colectivo"» ejerza «su tiranía» y forzándonos a dar cada día mayor cantidad de nuestra existencia a la sociedad.

Así, por ejemplo, la prensa (igual que otros medios de comunicación), en tanto que poder público, se cree con derecho a entrometerse en la vida privada, a juzgarla, a sentenciarla. Y no hay modo de que el hombre encuentre un rincón de retiro, de soledad consigo.

Vivimos una «furia antiindividual», que Ortega ilustra recurriendo a Nietzsche, porque muchos sienten nostalgia del rebaño y quieren marchar en ruta colectiva, «lana contra lana y la cabeza caída». Ante semejante esclavitud, el superhombre expresa la «pretensión de poseer un *demonio* particular», una «inspiración individual». Siguiéndola vivimos nuestro tiempo como eterno retorno: como eterno retorno de amor libre y responsable.

---

[156] *OC,* II, 138.
[157] *OC,* II, 746; *OC,* VIII, 58.

EPÍLOGO

ORIENTACIÓN NIETZSCHEANA DE NUESTRA TRADICIÓN FILOSÓFICA

Escribir un libro es tarea que tiene siempre al menos una doble consecuencia. El autor dice en él buena parte de lo que estaba deseando hacía tiempo compartir con otros, pero a la vez se acaba doliendo de no poder desarrollar todavía más algunos puntos, a su juicio, nucleares, que quedan presentes en el texto, pero podrían llevarse más adelante.

Éste es el caso también de *El poder de la mentira* y de la conexión que en la primera edición del libro se establecía ya abiertamente entre la filosofía de Nietzsche y la filosofía española. Considerarla con mayor detención todavía era uno de los deseos que le quedaban al autor, pugnando por satisfacerse. Y es justamente esta segunda edición la que ofrece una oportunidad de considerar de nuevo, siquiera sea brevemente eso que yo considero «la orientación nietzscheana de la filosofía española».

Nietzsche comenzó a entrar en España en una época de crisis histórica, que coincide culturalmente con la denominada «Generación del 98»[1]. Y, aunque a primera vista el 98 no parece tener que ver con cuestiones filosóficas, a mi juicio, hay diversos aspectos, de los que voy a destacar dos, que en gran parte provienen de la inspiración nietzscheana:

1.º La práctica de una «filosofía literaria»[2], que más radicalmente denominaría «filosofía poética», es decir, un peculiar acercamiento a la realidad a través primordialmente de la literatura, como una expresión de la radical vinculación entre pensar y poetizar.

2.º Su aportación a una *filosofía del sentimiento*, que responde

---

[1] Vid. U. Rukser, *Nietzsche in der Hispania*, Francke, Berna/Múnich, 1962; G. Sobejano, *Nietzsche en España*, Gredos, Madrid, 1967; J. Marías, *Ortega, circunstancia y vocación*, I, Ed. Revista de Occidente, Madrid, 1973.

[2] Según Melchor Fernández Almagro, *Vida y literatura de Valle-Inclán*, Madrid, 1943, p. 54 (citado por P. Laín, *La generación del 98*, Espasa-Calpe, Madrid, 1997, 2.ª ed., p. 65).

al fracaso epocal de la razón y que va a contribuir decididamente a la formación de una nueva noción de *razón*. En especial, hay que destacar la revelación del *sentimiento trágico de la vida*, que sitúa el pensamiento primordialmente en el orden *experiencial*[3].

En este sentido, hay que destacar que las innovaciones literarias de la Generación del 98 enriquecieron la *sensibilidad* para captar la realidad en el contexto del pensamiento europeo de fines del siglo XIX, marcado por una *crisis* del positivismo, que impelía hacia un cierto «irracionalismo», como salida desesperada del estrechamiento («*angostamiento*») de la razón.

Se produjo así un giro innovador en la filosofía: *de la razón a la vida*. Como espléndidamente nos recuerda Laín, «a fines del siglo XIX es sustituida la antigua fe de los hombres en su razón por una entusiasta afirmación de la vida portadora de esa razón humana, una vida que en modo alguno podría ser reducida a razones». «*La vida es superior e irreductible a la razón, el sentimiento superior a la lógica, la sinceridad más valiosa que la consecuencia*»[4].

La actitud cientificista, en cambio, «mata la vida». Por eso, Unamuno, con espíritu nietzscheano afirmaba: «¿Ideas verdaderas y falsas, decís? Todo lo que eleva e intensifica la vida refléjase en ideas verdaderas, que lo son en cuanto lo reflejen, y en ideas falsas todo lo que la deprime y amengüe [...]. *Vivir verdad* es más hondo que tener razón»[5].

Pero esta modalidad unamuniana de asumir la inspiración nietzscheana expresa un conflicto entre la razón y la vida, que parece irresoluble. La razón y el sentimiento están en guerra, en trágico conflicto; porque la vida no puede someterse a la razón. Este conflicto entre la razón y la vida produce incertidumbre, que es algo más que una mera duda. Esto explica que la duda metódica de Descartes sea provisional, pues es la duda de uno que hace como que duda sin dudar: era una «duda de estufa»[6]. En cambio, la incertidumbre de la que habla Unamuno no es la cartesiana sino una «duda de pasión», es el eterno conflicto entre la razón y el sentimiento, entre la «lógica» y la «biótica».

---

[3] Vid. J. CONILL, «Concepciones de la experiencia», *Diálogo filosófico*, n.º 41 (1998), pp. 148-170.
[4] P. LAÍN, *La generación del 98*, pp. 149-150. La cursiva es nuestra.
[5] M. DE UNAMUNO, *OC*, I, p. 958.
[6] M. DE UNAMUNO, *Del sentimiento trágico de la vida*, p. 86.

Según Unamuno, nuestro modo de comprender brota de nuestro sentimiento respecto a la vida misma. Pues el hombre es un «animal afectivo o sentimental». Si no nos cerramos a la vía del sentimiento descubriremos los «valores afectivos», contra los que no valen razones, y cambiará el carácter del pensar.

Como en Nietzsche, también en Unamuno el sentimiento trágico de la vida lleva consigo una concepción de la vida y del universo, toda una filosofía, cuyo problema más trágico es el de conciliar las necesidades intelectuales con las necesidades afectivas y con las volitivas. Porque es el sentimiento trágico de la vida el que determina las ideas y constituye la base afectiva de la sabiduría.

En este contexto se comprende que, debido a la incapacidad de la razón para afrontar los temas que en su tiempo emergían como los más auténticos problemas filosóficos (la vida y la historia), la razón entre en crisis de confianza y necesite ser rebasada por la vía del sentimiento y de la vida. Con lo cual cabe preguntarse si estamos ante la razón de la sinrazón o ante una reforma de la razón[7].

Y precisamente este proyecto de reforma de la razón desde la vida se convirtió en una tarea filosófica prioritaria de Ortega y Gasset, maestro de filosofía, una de cuyas repercusiones fue la de contribuir a crear un horizonte filosófico propio.

Efectivamente, la experiencia unamuniana del sentimiento trágico de la vida, de innegables resonancias nietzscheanas, fue uno de los aspectos de la «filosofía» de Unamuno más criticados por Ortega. Pues Ortega opuso a la presunta exclusividad del «sentimiento trágico de la vida» un «sentido deportivo y festival» de la existencia. La vida es la unidad radical de esas dos dimensiones (desesperación y fiesta, angustia y deporte). «La vida es angustia y entusiasmo y delicia y amargura e innumerables otras cosas.» Es una realidad de mil nombres, un sabor miriádico, que nos sumerge, eso sí, en un enigma vital[8]. El Mundo no es sólo piélago en que me ahogo, sino también playa a la que arribo; no sólo «resistencia», sino también «asistencia». Es, a la par, intemperie y hogar. De manera que Ortega confiesa no creer en el «sentimiento trágico de la vida» como «formalidad última del existir humano».

A pesar de esta importante corrección y reorientación del pensamiento vital, es muy difícil dudar de la presencia de Nietzsche en

---

[7] P. GARRAGORRI, *La filosofía española en el siglo XX*, Alianza, Madrid, 1985.
[8] ORTEGA, «El lado dramático de la filosofía», *OC*, VIII, pp. 293 ss.

Ortega. Lo que ocurre es que existen diversos registros en los que se puede detectar la influencia nietzscheana. Pues, si bien Unamuno congenia con el Nietzsche más trágico, Ortega incorpora el aspecto festivo, jovial y dionisíaco. Ambos aspectos se encuentran en Nietzsche, el primero (en Unamuno) resulta más «salvaje», el otro es ya fruto de la «urbanización» operada por Ortega. Y lo que está claro es que no hay que esperar a una supuesta influencia de Nietzsche a través de Heidegger. Es más, en el pensamiento de Nietzsche encuentra Ortega inspiración y algunos elementos muy significativos para enfrentarse a Heidegger y abrir una nueva vía filosófica alternativa a la heideggeriana[9]. Una vía —característica del desarrollo de la filosofía en España— para reformar la razón antes de derrumbarla o arrumbarla.

Precisamente Ortega se esforzó por elevar la vida intelectual española a un nivel *teórico* y a incorporar el vitalismo a una nueva versión de la razón; y ésta fue una de sus aportaciones al legado de la Generación del 98. Inspirado en Nietzsche, pero «urbanizándolo» (saliendo de su «zona tórrida»), Ortega fue capaz de establecer una intrínseca y fecunda relación entre razón y vida. Es éste uno de los aspectos por los que Ortega se enfrentó a Unamuno, ya que a Ortega no le bastaba con ser un «sentidor o un poeta», como decía Unamuno, sino que se afanó por ligar racionalmente los problemas en un sistema.

A mi juicio, este intento de establecer una radical vinculación entre *razón y vida* es una de las aportaciones del pensamiento español desde la Generación del 98 hasta la actualidad. Ya Unamuno escribió: «Aspiro a la fusión del pensar y del sentir: a pensar el sentimiento y a sentir el pensamiento.» Y Ortega comentó en alguna ocasión que quizá el destino nos tenía reservado «unir las dos hermanas enemigas: la pasión y la filosofía»; pues era su propósito sumar «la transparencia de la idea y el estremecimiento de la víscera».

Nietzsche se encuentra en el trasfondo de la génesis de la razón vital. Ortega se dejó impregnar por un ambiente en el que había una preocupación por encontrar nuevos modos de acceder a la realidad viviente, pero evitando el biologismo y el irracionalismo[10], en los que parecía incurrir Nietzsche.

---

[9] Vid. J. CONILL, «La transformación de la fenomenología en Ortega y Zubiri: la postmodernidad metafísica», en *Ortega y la fenomenología*, UNED, Madrid, 1992, pp. 297-312.

[10] Vid. J. MARÍAS, *Ortega, circunstancia y vocación*, I.

La clave se hallaba en la noción de «vida», un tema indudablemente de moda en su época[11]. Pero la noción orteguiana de vida no puede entenderse en sentido biologicista, ni sirve para sustentar ningún irracionalismo. Bajo una muy considerable inspiración nietzscheana, Ortega sostiene una peculiar concepción de la vida, que está muy lejos de la utilitarista y hedonista. La vida no consiste radicalmente en adaptarse al medio, sino en adaptarse el medio para vivir. Porque la vida es en principio creación, experimento creador, como en la concepción nietzscheana. De ahí el sentido «deportivo» y lúdico que encontramos en Ortega y que, por lo demás, es tan cercano al dionisíaco de Nietzsche. Una nueva concepción de la vida, que se fue gestando durante todo el siglo XIX, en la que se descubre la unión entre el enfoque evolucionista (en un sentido no darwiniano) y las exigencias kantianas.

Esta visión de la vida permitirá distinguir «formas más o menos valiosas de vivir», qué sea una «vida ascendente» o «descendente». He aquí valoraciones y hasta una terminología que recuerda constantemente a Nietzsche. Y en el fondo de esta concepción se encuentra la peculiar animalidad del ser humano, al que tanto Nietzsche como Ortega califican de «animal fantástico»[12]. Porque la capacidad más fundamental del ser humano es para ambos pensadores la *fantasía*. La razón nace de la fantasía, «la razón no es sino un modo, entre muchos, de funcionar la fantasía» y ésta consiste en «sensaciones liberadas»[13]. Porque el hombre es «un animal que escapa a la animalidad», «representa, frente a todo darwinismo, el triunfo de un animal inadaptado» y «enfermo». Esta condición le provocó una «hiperfunción cerebral», que le llenó de «fantasías», un «mundo imaginario». Por eso «el hombre es el animal fantástico»; nació de la fantasía»; y «lo que llamamos razón no es sino fantasía puesta en forma. ¿Hay en el mundo nada más fantástico que lo más racional?»[14].

En muchos lugares de la obra de Ortega se puede apreciar el peculiar vitalismo perpectivista y propulsor de los valores de la vida, en estrecha relación con Nietzsche[15], es decir, un impulso dirigido a que la cultura sea vital, a que la razón se supedite a la vida. De modo que, a mi juicio, las bases para la transformación hermenéutica de la

---

[11] Vid. C. Morón, *El sistema de Ortega y Gasset*, Alcalá, Madrid, 1968.
[12] Vid. J. Conill, *El enigma del animal fantástico*, Tecnos, Madrid, 1991.
[13] J. Ortega, *OC*, VIII, pp. 160-161.
[14] J. Ortega, *OC*, IX, pp. 189-190.
[15] Vid. N. R. Orringer, *Ortega y sus fuentes germánicas*, Gredos, Madrid, 1979.

razón y su relación con la razón vital se encuentran ya en la vinculación de Ortega con Nietzsche.

Esta tradición hispana, a partir de la Generación del 98, con Ortega, Zubiri y Zambrano, hasta Laín Entralgo y Marías, ha ofrecido nuevos modos de entender la *razón* en forma de «razón vital», «razón histórica», «razón poética», «razón sentiente», «corporal» y «esperanzada». Lo cual supone haber descubierto un nuevo «horizonte» para la filosofía, en el que el estudio de los estratos más profundos de la razón desvela una nueva forma de entender la *realidad* y de estar inteligentemente en ella.